本书的出版获得国家社科基金（07CKS008）、云南省哲学社会科学学术著作出版专项经费和云南师范大学社会发展学院学术著作出版基金资助

社群主义方法论的批判性分析

兼论唯物史观的当代价值

刘化军 ◉ 著

科学出版社
北京

内 容 简 介

本书立足于丰富翔实的思想资料，运用唯物史观的立场、观点和方法，从社群主义思潮、新自由主义理论及其困境、社群主义方法论、唯物史观对社群主义方法论的超越等方面，较为系统地分析了西方社群主义对西方新自由主义的方法论批判，阐明了两者在方法论上的主要分歧，进而分析了社群主义方法论的合理性与局限性。

本书适合从事社会学、哲学研究和学习的师生阅读。

图书在版编目（CIP）数据

社群主义方法论的批判性分析：兼论唯物史观的当代价值/刘化军著．—北京：科学出版社，2013.1

ISBN 978-7-03-036537-8

I. ①社… II. ①刘… III. ①政治哲学-研究 IV. ①D0

中国版本图书馆 CIP 数据核字（2013）第 016873 号

责任编辑：郭勇斌 / 责任校对：胡小洁

责任印制：徐晓晨/ 封面设计：黄华斌

编辑部电话：010-64035853

E-mail：houjunlin@ mail. sciencep. com

科学出版社 出版

北京东黄城根北街 16 号

邮政编码：100717

http://www.sciencep.com

北京凌奇印刷有限责任公司 印刷

科学出版社发行 各地新华书店经销

*

2013 年 3 月第 一 版 开本：B5（720×1000）

2021 年 3 月第十一次印刷 印张：13 1/4

字数：205 000

定价：68.00 元

（如有印装质量问题，我社负责调换）

目　录

导　言

一

当代社群主义思潮是西方政治哲学思想中自古以来就有的社群观念的继承和发展，早在古希腊亚里士多德那里，社群观念就产生了。当代社群主义思潮主要存在于美国学术界，他们兴起于20世纪80年代，以阿拉斯戴尔·麦金太尔（Alasdair MacIntyre）、迈克尔·桑德尔（Michael Sandel）、查尔斯·泰勒（Charles Taylor）和迈克尔·沃尔泽（Michael Walzer）等为主要代表，他们从亚里士多德和黑格尔那里汲取理论资源来反对以罗尔斯为代表的新自由主义[①]者。在当今西方学术界，社群主义已与自由主义并驾齐驱并与之针锋相对，成为西方政治哲学的一个重要流派。

社群主义与新自由主义之争的焦点在于如何正确把握个人与社群的关系，二者的论证方法、理论观点和实践主张都是围绕这个问题展开的。个人和社群的关系问题是政治哲学的一个基本问题，也是一个具有重大理论意义和现实意义的问题。社群主义与新自由主义都非常重视这个问题，因为这一问题是二者构建其理论体系的基石。不同的是，新自由主义强调个人先于社群，个人的自由至上与权利优先，而社群主义则认为个人只有在社群中才能存在，社群的利益应该高于个人的利益，社群本身就是一种善。

自由主义是当代西方最具影响力的政治哲学思潮之一，也是当代西方资本

---

① 对于“新自由主义”这一术语，不同的学者有不同的理解。有的将19世纪后半期（即穆勒之后）的英国自由主义称作“新自由主义”，以格林、霍布豪斯等为代表；有的则将哈耶克和诺齐克当做“新自由主义”的代表；还有学者将新自由主义分为经济学意义上的自由主义与哲学意义上的自由主义。本书中所探讨的新自由主义主要是指哲学层面以罗尔斯和诺齐克为代表的自由主义，尤其是以罗尔斯为代表的自由主义，因为社群主义方法论的批判对象主要是针对以罗尔斯为代表的自由主义。

主义社会的主流社会意识形态，其渊源可以追溯到文艺复兴时期。洛克、休谟、亚当·斯密和康德等都曾对自由主义的发展做出过重要贡献。作为一种政治哲学思潮，自由主义是在近代经验主义哲学认识论背景下生长起来，与资本主义自由竞争阶段相适应并为资产阶级所服务的意识形态理论，其基本观点有如下几个方面：从个人主义出发，以追求个人自由与权利为目的；把国家和政府当做是个人实现的工具，反对国家过多干预政治经济与社会事务。自由、正义、权利一直是自由主义者追求不懈的目标。在自由主义者看来，自由主义的根本价值在于真正实现个人的自由选择，特别是在一个公正的社会环境中实现这种选择；自由主义把个人权利视为生命，个人权利尤其是个人的自由权利是神圣不可侵犯的。只有充分地、自由地实现个人价值，社会的价值和公共的利益才能获得足够的保证。新自由主义把正义当做是社会制度的首要美德，如果一个社会不正义，它就没有存在的必要。当然，究竟如何实现社会正义，新自由主义内部也还是有分歧的。自由主义的哲学基础是个人主义，而个人主义的出发点是个人，他们把个人与社群的关系看做是一个和多个的关系，所以，自由主义的这种个人主义态度被社群主义批判地称为原子主义。不仅如此，自由主义的论证方法也是个人主义的，在他们看来，个人是单个的、独立的、根本上互不关联的，个人是共同体的起因和归属，是社群的利益所在；社群所具有的特征，都是其中的个人相互作用、相互影响而采取的行动的结果；社群是由个人组成的；个人是社群的目的；社群的存在是为了促进个人的福利和利益。由于自由主义把个人看做是独立的、单个的、脱离社会关系制约的抽象个人，因而他们是不可能正确阐释个人与社群的正确关系的；基于个人主义立场和采取个人主义的方法也是不可能正确阐释正义、自由、权利与国家的本质的。

与自由主义不同的是，在社群主义者看来，个人与社群的关系是部分与整体的关系，社群主义把社群看做是一个抽象的有机体，而每个个人就仿佛是社群的一个器官。有机体是第一位的，每个器官的目的和功能只是促进有机体的健康存活和发展。各部分之间不是分离的关系，而是彼此协作的关系，因为它们都有一个共同的目的：促进整体的利益。部分必然地需要整体，没有了整体，部分就不复存在了。但反过来，整体未必需要部分。社群主义把社群看做是一个整体，而组成社群的个人就是“部分”。在必要的情况下，可以牺牲个人利益来促进社群的利益；社群的利益是高于一切的。可见，社群主义在某种程度上看到了个人要受社群整体的制约，但与此同时，也把社群当做是高于个人的抽象集体，是一种抽象的整体主义，这与马克思主义所倡导的集体主义显然不同。因而社群主义也是不能够正确阐释个人与社群的关系的。

个人与社群的关系问题，在马克思主义这里实际上指的是个人与社会的关系问题。在某种程度上看，个人与社群的关系实际上是个人与社会关系的一个缩影，个人与社群的关系包含在个人与社会关系之中。需要指出的是，由于社群在英语中对应的是 Community 一词，它同时又具有“社团、共同体”等意思，因此本书中所探讨的个人和社群的关系有时也指的是个人与社团、个人与共同体的关系，并且本书所要论述的个人与社群的关系和个人与社会的关系也是相互包含的。

个人与社群、个人与社会的关系问题是一个非常古老的话题，早在古希腊亚里士多德那里就有论述，亚里士多德的“政治学”（politics）一词，就是从城邦（polis）一词衍生而来的，意思是关于城邦的知识，是研究城邦问题的理论和技术。[1]:109 亚里士多德是从维护摇摇欲坠的希腊城邦制出发的，所以他在《政治学》中首先提出了“人天生是政治的动物”，即人天生自然要过城邦生活。在亚里士多德这里，城邦就有社群之义，他在这里实际上讲的就是个人与社群的关系。中国古代思想家所说的“物以类聚，人以群居”的思想，表达的亦是同一个意思。

对于个人与社群、个人与社会的关系问题，马克思、恩格斯有非常多的论述，马克思有两句名言：“全部人类历史的第一个前提无疑是有生命的个人的存在。”[2]:67 “人的本质不是单个人所固有的抽象物，在其现实性上，它是一切社会关系的总和。”[2]:56 而共产主义就是要解放全人类，使人真正成为全面发展的新人。在《共产党宣言》中，马克思、恩格斯指出：“代替那存在着阶级和阶级对立的资产阶级旧社会的，将是这样一个联合体，在那里，每个人的自由发展是一切人的自由发展的条件。”[2]:294 从这里可以看出：马克思历来都重视在任何形态的社会中人的自然存在和社会存在，把个人和社会统一起来；在社会主义和共产主义社会，更加重视人的个性的解放和全面发展。

马克思多次指出人是社会的动物。他说：“人是最名副其实的政治动物，不仅是一种合群的动物，而且是只有在社会中才能独立的动物。”[3]:2 “人们在生产中不仅影响自然界，而且也相互影响。他们只有以一定的方式共同活动和相互交换其活动，才能进行生产。”[2]:344 由此可见，人的特点一是能进行生产，二是结成一定的社会关系，在一定的群体中进行生产。恩格斯在《劳动在从猿到人的转变过程中的作用》中也指出：动物仅仅利用外部自然界，而人能支配自然界。“这便是人同其他动物的最终的本质的区别，而造成这一区别的又是劳动。”[4]:383 “我们对自然界的全部统治力量，就在于我们比其他一切生物，能够认识和正确运用自然规律。”[4]:384 我们的猿类祖先是一种社会化的动物，人，一切动物中最社会化的动物，显然不可能从一种非社会化的祖先发展而来。社会本能是从猿进化到人的最主要的杠杆之一。随着手的发展和由劳动而开始的人对自然的统治，使人在每个新的进程中扩大了眼界。他们在自然界对象中不断地发现新的、以往所不知道的属性。另一方面，劳动的发展必然促使社会成员更紧密地互相结合起来，因为它使互相帮助和共同协作的场合增多了，并且使每个人都清楚地意识到共同协作的好处。恩格斯在这里表达的重要意思就是人是一种社会化的动物，只有在社会中才能独立地存在，也只有结合成一定的集合体，人类才能实现对自然的改造。

社群主义对自由主义批判的整个方法论是建立在其对个人与社群关系的“合理”解释之上的。因此，有必要从理论上对自由主义、社群主义与马克思主义关于个人与社群关系的论述进行综合梳理，并在此基础上对他们的政治哲学思想进行探讨，进而在自由主义、社群主义和马克思主义的政治哲学思想之间作一分析、比较，这样可以更好地从理论上理解社群主义方法论在其整个政治哲学思想中的基础性地位，从而在一定程度上推动和发展马克思主义政治哲学思想的研究。

正确把握个人与社群的关系不仅在理论上可以更好地理解社群主义、自由主义政治哲学思潮的论证方法和基本观点，在实践上也可以为构建社会主义和谐社会提供理论借鉴。我们知道，在建立社会主义和谐社会过程中的一个很重要的问题就是要处理好个人与集体、个人与社会、个人与国家的关系，也就是要协调好个人利益与整体利益的关系。和谐社会的政治制度必须能够保证公民“获得”自己应得的合理利益，且能够调节不同利益主体之间的关系。而如何能够做到这一点，如何使人的个体性与社会性相协调？如何使个人利益和集体利益达到一种和谐状态？……这些都是我们在构建社会主义和谐社会时所必须面对的问题。因而，研究自由主义、社群主义与马克思主义有关个人与群体关系的论述，对于从政治哲学的向度来思考社会主义和谐的构建具有重要的现实意义。

二

社群主义思想的渊源可以追溯到古希腊，在政治哲学的鼻祖亚里士多德那里就有了社群的观念。在亚里士多德看来，社群就是“城邦”，社群团体不仅可以使人类获得更广泛的经济自给，而且可以使人们能够向往共同体优秀的道德生活。此后这种思想在西方历史上就一直没有中断过。作为一个名词，社群主义出现于19世纪末。1887年，法国社会学家埃米尔·涂尔干（Emile Durkheim）正式使用了“社群主义”一词，并把它作为与自由主义相对立的一方。当代的社群主义主要存在于美国学术界，政治哲学家麦金太尔、桑德尔、泰勒和沃尔泽等是其主要代表。这些政治哲学家从亚里士多德和黑格尔那里汲取理论资源来批评以罗尔斯为代表的新自由主义者。值得玩味的是，这些自由主义的批评者从未把他们自己等同于社群主义者，社群主义这一称谓通常是由他人尤其是其批评者给贴上的；并且，他们也很少提供一种盛大的社群主义理论来代替自由主义的系统论述。但是，上述四位理论家的政治哲学思想中反复出现了某种与自由主义贬低社群价值相对立的观点。因此，本书中涉及人们在通常意义所探讨的社群主义者主要指的是上述四位思想家。

到目前为止，国内外学术界对于自由主义思潮的研究已经取得了较为丰富的成果，新观点、新理论、新视角层出不穷；与之相反，对社群主义思潮的研究显得比较滞后。我国学术界对社群主义思潮的研究肇始于20世纪90年代，学者们主要通过分析社群主义与自由主义之争来阐述社群主义的政治哲学思想，做这方面工作的主要学者有俞可平先生、徐友渔先生、应奇先生、韩震先生及顾肃先生等。国内学者的研究可分为三派：

一是乐观派，以俞可平先生为代表，他们认为社群主义思想中存在着相当的合理性，而且在当代西方政治哲学中，社群主义已经与自由主义并驾齐驱，并且西方政治哲学的主题正由自由主义向社群主义转变，他们称之为“权利政治学”向“公益政治学”的转变。在他们看来，当代社群主义在重温黑格尔反对康德的过程中，对现代自由主义的权利优先于善的观点及其蕴涵的无拘自我产生了深刻的怀疑，指出不是权利优先于善，而是“善优先于权利”。这类学者指出，社群主义所谓的善，在现实生活中物化的形式就是“公共利益”，简称“公益”。由“善优先于权利”便得到“公共利益优先于个人权利”。因此，他们建议人们应该放弃自由主义的“权利政治学”而建立社群主义的“公益政治学”。[5]

二是怀疑派，以徐友渔先生为代表，他们对社群主义将要代替自由主义成为西方政治哲学的主流表示了怀疑态度。在这些学者看来，自由主义在当代西方仍居主流，同时还具有旺盛的生命力，其原因在于：①社群主义理论的挑战仍然是在自由主义思想的宪政框架和资本主义的意识形态下进行的；②自由主义的新形式以及自由主义不同流派的争论仍然是西方政治哲学的主导话语。[6]

三是中立派，以应奇、韩震、顾肃等为代表。应奇反对在自由主义与社群主义之间做独断的价值取舍而主张一种正义与德性之间的共生关系。他指出，自由主义把正义夸大为社会制度的“首要德性”，而没有看到正义充其量是当更高的社群的德性已经崩溃的环境中才需要的“补救性的德性”；而社群主义的任务则在于对自由主义取得建设性的批评成果，推出能被普遍接受的公民德性的具体内容，并通过论证将其发展为辩护性命题。自由主义与社群主义在相互构筑和制约中显现为一种共生关系。[7]韩震则指出：自由主义把个人自由追求的理想解释为先验的权利，以便给个人自由以形而上学的根源性质；社群主义则把社群的传统这种根源性的东西也作为人们追求的理想目标，以便保持社会的同一。其实，两者都在认识论的思路上犯了学理上的错误。[8]顾肃则认为，社群主义并没有对自由主义构成严重的理论挑战，因为社群主义作为一种伦理理论的成功与否，取决于两方面的条件：一是它能否发展出一种伦理的推论，它在论证道德判断时强调社会角色和文化价值观的重要性，同时又不至于堕入伦理相对主义的极端，以致不可能对人们所属的社群进行根本性的伦理批评；二是取决于社群主义能否证明自由民主的政治体制不能为社群的繁荣提供恰当的条件，或是不能让个人的认同感获得合适的支撑。但社群主义并没有提供充足的证明

来支持这两个方面。[9]:530

国外研究社群主义的资料非常多，比较有影响的著作有：史蒂芬·缪哈尔、亚当·斯威夫特著：《自由主义者与社群主义者》(Liberals and Communitarians)；尼尔·贝尔著：《社群主义及其批评者》（Communitarianism and Its Critics)；威尔·金里卡著：《自由主义、社群与文化》（Liberalism，Community and Culture)，以及戴维·米勒的《市场、国家与社群——市场社会主义的理论基础》(Market，State and Community：Theoretical Foundations of Market Socialism)，等等。在《社群主义及其批评者》中，丹尼尔·贝尔采用对话体的形式对社群主义的基本理论进行了阐述，其中以下两点尤为值得一提：一是他对社群的界定，二是他对社群的分类。戴维·米勒在《市场、国家与社群——市场社会主义的理论基础》中指出，一个理想的社群应该具备七个特征。而且在该书中，他还详细阐述了社群主义的国家观。他认为，国家有以下五个方面的作用：一是对经济的保护作用，即保护个人及其资源和利益不受外部的侵夺；二是分配职能，即按照公正的分配原则对资源进行分配和再分配；三是对经济的管理职能，即调节经济使其满足效率的标准；四是提供公共物品的职能；五是国家必须履行自我再生产的职能。①

显而易见，迄今为止，国内外学术界对社群主义思潮的研究已经在各个层面取得了不同程度的进展，但有些方面研究还不够：一是对社群主义的研究仍然侧重于分析社群主义是如何批判自由主义以及二者在具体观点上的不同，而没有从方法论上进行考证，忽视了社群主义方法论在其整个政治哲学思想中的基础性地位；二是对社群主义的研究仍然侧重于从整体上把握社群主义的思想，只是泛泛而谈，缺乏具体而深入的分析，没有一根主线贯穿其中；三是没有从马克思主义唯物史观的视角来对社群主义进行批判性的辩证性分析，大多数学者侧重于研究社群主义是如何批判新自由主义的，即只是分析了社群主义者说了什么，怎样说，而没有分析他们为什么要这样讲，也没有在自由主义、社群主义与马克思主义基本政治哲学思想中作比较分析，没有分析马克思主义的唯物史观超越自由主义与社群主义之处，因而不能够对社群主义做出科学的分析

① 详细内容参见第一章有关社群特征及第三章有关社群主义国家观的论述。

和评价。社群主义是当代西方政治哲学发展的新形态之一，它既对自由主义进行了彻底的批判，又同自由主义保持了千丝万缕的联系；社群主义的方法论及其基本观点既具有一定的合理之处，但与马克思主义唯物史观相比，却又有着自身不可克服的局限性。因此，应着力用马克思主义的基本观点尤其是唯物史观来对社群主义的方法论及其基本理论观点作批判性分析，进而对其整个思想体系进行辩证性的分析，从而自觉地坚持和推进马克思主义基础理论尤其是马克思主义政治哲学思想的研究。

要克服上述不足，有待于从方法论上入手，把个人与社群（社会）的关系的分析贯穿到自由主义、社群主义与马克思主义的基本政治哲学思想的分析中，既要分析社群主义为何要批判自由主义，又要分析社群主义与马克思主义相似之处，还要分析唯物史观超越社群主义与自由主义的方面。应着力用马克思主义的基本观点对社群主义的方法论及其基本思想作批判性分析，进而推动马克思主义政治哲学的研究和发展。

三

人是社会的人，社会是人为的社会，为人的社会。人是一切社会关系的总和，不能脱离社会而存在，社会也不是离开个人的抽象整体。

事实上，个人与社会不是抽象对立的，而是相互通连，彼此同构的，“独立的个人是在经验中不存在的抽象物。同样，脱离个人的社会也是如此，只有这样的人类生活才是真实的；它既可以从个人方面考虑，也可以从社会，即普遍的方面考虑；而且，事实上它永远包含着个人和普遍的两个方面”[10]:27。社会中的每一个人都是从事生产活动的现实的、历史的个人，他们在生产活动中形成交往关系，人们交往活动的结果便产生了社会和国家，“社会结构和国家是个人的活动中形成的，但个人之构成社会并非一种孤立的行为，任意的举动”[11]:268。正是在人们交往活动结成的社会共同体中，每个人才成为身与心、精神与肉体、个体性与社会性、发展阶段性与过程性相统一的个体存在；成为内在的既有感性与生命形态也有理性与精神的规定，既是具有独特个性又展开为类和社会的结构。

但正是这样一个看似简单的道理，自由主义与社群主义都未能把握。虽然社群主义采取了不同的方法论对新自由主义做出了建设性的批判，但其理论仍然不可避免地存在着一定的局限性。二者的主要区别在于，自由主义把个人看做是脱离社会约束的抽象个人，而社群主义则把社群看成是高于个人的虚幻共同体。可见，他们都未能把握好个人与社会的真实关系，因而也就不能正确阐述政治哲学的基本问题。

自由主义从抽象的个人出发，把其理论建立于个人主义之上，认为个人的自由与权利神圣不可侵犯。不论是古典自由主义还是现代自由主义，都非常关注个人的权利与自由。18～19 世纪早期的古典自由主义者宣称，国家的唯一作用是保障公民的某些权利，特别是人身自由权和私有财产权。19 世纪后期出现的现代自由主义者认为，国家也应该关心诸如贫困、住房短缺、恶劣的健康状况、教育不足等问题，即使这种关心是以对自由权和财产权的一定程度的损害为代价的。他们有时（但并非总是）声称，这种关心同样也是一种对自由的思考的产物，尽管现在自由远不只是从不受干预的消极意义上而被理解的。[12]:52-55 虽然自由主义建立在个人主义之上，强调个人的自由与权利，但他们并不否认社会正义的重要性，而且对什么是社会正义以及如何实现社会正义提出了不同的看法与建议。但由于其正义理论的出发点是孤立的、抽象的个人，因而不能够解决个人与社会之间的矛盾（在资本主义社会，特别是阶级矛盾），因此其正义理论不仅在理论上是虚幻的，而且在实践上也是不可能实现的。在社群主义看来，自由主义所宣称的超越时空普遍适用的正义理论是不存在的，正义都是历史的、具体的，而且在马克思主义看来正义理论与原则最终是由物质生活条件所决定的。在个人与国家的关系问题上，自由主义从个人至上出发，说明和规定个人与国家和社会的关系。他们把个人作为观察、分析、判断一切社会政治问题的出发点，把社会历史事件、政治经济制度的动因都最终归结为个人行为。在自由主义者眼里，个人是第一位的而社会是第二位的，个人是比社会及其制度更为“真实”的存在，进而把社会制度看成是“逻辑上的虚构”，除了以集体方式组成社会的个人以外别无其他存在。因此，国家也只是私有财产的“守夜人”。

自由主义思想从其诞生之日起，就遭到了各种对立思潮的批判。20 世纪 80 年代以来，人们越来越认识到，对自由主义构成实质性挑战的批判来自社群主义。对于自由主义以虚幻的个人为出发点来构建其理论的立场，社群主义者认为这不可能成立，在他们看来，每个个人都有他所属的社团和共同体，他的自我认同不是可以任意选择的，而是被赋予的。个人的自由与权利是不可能优先于社群的利益与善的，社群主义认为社群本身就是一种善，社群先于个人；对于新自由主义的普遍主义正义理论，社群主义者同样也持否定态度，在他们看来普遍的正义是不存在的，正义都是受社群的生活和价值所影响的。而在马克思主义看来，自由主义所宣称的普遍的、适用于人类一切社会与历史条件的正义只是资产阶级的正义，是资本家的正义，因而是虚幻的；而且，社群主义指出，自由主义所主张的“弱国家”理论和“政治中立”立场也会威胁到资本主义社会的稳定，影响公民参与政治生活的积极性，因此他们也对之进行了批判，进而倡导一种“强国家”理论。

围绕个人与社群的关系这一核心问题，社群主义采取整体主义、历史主义和特殊主义的方法对自由主义的个人主义、非历史主义和普遍主义的立场进行了深入的批判。

整体主义方法论体现了社群主义与自由主义理论出发点的不同，当代自由主义是基于个人权利之上的，强调权利对善的优先性，其哲学基础和论证方法都是个人主义的。对于自由主义以虚幻的个人为出发点来构建其理论的立场，社群主义者认为这不可能成立，在他们看来，每个个人都有他所属的社团和共同体，他的自我认同不是可以任意选择的，而是被赋予的。社群主义认为社群本身就是一种善，社群先于个人。由此，社群主义认为个人自由与权利的实现离不开社群，也就是说，社群是实现个人自由与权利的前提条件，离开社群的个人自由与权利只能是虚幻的；而相对于自由主义在国家观问题上的“弱国家”与国家中立的观点，社群主义则主张一种“强国家”理论，并且主张国家对经济生活进行干预、调节，鼓励公民参与政治生活。

所谓历史主义方法，主要有两层意思：一是结构性的横向的历史主义，即把对事物的理解放在其特定的历史和现实背景中；二是动态性的纵向的历史主义，即把事物看做是历史发展进程的产物。历史主义坚持一种变化的观点，强调事物的发展变化，否认存在永恒不变的教条，否认种种超时空的普遍主义臆想。正如狄尔泰所言：“关于发展的理论（这作为一种以自然科学为基础的进化理论与一种以发展历史为基础的文化结构的知识是密不可分的)，必然联系于有关历史的生活形式所特有的相对性的知识。综观世界与所有过去的事件，任何特别形式的生活解释、宗教和哲学的绝对性就消失了。因而任何历史意识的形成都比综观各种体系的不一致更为彻底摧毁对任何一种哲学的普遍有效性的信仰，……”[13]:113社群主义的历史主义方法论主要体现在其对政治哲学的思想论证中尤其是对正义的理解和正义原则的阐释中。社群主义的主要代表麦金太尔等就对正义的历史性做了较为详细的论述，他们指出：第一，包括正义原则在内的所有道德或政治原则和观念都有其历史传统，任何重要的观念和范畴本质都是历史地形成和发展的；第二，社会共同体与传统都历史地规定着个人（自我）及其拥有的包括正义在内的道德政治观念与原则；第三，正义的历史性还意味着各种互相竞争乃至对立的正义观念原则都有其历史的实践合理性，而对立的超越也只有诉诸历史的实践；第四，正义是与具有历史性的社会意义相关的。

特殊主义方法论体现在社群主义则采取一种特殊主义的论证方法对自由主义把其理论主张当做是普遍有效的论证进行了批驳。例如，对于自由主义的普遍主义正义理论，社群主义者认为是不存在的，在他们看来，正义都是受社群的生活和价值所影响的，因而正义都是具体的、历史的。可见，社群主义的特殊主义方法论与其历史主义方法论是互相联系的。

从方法论上分析，社群主义确实对新自由主义进行了深入的批判，并提出了一些富有建设性的意见，表面上看，二者似乎针锋相对。但是，如果用马克思主义的唯物史观进行分析可以见到，社群主义思潮仍然是一种自由主义的翻版，仍然是资产阶级意识形态的反映。首先，社群主义与新自由主义一样，都产生于资本主义社会，二者在本质上都是资产阶级意识形态的反映。其次，社群主义对自由主义的批判只是某种形式的补充与纠偏，而不是要真正代替自由主义。

社群主义的整体主义方法论强调社群或社会对个人或自我的优先性及其对自由主义的个人主义的有力批判，的确有其合理性，因为个人是社会的人，是社会关系的产物，任何个人都不能独立于社会之外，任何自我都有其社会规定性。但社群主义同自由主义一样并未完全正确地把握个人与社会的关系。自由主义片面地强调了个人自由及其权利，而社群主义则片面地强调了（社会）社群的重要性，把社会看成是脱离个人而存在的抽象整体，是一种错误的整体论。只有在马克思主义那里，才正确揭示了个人的本质，一方面社会是由单个的个人组成的，另一方面，个人又离不开社会，受制于社会关系的制约。人是一切社会关系的总和，不能脱离社会而存在，社会也不是离开个人的抽象整体。同样，社群主义所理解的“历史”与马克思主义的历史也有着本质的不同，更看不到决定社会发展的真正的历史是社会的物质生产条件。

在马克思主义唯物史观看来，无论什么时候，人总是生活在一定的社会（社群）中，每一种社会组织形式都是以人们之间相互交往的社会关系为基础的。离开了人与人之间的相互交往关系，就无所谓社会、社群和共同体了。因此，自由主义的抽象的个人是不存在的。社群主义虽然认识到自我脱离不了情感纽带、文化关系等的制约，但与马克思主义相比，他们的自我仍然没有认识到隐藏在这些表象之后的物质生产关系，因而，社群主义的自我仍然是抽象的，而且社群主义的“社群”也只是一种虚幻的共同体，只有马克思主义从“现实的个人”出发，才能在个人与社会（社群、群体、共同体）的互动关系中正确阐释了政治哲学的基本问题。马克思主义以辩证唯物主义和历史唯物主义为基础，以阶级分析方法和历史分析方法为指导，以个人和社会关系的互动为前提，把政治哲学的基本问题纳入到历史境域中探讨，从而正确揭示了自由、正义、平等与国家的本质，科学地阐明了政治哲学的基本问题，并指出：“自由人联合体”即共产主义社会才是人类的最终诉求。

本书以社群主义方法论的批判性分析为出发点，以个人与社群（社会）的关系为主线贯穿始终，着重从马克思主义唯物史观的视角来分析当代社群主义思潮的方法论，以揭示和阐明个人与社会关系的理想状态——自由人联合体为旨归，从中探索自由主义、社群主义与马克思主义政治哲学思想的基本旨趣，进而阐明马克思主义唯物史观超越自由主义与社群主义之处及唯物史观的当代价值。

四

本书在文献梳理的基础上要对社群主义的方法论和基本理论观点及实质意

蕴做出有深度的探讨，对社群主义关注社群及共同“善”的立场及其解释模式将进行深入地分析，从而更深刻地揭示社群主义和自由主义两种对立政治哲学思潮的根本缺陷。与自由主义相比，社群主义最具特色之处，就是关注社群及社群主义的“善”，实现了西方政治哲学理论出发点的重大转折，并且在此基础之上对政治哲学的基本问题——自由、正义、权利、国家观等做出了不同于自由主义的新的解释。

本书站在马克思主义立场上，以唯物史观的视角尤其是以马克思主义个人和社会关系的原理对社群主义的方法论及其基本思想进行了具体的深入的比较研究：既揭示了社群主义与自由主义的渊源关系，又肯定了社群主义的当代特色和贡献；既肯定了社群主义对自由主义批判的合理之处，又指出了社群主义与马克思主义相比的局限所在；既肯定了社群主义政治哲学思想中诸多富有价值的观点，又指出了其片面强调社群及其利益而忽视个人自由与利益所带来的局限性。

社群主义的方法论以及在此基础上对社群利益的强调，对自由、正义和国家观等的解释，在某种程度上深受马克思主义唯物史观的启发，这无疑彰显了唯物史观的当代价值。社群主义既自觉不自觉地接受了唯物史观的诸多分析问题的方法，将其运用和渗透到政治哲学基本观点的分析之中，又对当代西方政治哲学的主流派别——自由主义作出了批判性的分析，得出了诸多独树一帜的深刻创见（如“正义内在于善”“强国家”理论等）。

马克思主义唯物史观以个人和社会关系的互动为前提，以辩证唯物主义和历史唯物主义为基础，以阶级分析方法和历史分析方法为指导，把政治哲学的基本问题纳入到历史境域中去探讨，从而在根本上超越了社群主义。时至今日，马克思主义唯物史观依然具有重要的理论和实践价值，马克思主义提出了当今仍然具有重大现实意义的问题（如人的全面发展问题）。马克思主义唯物史观对于观察、分析和解决当今重大理论与实践问题依然具有指导性的意义，唯物史观在新的历史条件下仍然凸现出强有力的解释力与批判力。

本书力图在以下两个方面有所创新：一是将突破以往对社群主义研究的泛泛之谈，而是以个人和社会（社群）的关系为主线、以分析社群主义方法论为切入点，进而分析其整个思想；二是以马克思主义唯物史观为指导，对社群主义的方法论及基本哲学思想将作辩证分析，试图克服以往只在社群主义与自由主义之间具体观点和内容上做比较的局限，从而凸显马克思主义唯物史观的当代意义与价值。

本书主要运用马克思主义唯物史观的基本方法（特别是比较研究的方法）和基本原理（尤其是个人与社会关系的原理），在大量的文献梳理和考证的基础上，以个人和社会（社群）的关系问题为主线、以分析社群主义的方法论为切入点，全面勾勒和分析社群主义的基本观点和实质意蕴，并对社群主义、自由主义和马克思主义的基本观点展开具体的比较分析，既阐明了马克思主义唯物史观的科学性，又辩证分析了社群主义思想中富于价值的理论创见，从而推进马克思主义基础理论的研究及其与当代国外社会思潮的比较研究。

参考文献

[1] 亚里士多德．政治学．北京：商务印书馆，1996

[2] 马克思，恩格斯．马克思恩格斯选集．第1卷．中共中央马克思恩格斯列宁斯大林著作编译局编译．北京：人民出版社，1995

[3] 马克思，恩格斯．马克思恩格斯选集．第2卷．中共中央马克思恩格斯列宁斯大林著作编译局编译．北京：人民出版社，1995

[4] 马克思，恩格斯．马克思恩格斯选集．第4卷．中共中央马克思恩格斯列宁斯大林著作编译局编译．北京：人民出版社，1995

[5] 俞可平．社群主义．北京：中国社会科学出版社，1998

[6] 徐友渔．公共伦理——正义还是美德．江海学刊，1998，(3)

[7] 应奇．正义还是德性．哲学动态，2000，(2)

[8] 韩震．人类：社群地追求自由的生成性存在．河北学刊，2005，(2)

[9] 顾肃．自由主义基本理念．北京：中央编译出版社，2003

[10] 查尔斯·霍顿·库利．人类本性与社会秩序．包凡一，王源译．北京：华夏出版社，1999

[11] 陈晏清，王南湜，李淑梅．现代唯物主义导引．天津：南开大学出版社，1996

[12] 以赛亚·伯林．自由论．胡传胜译．南京：译林出版社，2003

[13] 胡塞尔．现象学与哲学的危机．吕祥译．北京：国际文化出版公司，1988

第一章 社群主义思潮概述

社群主义思想是对西方政治哲学思想中自古以来就有的社群观念的继承和发展。早在古希腊亚里士多德那里，社群观念就产生了。亚里士多德认为，社群就是“城邦”，社群团体不仅使人类可以获得更广泛的经济自给，而且可以使人们能够向往共同体优秀的道德生活。此后，这种思想在西方历史上就一直没有中断过。作为一个名词，社群主义出现于19世纪末。1887年，法国社会学家埃米尔·涂尔干正式使用了“社群主义”一词，并把它作为与自由主义相对立的一方。此后，虽几经起伏，但社群主义始终都无法与自由主义相抗衡。

19世纪末20世纪初，开始形成了比较系统的社群主义学说。但在20世纪80年代以前，社群主义与自由主义相比始终处于劣势，尤其是在70年代，以罗尔斯为代表的新自由主义在政治哲学领域中占据着绝对的主导地位。直到80年代以后，在反思和批判新自由主义的过程中，社群主义才在90年代初成为西方政治哲学的两大主流派别（自由主义与社群主义）之一。1991年，50名学者和政治家在美国共同发表了一份宣言：“负责的社群主义政纲：权利和责任。”（The Responsive Communitarian Platform：Rights and Responsibilities）“美国的男人、女人和孩子是许多个社群的成员——家庭、邻里、无数的社会性、宗教性、种族性、职业性社团的成员，美国这个政治体本身也是一个社群。离开相互依赖和交叠的各种社群，无论是人类的存在还是个人的自由都不可能维持很久。除非其成员为了共同的目标而贡献其才能、兴趣和资源，否则所有的社群都不能持久。排他性地追求个人利益必然会损害我们所赖以存在的社会环境，破坏我们共同的民主自治实验。因为这些原因，我们认为没有一种社群主义的世界观，个人的权利就不能长久得以保存。社群主义既承认个人的尊严，又承认人类存在的社会性。”这是一份影响深远的政治宣言，它旨在弘扬与传统个人主义相对立的社群主义。纲领的末尾写道：“必须用社群主义的观点处理我们这一时代所有重大的社会的、道德的和法律的问题。”至此，社群主义作为一种政治哲学思想才真正引起众多学者的重视。

第一节　主要概念分析

一、社　　群

1.“社群”概念的界定

社群主义的思想渊源既然可以追溯到古希腊的亚里士多德，那么我们就首先来看看他是如何来界定社群的。在亚里士多德那里，社群其实就是城邦，他对社群的界定有广义和狭义之分，就其广义来说，几乎所有人群的聚合都可以称为社群，如夫妻子女，结伴而行的朋友，做生意、谈买卖的人，同血缘但不同国家的人等。但由于这种用法过于松散，除了表示“凑在一起，聚集在一起”的意义外，没有太特殊的作用，因而不能看成是亚里士多德心目中真正的社群，亚氏理想的社群是其对社群的狭义理解。

从狭义上看，亚里士多德认为真正的“社群”必须符合以下三个特征：

第一，社群必须是由平等、相似而又不同的成员所组成。所谓平等，亚氏主要指的是“彼此互不从属，没有人是为了他人之故而活”。例如，主人与奴隶之间地位不平等，所以两者无法构成社群。所谓相似而又不同，这里亚里士多德是要与其老师柏拉图过度强调“一致”相区别，在他看来社群不应该寻求太大的一致性，唯有保留社群成员之间的职能、兴趣之适度差异，才会是长久的结合。

第二，社群成员之间必须有共同分享的基础。没有共同结合基础的聚合，不能称之为社群。根据希腊文的解释，“社群”（community）一词的字根就是“共同”（common）。由于某些共同分享的东西把人们结合在一起，引起互动，形成社群。这些东西可以是土地、血缘、宗教信仰或风俗习惯，也可以是利益、享受或情感。[1]:30 城邦之所以堪称最典型的社群，乃是因为它范围最广、层级最高、最能自给自足而又最有意识地追求“共同善”（common good）。其他人群组合，如家庭或村落，虽然也是不折不扣的社群，但不如城邦那样自给自足。

第三，巩固社群并使之维系存在的因素有二，友谊（friendship）和正义(justice)。亚里士多德指出，在所有社群之中显然存在着某种正义与友谊，这两者是构成社群的必备条件。友谊是朋友之间凡事为对方着想的善意；正义是给予他人应有的地位或待遇。这两者共同构成社群的支柱，缺一不可。[1]:33-34

在当代，对社群（community）一词的界定也还没有一个统一的标准，不同的学者对其含义的理解也有所不同。在这里我们主要考察雷蒙·威廉斯[2]:79和安德鲁·文森特（Andrew Vincent）对社群一词的阐述。

根据雷蒙·威廉斯的考证，community 这个英文词，自从 14 世纪以来就存在。最接近的词源为古法文中的“社群”一词，拉丁文中的“社群”意指具有关系与情感所组成的共同体。可追溯的最早词源为拉丁文 commnis，意指普遍、共同（common)。在他看来，社群这个词在英文里，包括以下五方面的明确含义：①在 14～17 世纪指的是平民百姓，有别于那些有地位的人；②一个政府或者是有组织的社会——在后来的用法里，指的是较小型的（14 世纪起）；③从 18 世纪起指的是一个地区的人民；④拥有共同事物的特质，例如，共同利益、共同财产（16 世纪起）；⑤相同身份与特点的感觉（16 世纪起)。第 1～3 种含义指的是实际的社会团体，而第 4 及第 5 种含义指的是一种具有关系的特质。

接着，雷蒙·威廉斯从历史的视角对“社群”一词进行了考证。他指出，从 17 世纪开始，就有些迹象显示 community 与 society 这两个词的含义有所不同。自从 19 世纪以来，这些迹象变得更加明显，community 被认为比 society（社会）与我们的关系更直接（immediate)。虽然人们注意到，society 这个词在 18 世纪之前与我们的关系较接近，而且“公民社会” （civil society)，一如 society 与 community 二词，最初是用来区别“由直接关系所构成的团体”与“有组织的王国或政府”二者间的不同。从 19 世纪开始，这种“直接性”（immediacy）或“区域性”（locality）的意涵，在规模较大而复杂的工业社会里，被突显出来。在一个另类的群体生活里，community 是经常被挑选出来指称具有实验性质的一个词。这个词现在仍然是如此使用，而且在较狭义的含义上，是与 commnune（人民公社）连接在一起（法国的 commnune——指的是最小的行政区域，与德国的Gemeinde——指的是行政与宗教的区域，彼此间产生互动，且与community产生互动，进入社会主义思想（尤其是Gemeinde）来表达特殊种类的社会关系）。在19世纪，人们主要是在社群的以下两种含义之间进行对比，更直接的、更完整的因而更具有意义的社群关系与更具形式的、更抽象的、更具功能性的国家关系或是具现代含义的社会关系。上述对比，滕尼斯在1887年把它们归类为"礼俗社会"（gemeinschaft）与"法理社会"（gesellschaft）的区分。这些术语，现在有时候仍然在使用，而且可以明显地在20世纪中叶community的用法里找到。但对于一些用法一直存在着激烈的争议，如"社群政治"（community politics）不仅不同于"国家政治"（national politics），而且不同于形式上的"地方政治"（local politics）；"社群政治"通常包含了各种不同的直接行动、直接的地方组织，"直接与百姓工作"。

通过以上的分析，雷蒙·威廉斯指出社群（community）这个词的含义是非常复杂的，之所以如此，是与历史过程中所产生出来的各种思潮复杂的互动有关系的：一方面，它具有"直接、共同关怀"的含义；另一方面，它意指各种不同形式的共同组织，而这些组织也许可能也许不可能充分表现出上述的关怀。社群可能是充满感情、具有说服力的词，用来描述一组现存的关系，或者是另一组的关系。也许最重要的是：不像所有其他的社会组织的词汇（如state、nation、society等），community似乎从来没有用负面的含义，并且不会被赋予明确的反对含义或具区别性的含义。

安德鲁·文森特（Andrew Vincent）则从政治学的角度对社群一词进行了分析，他指出：从历史角度讲，社群的概念及其在政治讨论中所占据的地位相比较而言是近代才出现的，社群思想的萌芽在两个世纪前就已经萦绕在欧洲的社会和政治思想家头脑中了。18～19世纪的评论家把社群观念当做一种特殊的群体种类，并且通常以对比的形式在两种群体中出现：一种是人为的群体，另一种是较"自然"或"有机"的实体。例如，黑格尔就非常典型地将他在公共伦理政府的理念与无根的、破碎的市民社会作了对比；埃德蒙·伯克（Edmund Burke）在等级的、有组织的、传统的和稳定的社群与一种没有目的的、民主层面的和个人导向的社群观念之间作出了区分；塞缪尔·泰勒·科尔里奇（Samuel Taylor Coleridge）与伯克持相同的观点，即在以市场（商业）导向的个人主义社会与传统有机的、田园生活方式的社群之间作了区分。这种区分同样可以在20世纪的埃利奥特（T. S. Eliot）、查尔斯·莫拉斯（Charles Maurras）及克里斯多夫·道森（Christopher Dawson）的政治著作中反映出来。亨利·梅恩（Henry Maine）区分了身份与契约社会；在赫伯特·斯宾塞（Herbert Spencer）那里，是好战者反对自然进化有机工业社会；而在威廉·冯特（Wilhelm Wundt）那里，是自然与文化群体。19世纪末20世纪初，最著名的区分是费迪南·滕尼斯（Ferdinand Tōnnie）在社群和社团——礼俗社会（Gemeinschaft）与法理社会（Gesellschaft）之间作出的区分，这种区分同样出现于迈克艾奥（R. M. MacIver）在共同体与联合群体之间的区分，奥托·杰尔卡（Otto von Gierk）在共同体（Genosssenschaft）与联合体（Gesellschaft）之间的区分，以及埃米尔·涂尔干（Emile Durkheim）的机械的与有机组织之间的区分。类似的对比一直持续到20世纪中后期的理论中。社会和心理理论家，如亚伯拉罕·梅斯劳（Abraham Maslow）、赫伯特·马尔库塞（Herbert Marcuse）以及埃里奇·弗洛姆（Erich Fromm）等都在两种不同的群体之间作过对比与区分。在这所有的对比中，社群经常（虽不总）是作为比较自然的、自愿的、熟悉的、有机的和一致的面貌出现。[3]:137

在安德鲁·文森特看来，要明确社群的确切含义，以下三点值得注意：第一，在他看来，社群没有明显的意识形态的面孔。在温和的左派无政府主义以及最恶毒的法西斯主义中，人们都可以见到社群的踪影。这是一个开放的概念，社群主义者自身偶尔也会产生怀疑，建议他们的要求跨越政府领域。[4]第二，社群并不是“自然”形成的，许多人现在认识到很多社群（如民族）都是人为形成的。第三，社群应该有“弱”和“强”两种意义上的社群之分。强意义上的社群通常以一种更加客观的、政治性的、道德的或文化秩序的信念为前提，这种设想与社会较直接是同类的。在这种强意义上而言，个体自我被融合到社会结构之中。对于其批评者而言，在一个政治经济变化和流动迅速的先进工业社会很难坚持这种观点。[5]:243而且，强秩序给人的感觉或者是愚蠢怀旧或是深层反动。弱社群的解释者经常把其使用范围限制在鼓舞积极的公民资格和对公共文化的普遍参与。在此种意义上看来，与弱意义上的社群主义理解并列出现的是共和主义的自由民族主义。在那里，个体自我并不是完全溶入社群中而是能够保留其个别的忠诚与纽带，虽然整个社群仍然优先且占据着重要地位。在他看来，当今大多数哲学领域和实践领域的社群主义的解释比较倾向于采用“弱”意义上的社群理念模式。

美国学者 M. 戴利也指出：“社群（community）有多种含义。而典型的形式是一个小镇：其居民相互认识，拥有共同的行为习惯和价值观，并由一种休戚相关的‘我们感’（we-ness）所连接。从当代的定义看，一个社群是由有限数量的人所组成，他们在同一种社会关系之中形成自己的信念和价值观，其成员之间的联系均是直接的。这个定义表明，不仅小镇，而且拥有共同目标的组织——如职业协会——也属于社团的范畴。现代人哀叹社团衰弱了，显然不是指它的人数减少了，而是指人们之间的联系纽带被削弱了。”[6]

由以上的分析可以看出，对于社群的确切含义，学者们并没有一个一致的看法。一般而言，当代的社群主义者（主要是麦金太尔、桑德尔、沃尔泽、泰勒等人）把社群看做是一个拥有某种共同价值、规范和目标的实体，其中每个成员都把共同的目标当做其自己的目标。因此，在社群主义者眼里，社群不仅仅是指一群人；它是一个整体，个人都是这个社群的成员，都拥有一种成员资格。社群主义者所说的社群有许多基本的向度，如地理的、文化的、心理的和种族的，不同的向度分别构成了不同类型的社群。[7]:55 因此，社群主义者所界定的社群具有很大的包容性。

2. 构成性社群的内涵

虽然当代社群主义者所界定的社群具有很大的包容性，但他们眼里的社群并不同于一般意义上的共同体，而是主张一种构成意义上的社群。社群主义的少壮派代表桑德尔就特别强调社群对于其参与者的自我的构成性质。他眼里的社群是由那些具有共同的自我认知的参与者组成的，并且通过制度形式得以具体体现的某种安排，其主要特征就是参与者拥有一种共同的认同，如家庭、阶级和民族等。在桑德尔看来，自我是受共同体关系所制约的，罗尔斯对共同体的两种解释（手段型解释和情感型解释）都是个人主义的。手段型解释之所以是个人主义的，因为合作主体被假定是受既定的自利动机支配的，共同体的善只在于个人所追求其利己目的的合作中受益；情感型解释之所以是个人主义的，是因为它假设了合作主体在先的个体性，主体的实际动机可能既包括仁慈的目的，也包括自私的目的。前一种解释中的共同体完全外在于包含于个人之中的目的和利益，后一种解释中的共同体在一定程度上内在于主体，因为这种共同体融进了参与合作图式的人们的情感中。在桑德尔看来，罗尔斯对共同体的手段型解释和情感型解释都不能提供能够借之重新划分主体界限的方式，两者似乎都不能在不导致一种彻底情境化的主体情况下，放宽自我与他人之间的界限。因而，桑德尔提出一种构成型共同体（社群），在他看来，共同体不止描述一种情感，还描述一种自我理解的方式，这种方式成为其主体身份的组成部分。[8]149-150

丹尼尔·贝尔在《社群主义及其批评者》中也指出：他所谈论的社群指的也是具有构成性特征的社群。并且他提出了三种方法来辨认、区分具有构成性特征的社群并以此区别于其他形式的联合体。[9]85-96 第一种方法也许是最明白的，是人们如何回答“你是谁”的问题。如果别人问你的身份，你不会回答“我是个正在努力争取垃圾服务的居民委员会成员”，你会回答，“我是加拿大人，一个施瓦兹伯格家族的成员……”也就是说，构成性社群的首要特征是其成员对他的认同，即它界定了其成员的基本归属。第二，具有构成性特征的社群，为有意义的思考、行动和判断提供一种大体上是背景性的方式，一种生存在世界上的方式，它比任何可能的解释都更深刻、更全面。例如，假如有人问你身为犹太人意味着什么，你可以说出这些东西，然而心里面你知道这种问题无法回答得很恰当。但自愿组成的联合体就不是这样，它就是你可想到的那些：一些左邻右舍组织起来，争取较好的垃圾服务。也就是说，构成性社群为其成员提供了一种大体上是背景性的生存在世界上的方式，已经深深地影响了其成员的思维方式和行为方式。第三，构成性社群中的个人与所处的社群是密切联系在一起的，如果他割断与他置身其中的社群的联系，他就会陷入严重迷失方向的状态，并且在许多问题上不能表明自己的立场。

在阐明了以上三种方法来辨认具有构成性特征的社群后，丹尼尔·贝尔概括出了以下三种构成性社群：地域性社群、记忆性社群与心理社群。[9]:96-221

地域性社群，或称建立在地理位置基础上的社群。丹尼尔·贝尔指出这是与社群这一词联系的最普通的意义。在这种意义上，社群与地点相联系，物理、地理意义上的社群坐落在某个地方。它可以指一个小村庄或一个大城市，地域社群同时具有一个情感组成部分，即人们称为家的地方，通常是某人出生、成长以及死亡的地方。丹尼尔·贝尔认为，对个人的认同影响最大的社群通常是地域意义上的社群，尤其是人们生于斯长于斯的家乡。与个人生活直接相关的地理性社群比与个人生活不那么直接相关的社群对个人的认同影响要大，如邻里对个人的影响要比城市大，个人所在的城市对个人的影响又要比国家大，如此类推。

记忆性社群，或是指分享道德意义历史的陌生人群体。这个术语首先是由《心灵的习性》的合著者所采用，用其指假想的前几代人都有共享历史的社群。除了使我们追溯过去外，这种社群使我们的目光转向未来的、努力实现嵌于那些社群中的过去经验的理想和志向的成员，这些成员把他们的努力当做公共善的一部分。他们在人们的生活中提供了一种意义和希望的源泉，这种社群的典型例子就是民族和语言文化优越性群体。对于记忆性社群，丹尼尔·贝尔从两个方面进行了较为详细的论述。

首先，记忆性社群的主要特征在于拥有共同的悠久历史传统。丹尼尔·贝尔指出，记忆性社群的共同历史传统可以追溯到数代人之前。由于这些社群拥有共同的历史经验，所以，对其未来的希望和理想也常常是共同的。这样的记忆性共同体有着一种特殊的道德传统，它为其成员的生活提供了一种叙述统一，其中包括促进社群思想和期望的义务。这种特殊的道德传统深深植根于社群成员的共同记忆和期望之中，它将人们的尊严与其列祖列宗的尊严联系在一起。如果人们没有这种记忆性的社群，缺乏这种道德传统，那么他们就失去了其生活的意义和希望的源泉，就会对他们的自尊和能力造成很大的伤害。建立在民族基础上的社群就属于记忆性社群，如“中国人”“美国人”“日本人”等就是记忆性社群。

其次，记忆性社群的核心要素不是地域，而是共同的道德传统。如吉普赛人，作为一个民族他们就是一个典型的记忆性社群，尽管他们在历史上并没有固定的居住地，而是四处漂泊。记忆性社群提供的道德传统，有助于表达人们生活中的一致性，使人们有义务来促进他们的历史中所记忆和期望的理想，把人们的命运与其前辈同时代的人以及后代连接在一起。如果一个人不能拥有自己的记忆性社群，他就会失掉他生活中的意义与希望的源泉，结果就会严重伤害他的自尊和个人能力感，更不要说道德传统的丢失对后代产生的后果。记忆性社群又包括很多种类，如全国性社群、宗教性社群等，在其中，丹尼尔·贝尔特别强调了语言性的记忆社群。他认为，特殊的语言不仅是特别的说话方式和表达方式，而且也是感知和认识世界的特定方式。人们在一定的语言环境中长大，他不仅学习了作为表达方式的语言，也学习了认识世界的独特方式。因此，语言作为人们认识事物、体验感情、决定世界观的特定方式，也是形成个人认同的一种媒体。语言比任何其他因素更具决定性地界定了我们在这个世界上的不同生存方式。语言就是一个人的属性的载体，是观察事物、经历与感觉的某种方式的工具，是形成某种人生观的决定因素。

最后，心理社群，或由信任、合作及利他主义情感所支配的面对面的人际交往社群。这种社群是指参与共同活动并且把经历心理归属感作为共同目标而追求的人们群体。这些社群基于面对面的人际交流活动，是由信任、合作和利他主义等情感所支配的。之所以称之为心理社群主要是在以下意义上而言的：这些社群的成员在内心里具有社群的善并且按照代表社群的利益而行动。心理社群并不必然由地点和住所所决定，在这点上它们区别于地域社群；心理社群更加现实，它们典型地基于特定的时空之中且随之范围受到面对面的社会相互作用的限制，在这种意义上而言，它们也不同于记忆性社群。家庭便是一个典型例子，又如建立于信任和社会合作之上的小范围工作或学校场所等。

3. 社群的特征

由于西方学者对于社群的内涵有不同的理解，因而他们对于自己心目中所设想的社群特征的把握也有所不同，下面我们首先来考察一下戴维·米勒有关社群特征的论述，然后再对当代社群主义者所构想的社群特征作一归纳。

近年来以社会主义的社群主义（socialist communitarianism）而闻名遐迩的戴维·米勒在其代表作《市场、国家与社群》中勾画了他心中的理想社群，在他看来，一个理想的社群应具有以下七个特征[7]:63-64：①社群是这样一种社会共同体，在其中每个人都把整个团体的起源和尊严等同于自己的起源和尊严。他说，资本主义创造了“自我塑造的人”这一幻象，按照这种个人幻象，个人自己形成自己的个性，个人自己有能力控制自己的命运。只有在社群中这种把个人与社群分离开来的幻象才会消失，因为，我们在社群中把自己看做是一个更大的有机体的内在组成部分。②在社群中我们对其他人的感情就是团结、友爱和亲近。人们彼此相互非常了解，每个人都关心他人的利益，他人也关心自己的利益，大家同甘共苦，共患难。人们的生活不受私有桎梏的束缚，而是为所有同一社群的成员所共享。社群本身也创造出新需要，即成员把社群当做一种相互交往的工具。③团结友爱成为社群全体成员的共识。社群的成员都愿意为他人的利益做出自己的奉献，所以社群奉行互助。当别人需要时，我们帮助别人；反之，当我们需要时，别人也帮助我们。但在社群中，这种互助完全是自愿的，也绝不会作为正式制度而推行。由于人们认识到在社群中的相互依赖性，认识到个体是整体的有机组成部分，社群由一个个单独的成员组成，所以，人们把帮助某个具体的人看做是帮助整个共同体，反之亦然。④社群团结的制度体现就是按需分配利益的公共所有制。按需分配是社群的自然结果，既然在社群中每个人都把别人的利益看做自己的利益，反之，别人也把我的利益看作他自己的利益，那么就没有必要在社群的利益分配中过分强调私人的利益。⑤社群不仅在物质利益分配方面是平等的，而且在社会地位和权力的分配方面也是平等的。尊重绝对平等，即人与人之间相互的尊重对于地位的平等来说，具有根本性意义。在理想的社群中，人们之间的相互关系将体现为平等的尊重。米勒说，正是由于这一特点才将他的民主社会主义社群观与其他保守主义的社群观区别开来。⑥在社群内，人与人之间的相互关系将是统一的，人们相互之间没有特殊的关系。人们在各种活动中发生的相互联系，仅仅是人与人之间的平等交往。在人们之间的经济交往中，社群的成员都追求共同的公共利益。⑦社群存在于社会的各个层次。小到家庭、邻里，大到社会、国家，它们都是由成员的团结合作精神和互助友爱精神联结起来的。它们之间是相互平等的，它们只有规模的区别，而没有等级的区别。

当代社群主义者（麦金太尔、桑德尔、沃尔泽与泰勒）从以下几个方面对社群的特征进行了描述：第一，社群是由一些人为了共同的利益、兴趣及爱好等为促进自身发展所做的结合。他们具有共同的目标与价值，具有一定的凝聚力和共识，社群成员之间关系融洽。第二，社群不单是个人自由意志的结合，社群成员也不仅仅关注自身的兴趣与价值，而且社群的每个成员都将社群的价值目标视为自己的价值与目标。第三，社群并不是为了某种目的的工具性的结合，或者是成员情感依赖的结合，更重要的是社群成员对于社群的认同，认同社群的社会价值、文化历史意义，进而使所有的社群成员都有共同的目的与价值分享。

如桑德尔所说："社群不只是描述一种感情（feeling），还描述一种自我理解的方式，这种方式成为主体身份的组成部分。按照这种强观点，说社会成员被社群意识约束，并不只是说他们中的大部分人承认社群的情感，都追求社群的目的，而是说，他们认为他们的身份——既有他们情感和欲望的主体，又有情感、欲望的对象——在一定程度上被他们身处其中的社群规定。对于他们来说，社群所描述的，不只是他们作为公民拥有什么，而且还有他们是什么；不是他们所选择的一种关系（如同在一个志愿组织中），而是他们发现的归属（attachment）；不只是一种属性（attribute），而且还是他们身份的认同（identity）部分。比其工具性（instrumental）和情感型（sentimental）的社群观念，我们可以把这种强观念称之为构成性观念。"[8]:150

因此，对于社群主义者而言，一个严格意义上的社群概念应如杰克·科瑞滕顿（Jack Crittenden）所言要符合以下几个标准：社群必须共享完整的生活方式，而不是为了分享利益而达成某种目的的手段；社群参与者的关系是一种直接的面对面的关系；社群成员之间的利益是彼此联系在一起的，息息相关的；社群是其成员认同的核心，社群的关系、义务、习俗、规范和传统对成员有着决定性的作用，它们是使我为之我的依据。[10]:132-133

二、社群与社会

由前述分析可以知道社群是政治哲学中的一个常用名词，它既可以用来指在某一个地域内的一群人，比如一个家庭，一个街道，一个城镇，一个城市，一个学校，一所工厂，一个省，也可以指一个民族、一个国家。但社群常常有更深一层的含义，意思是指社会中的一群人（这个"群"可大可小），在这个"群"内有比较强的纽带相联结，有一种共同的身份认同感。所以一个真正的社群，其特点应当是忠诚、归属、互助互利等纽带。从这种意义上而言，社群就是个人立足于社会的根。

从社会学的角度看，所谓社会，就是在一个相对固定的地域范围内世世代代共同生存与活动的人群的总称。在绝大多数社会自然形成的漫长历史过程中，社会成员因世代繁衍而血脉相承，又因适应同样的地理气候条件而生成了某些共有的生物特征；社会成员在长期的共同生活中，基于相互模仿而具有类似的举止动作，并出于相互交往与沟通的需要而创造出言语和文字。在社会不断走向文明的进程中，社会成员共同创造并认可的某些文化现象世代流传，并成为社会成员共同恪守的传统习俗。

马克思主义经典作家也都曾对社会的本质做过多方面的论述，他们的基本观点包括以下几个方面。

第一，社会是一个有机的整体，它是由一定数量的人口、自然环境、社会环境和生产方式诸要素构成的，并且各个部分处在一种动态的联系与发展之中。每个部分都有其特定的属性与功能，他们共同构成一个具有自我调节和自我发展能力的有机整体，并通过整个有机体的新陈代谢实现自我完善与更新。人口是社会延续的第一个基本要素，对社会的发展起加速或延缓的作用。人是社会的主体，没有一定数量的人便不能构成社会。马克思说："人口数量和人口密度是社会内部分工的物质前提。"[11]:391 自然环境是人类社会延续的基本条件，对人类社会有较大的影响作用。自然环境不同于自然界，是人类社会生存的外部条件。社会环境即文化，它是构成社会的一个重要要素。马克思主义指出，整个社会有机体为了能够存在和发展，就必须适应自然和改造自然，向自然索取生活资料，而为了获得生活资料就必须进行生产。因而，生产方式是整个社会有机体运动的动力。

第二，社会不是单个个人的堆积或简单相加，它是人们的联系或关系，是人们相互交往的产物，是全部社会关系的总和。马克思主义认为，社会从本质上说是建立在生产关系基础上的人们交互作用的产物，马克思指出："生产关系总和起来就构成所谓社会关系，构成所谓社会，并且是构成为一个处于一定历史发展阶段上的社会，具有独立特征的社会。"[12]:345 "社会——不管其形式——究竟是什么呢？是人们交互活动的产物。人们能否自由选择某一社会形式呢？决不能。"[13]:532 也就是说，社会就是人类个体之间的交往关系。用人类个体之间在物质生产基础上的交往活动来解释社会，是马克思主义唯物史观的一个基本观点和方法。我们知道，在哲学史上，有思想家主张社会是由个体通过订立契约而构成的，这种观点把社会看成是由订立契约这样的主观行动所造成的，它不能说明社会关系的客观性，当然也无法说明社会的有机整体性。而在现代社会哲学中，又有学者主张整体论社会观，把社会看成一种完全超脱个体的东西。这种理论只能从静态上分析社会的结构和功能，而无法说明社会的起源和变迁。马克思主义的社会交往论克服了这两种观点的片面性，它把个体与社会的关系理解为一种辩证的统一体。一方面，个体通过生产活动及其基础上的交往活动而创造了社会；另一方面，社会作为诸多个体的共同创造物又制约和规定着个体的创造活动。

第三，社会生活过程是维系社会的纽带。马克思主义把现实的个人作为其理论研究的出发点，人的活动即人们的社会生活过程成为马克思主义社会理论的最基本的思想，离开了人的社会生活过程，社会只能是一堆抽象物。人们的社会生活是丰富多彩的，既有物质生活，又有政治生活、娱乐生活等精神生活活动。马克思恩格斯指出："生产力与交往形式的关系就是交往形式与个人的行动或活动的关系（这种活动的基本形式当然是物质活动，它决定一切其他的活动，如脑力活动、政治活动、宗教活动。……）。"[14]:80 人们的物质生活活动一方面使人与人的活动联系起来了，促进了社会的形成，人们不断地在其中创造物质财富和精神财富，同时促进了社会的繁荣和发展；而人们的精神活动在使人完成社会化的同时又促进了人类整体素质的提高。

由上面的分析可以见到，社群与社会这两个概念既有相同之处，又有所区别：第一，这两个概念的内涵中都包含着某种"共同体或集体"概念在里面，但"社群"中的"共同体"的界定要宽泛一些，小至某一个地域内的一群人，比如一个家庭，一个街道，一个城镇，一个城市，一个学校，一所工厂，一个省（在这种意义上而言，社群是在社会内部由人们之间的相互作用而形成的一种特殊的活动方式），大到一个民族、一个国家，甚至跨越国界，如绿色和平组织、欧洲经济共同体等；而社会则一般指的是某个国家在某个特殊时期的社会形态存在形式。第二，这两个概念中都涉及个人与群体之间的关系，但社会这个概念不仅强调人们在改造自然界时人与人、人与自然之间的关系，而且还涉及人们在改造社会时个人与群体、个人与社会之间的关系。而社群这个概念则更多地是强调人与人之间、个人与群体之间的关系。也就说，它们对象所指有所不同，社会这一概念不仅涉及主体间的关系，而且还涉及主体与客体之间的关系，而社群这一概念则更多地指的是主体间的关系。第三，社群与社会都可以以地域来划分，但社群的划分却更加松散，如我们前面所说的心理社群、记忆社群等。社会更多地是强调地域性关系，而社群则更多地强调一种身份认同。第四，社会与社群功能的性质和状态不同。前者是依靠其成员的共同地域、血缘关系把全体成员团结起来，并使他们能在一个区域的范围内世代生活下去，因此，社会诸构成要素之间的结构是紧密的，状态是稳定的。并且，社会作为人类个体之间交往关系的产物，是一个有机的系统；而社群是通过各种共有利益、兴趣、爱好等把人们结合成不同的构成性共同体，因此，社群的结构是松散的，状态是活跃的。

三、社 群 主 义

要想确切把握社群主义这个概念的科学内涵，确非易事。想要准确地把握社群主义不仅需要具备一定的理论广度更需要具备一定的理论深度，这主要是因为社群主义思潮所涉及的内容庞杂，并且与现实联系得比较紧密。如果不具备一定的理论广度，人们会把社群主义思潮仅仅当做是某一问题的分支问题，就好像当今许多的有关社群主义思潮的著作一样，仅仅把社群主义思潮的兴起当做是最近几年美国社群精神衰落的产物。其实，在欧洲可以发现一个更加丰富的社群主义思想观念传统，尤其是在英国和法国思想家中，他们很早就鼓励那些拒绝个人主义和权威主义宣扬的假冒自由主张的人追求自由。社群主义思想源远流长，在美国之外也存在各种各样的社群主义思想萌芽。社群不仅仅包括家庭、学校社区，同时雇员、协会、保护性机构、多民族合作联盟以及任何能够对公民的生理、道德或智力发展施加影响的组织都可以称之为社群。而且，把握社群主义思潮的内涵需要具备一定的理论深度，如果只是仅仅做复杂的概念分析，而很少深入到现实生活中的话，那么就不可能使人们了解社群主义思想对现实社会的实际影响。

当代的社群主义出现于20世纪80年代的学术政治理论中，最初它的许多思想是直接针对自由主义理论的负面效应提出的。因此，它最初是与桑德尔、查尔斯·泰勒、沃尔泽和麦金太尔的著作联系在一起的一种哲学思潮。到了20世纪90年代，有些社群主义思想开始成熟为一种政治的和政策导向的运动，并且跨越了政治领域，从北美克林顿和多尔的民主政府以及英国的新劳动党及其他政府之间获得了言论支持。社群主义同时与20世纪90年代后期在欧洲与北美出现的第三条道路的政治主张有某种难以割舍的联系。

当政治理论家使用社群主义这一术语时，他们头脑里首先想到的是上述四位思想家（桑德尔、泰勒、沃尔泽及麦金太尔）。然而，非常有趣的是，四位思想家中的任何人都不愿意被贴上社群主义这一标签。例如，麦金太尔已经十分明确地拒绝了这一称呼。阿米泰·艾其奥尼——北美社群主义的领军人物——证实麦金太尔作为一种与众不同的类别——温和的社会保守主义者。[15]:15 他同时注意到桑德尔、泰勒和沃尔泽都对被称为“社群主义”而感到不舒服。[15]:40 例如，沃尔泽很矛盾，但乐意把自己的著作当做周期性的社群主义的更正。[16]:18 桑德尔在《自由主义与正义的局限》的前言中就指出：他的部分论证是针对当代自由主义对共同体提出的解释不充分问题，对于此“社群主义”这一术语在某种程度还是合适的。然而，在许多方面，这一标签却会引起误解。在他看来，最近几年在各种政治哲学思想间爆发的这场“自由主义—社群主义”之争，表明了政治哲学问题讨论的范围，而他并不认为他本人站在社群主义这一边。这场争论有时表现为这样两类人之间的论战：一些人重视个人自由（权）的价值，而另一些人则认为，社群的价值或大多数人的意志应该占据压倒性的地位；或者，表现为另外两部分人之间的论战：一部分人相信普遍人权，另一部分人则坚持认为，不存在任何批评或判断不同文化和传统之价值的方式。如果“社群主义”只是占据大多数主义的另一种名称，或者，如果它只是下述理念——即权力应该依赖于在任何既定时间和既定社群中占优先支配地位的那些价值，那这并不是我们要捍卫的一种观点。[8]:ix-x 而在其新著——《民族不满》中也没有提及“社群主义”这一称呼。查尔斯·泰勒也表达了他对自己的著作被等同于社群主义的深深的不安。[17]:250,256 因此，在这里我们看到了一种很奇特的场景：很大一部分著作联系这四位哲学导师并公开地把他们当做忠实的社群主义者——虽然他们中只有一人准备间接地、犹豫地归属于这个术语，而四位中的大多数似乎对社群主义这一术语持敌意或漠不关心的态度。可以承认的是，仍然有可能忽略上述四位理论家的不同观点而把他们归属（不管存心与否）为社群主义者。

当然也有学者指出，以上四位思想家并不能被称之为真正的社群主义者，他们只是哲学意义上的社群主义者，真正的社群主义者出现于政治领域。安德鲁·文森特（Andrew Vincent）指出[3]:138：大多数政治理论家通常没有关注到社群主义的另外一领域是更具有实践导向或政策导向的运动，它们发端于20世纪90年代。他们是个人主义者，对于此称呼他们无异议，他们很自豪地接受这一称呼。在北美最著名的是社群主义政策研究网络与中心，它（及其后的组织）的主要倡导者和代言人是阿米泰·艾其奥尼。20世纪90年代的社群主义者已经有了他们自己的组织、期刊、网站，也提出了一些最小政治主张。在英国，大不列颠社群主义论坛（成立于1995年）与其美国同伴相比，声音要微弱得多。其最近的社群主义的倡导者和代言人是亨利·太姆。在政治哲学领域，艾其奥尼已经写出了很多为人们所熟知的社群主义著作，如《社群的精神》（The Spirit of Community）和《新金法则》（The New Golden Rule）等。但是，罗伯特·贝拉（Robert Bellah）及《心灵习性》（Habits of the Heart）的合著者们却主张更加实践的、至诚的社群主义的诉求。在这本书的开篇写道："我们应如何生活？……我们是谁，作为美国人？"[18]:vii这本书的大部分以十分热忱的、实践的、政策导向的语言探讨了家庭、教育、犯罪、政策及当地社群等问题。它的实践忧虑基于这样一个假设判断之上，即"大多数美国人认为在我们的社会中很多事情是错误的，我们并不像民意测验所说，'在向正确的方向迈进'"。[18]xxii

可见，在西方学者眼里，对于谁是真正的社群主义者也没有一个统一的理解。正如英国政治哲学家亚当·斯威夫特指出，社群（community）这个词是热烈的、富有同情心的，并且没有人知道它的含义。多种性质的组合有助于它产生自己的"主义"：社群主义，这完全是个大杂烩的词。（公平地说，像我这样的政治哲学家是怀疑所有"主义"的。它们都是杂乱的，将随着时间推移而变化，并朝着不同方向推演，能够十分轻易地分化。从我们的观点来看，这是这个世界不幸的特征，即实际的政治涉及普通的人，他们根据各种信仰——比如自由主义、保守主义——凌乱而变化多端的组合进行思考。假如他们都是政治哲学家，他们都肯定或者否定一些具体和明确的观点的话，那么所有的事情就会变得容易和清晰得多。另外，甚至按照其他各种"主义"的标准来看，"社群主义”确实没有得到特别明确的定义。)[19]:145 需要指出的是，本书所探讨的社群主义主要是指存在于美国哲学界的社群主义者，尤其是以麦金太尔①、桑德尔、沃尔泽和泰勒为代表。也就是亚当·斯威夫特所谓的“哲学意义的社群主义”，而非“政治意义的社群主义”。虽然上述四位思想家的理论观点不尽一致，但他们都从亚里士多德和黑格尔那里汲取理论资源来批驳以罗尔斯为代表的当代新自由主义者（罗尔斯主要是从康德那里继承契约论传统，他的论证方法是契约式的，因此有学者称他为新康德主义者或新契约论者）。而且，上述四位思想家都注重社群本身的价值，并以之与自由主义相对立。

四、社群主义思想家②

如前所述，本书中所探讨的社群主义者主要是以阿拉斯戴尔·麦金太尔、迈克尔·桑德尔、迈克尔·沃尔泽和查尔斯·泰勒为代表的“哲学意义的社群主义”，因此，以下对社群主义思想家的介绍主要是介绍上述四位思想家。

阿拉斯戴尔·麦金太尔，社群主义的主要代表人物之一。他于 1929 年出生于苏格兰的格拉斯哥，他先在伦敦大学女王玛丽学院就学，于 1949 年获文科学士；两年后在曼彻斯特大学哲学系获哲学硕士，随后，他先后在曼彻斯特、牛津、利兹和爱色克斯等大学任教；在此期间，也曾做过牛津大学和普林斯顿大学的特约研究员。1969 年，40 岁的他辞去爱色克斯大学的社会学教授，移居美国，出任马萨诸塞州布兰迪大学思想史教授；1972～1973 年，转任波士顿大学文学院院长、哲学和政治学教授；1980～1982 年，赴威尔斯利大学任哲学教授；1982～1988 年，任范德比尔特大学的 W. 阿尔顿·琼斯哲学讲座教授；1988～1989 年，赴耶尔大学怀特人文科学中心做访问学人；1989～1994 年，任圣玛丽大学哲学系麦克马洪-汉克荣誉教授；1995 年，应邀到著名的杜克大学哲学系担

---

① 在很多学者眼里，麦金太尔是北美社群主义的一个领军人物，但他也因为其立场多变而颇受争议。英国学者莱斯诺夫尖锐地指出：“他是个在一生中表现出许多极端相反的立场变化的理论家——从天主教到马克思主义，到亚里士多德主义，再到托马斯主义（就我所知，还有许多我没有提到的阶段），因此对他很难严肃对待，也很难对他的思想做出首尾一贯的说明。在所有这些朝三暮四的表现中，确实存在着一条主线，即他对自由主义的个人主义的仇视。但是，出于这种观点提出的论证，至少在麦金太尔后期的后马克思主义或右翼社群主义阶段，在我看来大多数既粗糙又无新意。”[20]:7

② 对麦金太尔教授的介绍参见：阿拉斯戴尔·麦金太尔著：《谁之正义？何种合理性?》，当代中国出版社，1996 年版，译者前言 2～3 页；对于其他三位社群主义思想家介绍的资料主要来源于互联网。

任艺术与科学教授。他还多次获得学术荣誉称号，1984 年，曾任美国哲学学会东部分会主席。麦金太尔教授著作较多，比较有代表性的作品有：《伦理学简史》(1966)、《世俗化与道德变化》(1967)、《时代自我形象的批判》(1971)、《追寻美德》(1981)、《马克思主义与基督教》(1982)、《谁之正义？何种合理性?》(1988)、《第一原理式、系谱学和传统》(1990) 等。麦金太尔早年思想较为激进，曾短期加入共产党，一度信仰马克思主义，后转向新托马斯主义。他的思想一直带有较明显的苏格兰传统偏向，有着强烈的历史主义色彩，而在学理风格上则属于典型的以史拓论型学者。

迈克尔·桑德尔，美国著名政治哲学家，社群主义的少壮派代表人物。获英国牛津大学政治哲学博士学位，当代美国最有影响的公众知识分子之一。1980 年起在哈佛大学政府系任教，是该校“最受欢迎的课程讲席教授”之一；2002～2005 年任小布什政府生态伦理学总统顾问团成员，现担任 Anne T. 及 Robert M. Bass 教授席位。桑德尔教授著作颇丰，其学术代表作有：《自由主义与正义的局限》(1982 年)、《自由主义及其批评者》(1984 年)、《民主的渴求：探寻公众哲学的美国》(1996 年)、《公众哲学：政治道德论集》(2005 年)、《反完美案例——基因工程时代的伦理学》(2007 年) 等，其中《自由主义与正义的界限》(1982) 被西方学界视之为少数几部最有影响的挑战罗尔斯理论的力作之一。

迈克尔·沃尔泽，他也是一位仍然相当活跃的社群主义理论家，著名政治哲学家，复合平等的倡导者，以对分配正义的研究而闻名。他在哈佛大学取得博士学位，长期任教于哈佛大学和普林斯顿大学，他对当代公共哲学、伦理学(包括战争伦理) 做了独到的论述。除了《正义诸领域》以外，沃尔泽还著有《圣徒的革命》、《义务》、《政治行动》、《弑君与革命》、《正义与非正义战争》、《激进原则》、《宽容》等。沃尔泽以其对西方文明的反思以及对政治观念与原则的细致分析，参与到当代重大政治与思想的讨论之中，他与泰勒、麦金太尔等人一道，在当代思想界复活（社群）共同体的价值方面起到重要作用。

查尔斯·泰勒，20 世纪末最有影响的哲学家之一，晚近英美哲学的关键人物之一，社群主义的主将。这位加拿大哲学家早年在牛津大学学习哲学、政治学和经济学，曾任牛津大学齐切里哲学与伦理学讲座教授，现任加拿大麦基尔大学哲学与政治科学教授。20 世纪 70 年代以来，泰勒以其对黑格尔哲学的再解读，对原子主义式的消极自由的批评，对社群价值的强调，对西方文化中自我认同观念发展的梳理，对认同政治哲学研究以及对文化多元论的论证，强烈地影响着西方思想界。近年来，他致力于研究当代西方社会的民主理论及其面临的挑战，发表了《吁求市民社会》、《承认的政治》等重要论文，对“市民社会”“公共领域”“文化多元主义”等问题进行了深入探讨。主要著作有《黑格尔》、《自我的根源：现代认同的形成》等。

第二节 社群主义思潮的基本特征、兴起的时代背景及演进理路

当代社群主义思潮的兴起是直接针对 20 世纪 70～80 年代盛行于西方的“分离文化”即新自由主义的个人主义文化的。阿米泰·艾其奥尼写道：“以前，人们认为，只要人人为己，经济就会繁荣。而现在，显而易见，在极端个人主义原则的指导下，社会无法正常运转。”[15]:10 与诉求个人自由、个人权利的自由主义不同，社群主义更多地是追求共性、共同利益和共同善。

社群主义理论家指出，自由主义的理论与实践对于人们的影响是双重的：一方面，自由主义强调个人自主与个人权利，极大地提高了个人在社会中的重要性，促进了个人权利的巩固和个人表现的自由；但是，从另一方面看，由于自由主义过分地强调个人自主与个性，这便导致了社会责任的丧失，威胁到社会的稳定和完整。社群主义思潮在当代复兴的主要目的之一就是必须使个人权利与社会责任相平衡。

一、社群主义的基本特征

由于受到西方主流思想自由主义的消极影响，当代西方社会内含了诸多矛盾，尤其是公民与政府、国家和社会的关系一度紧张，当代社群主义的基本主张就是要缓解各种新型的社会矛盾，找到促进社会协调发展的有效途径。

与强调“个人优先于社会”的自由主义相比，社群主义有着不同的价值取向。社群主义强调社区联系、环境和传统的积极价值以及公共利益，致力于社

群价值与个人价值的相互协调，揭示人格自足的形而上学虚假性，遏止自由主义的过分发展所带来的个人主义的消极影响，力图把社群利益和公共价值观置于政治生活的中心。与新自由主义的理论与实践相比，社群主义有其独特的特征。社群主义的特性首先表现在其理论内容方面，具体来讲，社群主义的理论特征主要体现在以下几方面[21]：

第一，以社群的共同实践和交往说明个人权利的产生及基础，反对极端个人主义。以罗尔斯为代表的新自由主义者认为，个人先于自我可能拥有的社会价值。他们并不否认个人与社会的联系，而是认为这种联系是后天的、外加的。社群主义争辩说，个人主义的极端膨胀，就是建立在这种对个人权利的形而上学的承诺之上的。事实上，个人并不是一种先验存在，而是由他生活于其中的社会纽带、他所遵循的理想、为他的生活提供结构的社会组织以及形成他的意识和习惯的传统所构成的。没有这些社会因素就不存在任何现实的自我理解和人格同一性。脱离一切社会背景（social context）的自我和权利是不存在的。第二，以社群的历史传统说明自我人格的生成，否定先验的自我人格。社群主义认为，个人是社会文化发展过程中的环节，因而个人都是历史地生成的，并带有历史的特征。第三，以中介社群组织填补个人和政府之间的鸿沟，既反对极端的个人自由，也反对权威主义的集权。在北美，个人主义概念一直是人们理解自己及他人在社会中的地位的理想方式。作为个体，人人都有主观意识所界定的独一无二的特性，形成并实施个人的规划，拥有坚持这一生活规划的不可转让的权力。正像自由主义者J. 拉兹所表白的，“个人自由理想背后的统治观念是人们应创造他们自己的生活”，“一个自主的人是由成功追寻自我选择目标和关系所组成的良好存在”。社会制度，只有维护个人自由，才有其合理性；唯有保护一个更根本的自由，才能作为削弱另一种自由的根据。为了对抗这种自由主义，群主义者试图把以社群为中心的政治理想明确表达出来。第四，以群体活动或相互影响解释道德的意义和性质，确立文化价值的多元性，反对道德普遍主义。

当然，社群主义区别于自由主义理论之处不仅体现在其内容方面，而且，在方法论[①]上，社群主义也有不同于自由主义之处，这主要体现在以下几个方面。

1. 历史主义方法论

所谓历史主义方法，包含两层意思：一是结构性的横向的历史主义，即把对事物的理解放在其特定的历史和现实背景中；二是动态性的纵向的历史主义，即把事物看做是历史发展进程的产物。历史主义坚持一种变化的观点，强调事物的发展变化，否认存在永恒不变的教条，否认种种超时空的普遍主义臆想。社群主义思想中处处都体现出历史主义的方法。例如，麦金太尔的政治与道德哲学就始终贯彻着历史主义的方法，在其德性正义理论中表现得尤为突出，主要表现在以下三个方面：第一，包括正义原则在内的所有道德或政治原则和观念都有其历史传统，任何重要的观念和范畴本质都是历史地形成和发展的。这些原则和观念本身都有一个产生、发展的过程，它们都是历史地形成和发展的。而且，这些原则与观念的基本功能之一，就是对现实进行历史性的论证和解释。具体来说，比如作为德性的正义就不是个抽象的范畴，德性的本性只能诉诸具体历史传统才能被理解。不同实践与历史情况及历史发展的不同阶段产生出各不相同的德性观念。第二，社会共同体与传统都历史地规定着个人（自我）及其拥有的包括正义在内的道德政治观念与原则，而且，由于实践、人类生活及其历史传统的特殊性、多样性，决定了原则与观念的特殊性、多样性，自由主义所说的永恒不变和普遍适用的正义原则事实上并不存在。第三，正义的历史性不仅意味着多样的或多元的正义及其不同的历史根源，而且还意味着各种互相竞争乃至对立的正义观念原则都有其历史的实践合理性，而对立的超越也只有诉诸于历史的实践。社群主义的另一位代表人物沃尔泽则用历史主义的方法从分配的角度论述了正义问题。他写道："正义是与社会意义有关的。"[22]:9 而社会意义是具有历史性的，因此，分配以及公正的和不公正的分配是随着时间的推移而变化的。

2. 整体主义方法论

社群主义的整体主义方法主要是相对于自由主义的个人主义而言的，当代

① 社群主义方法论将在本书的第三章进行详细论述，这里只是简单提及。

自由主义是基于个人权利之上的，自由主义强调权利对善的优先性，其哲学基础和论证方法都是个人主义的。因而，社群主义者认为自由主义从根本上误解了自我与社群的关系，自由主义从个人主义立场出发的理论和论证都是不可取的。

当代社群主义者整体主义的方法论主要表现在他们对社群的强调以及对自由主义的个人主义的批判。如桑德尔就指出，任何个人都不能脱离一定的共同体即社群而存在，个人的认同和属性正是由他的“身处其中的社会所规定的”，是社会的产物，“对于他们来说，共同体描述的，不只是他们作为公民拥有什么，而且还有他们是什么，不是他们所选择的一种关系（如同在一个志愿组织中），而是他所发现的依赖；不只是一种属性，而且还是他们身份的构成”[23]:181。此外，自我不可能先于其价值和目的，相反，正是价值和目的决定着自我，这些价值和目的并非是先天形成的，而是由社会的历史文化塑造出来的。

泰勒也认为自由主义的个人权利至上在理论上是站不住脚的。在他看来，个人的权利和能力只有在一定的社会和政治语境中才能得到实现，而不是置身于政治社会之外。他想用社群至上（primacy of community）来取代个人至上。他说：“相反，关于人的社会性的观点认为寻求人类善（common good）的根本构成条件限于社会之中。因此，如果脱离开语言共同体（a community of language）和关于善和恶、正义和不正义的公共讨论，人就不可能成为道德的主体，不可能成为人类善的实现的候选人。”[24]:292 泰勒所说的“语言共同体”和“公共讨论”其实质就是一个文化背景。任何个体要实现个人的可能性都逃离不开这一背景，而一个社群在一定意义上就是一个具有共同文化背景的集体。因此，个人的选择和各种可能性的实现都离不开自己所置身的社群整体。在《自我的根源：现代认同的形成》一书中，泰勒指出，环境规定我们，个人作为一个自主的主体，实质是社会文明发展的产物，只有在社群中才能发展起来。因此，自我才不能优先于目的和价值，否则社会便会成为一个“工具性的社会”（instrumental society），而且也会“导致对公共自由的摧毁”。[25]:502

社群主义的整体主义方法论在价值取向上表现为他们强调社群整体利益先于个人利益。社群主义者指出，自由主义将个体的人描绘为可以先于社会而独立存在的，是根本错误的，以此出发，将个人利益与集体利益人为地分开，并将个人利益凌驾于集体利益之上，也同样是缺乏根据的。社群主义者认为，个人存在于社群当中，历史、传统、社群、关系等非个人因素在人类生活中具有基础性和必然性的意义。因此，在他们看来，个体的利益须依赖于整体的利益。在此基础上，他们将整体作为立论起点，强调整体的利益高于个体的利益。整体主义方法论在实践中的具体体现就是抽象地强调整体利益高于个人利益，个人利益必须服从整体利益乃至为整体利益做出牺牲。例如，社群主义思想的开山鼻祖亚里士多德就认为，从逻辑上说，城邦先于个人和家庭，因此，人们的行为首先必须考虑城邦利益。从这里也可以看出，在强调整体利益这一点上，社群主义思想和马克思主义有不谋而合之处。两者都认为个体必须被纳入整体中加以考察，个体都不可避免地带有整体所赋予的社会属性，个体利益只能在整体中得以实现，必须以整体利益的实现作为前提。基于此，两者价值的最终取向都落在了整体的利益上，将整体利益作为先于个人利益的第一性存在。不同的是，马克思主义是在尊重个体利益的基础上同时强调集体利益，当个人利益与集体利于发生冲突时，要服从集体利益，而社群主义在某种程度上却完全忽视了个人利益。

3. 特殊主义方法论

对于自由主义把其理论主张当做是普遍有效的论证，社群主义则采取一种特殊主义的论证方法对之进行了批驳。自由主义把他们自己的理论当做是普遍有效的，而社群主义试图缩小自由主义理论的普遍性，其攻击的主要对象有两个方面：一是罗尔斯把原初状态作为其理论的“阿基米德点”；二是在原初状态中构建的普遍适用的社会正义理论。

社群主义指出新自由主义者罗尔斯试图把其正义理论当做普遍真理，但他们却认为正义的标准必须存在于特殊社会的生活和传统形式中，因此，正义的标准从一种社会背景到另一种社会背景中是变化的。麦金太尔和泰勒指出：“道德和政治判断依靠于人们观察世界的理性语言和解释性框架。”因此，从人类信念、实践及制度的解释性领域中获取资源对开创政治事业并无意义。沃尔泽补充说，有效的社会批评必须从生活在具体时空里的现实人们的生活习惯和传统中来，并与之产生共鸣。即使普遍实现能力的正式程序能够产生一系列决定性的善和价值，但任何这样的系列必须以十分抽象的形式来被考虑，以至于用之考察特殊分配时几乎没有作用。简言之，通过从特殊社会背景中抽取资源来建立其普遍主义正义理论的自由主义者必定在哲学语言上变得毫无顺序，而采用这种方法说服人们去做正义之事的自由主义理论家在实践上也是注定要失败的。

二、社群主义思潮兴起的时代背景

社群主义思潮在当代的复兴既具有一定的理论基础，也有其深刻的现实背景。

从当代社群主义思潮产生的直接理论来源来看，社群主义思潮在当代的复兴主要源起于对新自由主义理论的批判，尤其是对新自由主义理论弊端的批判。在某种程度上来看，离开了自由主义，也就没有社群主义，自由主义是社群主义批判的标靶。从历史的视角来看，不可否认，自由主义在资本主义的早期阶段曾起过积极作用，诸如它声称个人权利、反对封建秩序对人的禁锢，促进了个人的解放和社会的进步。但是，随着社会历史的发展，以个人主义为理论核心的自由主义日益显示出其历史局限性与社会破坏力。社群主义对自由主义的批判正是在这样的背景下开始的，即是从自由主义的实践带来的“现代性病症”开始其理论思考的。

社群主义的代表人物之一麦金太尔正是基于其对“启蒙运动谋划”的失败（特别是德性地失落、道德的无序等）的历史分析来建构其与自由主义的规则正义理论相对的德性正义论的。泰勒认为，自由主义的过度膨胀是当代西方社会问题的主要根源之一，并引发出了“现代性的病症”。泰勒把这种病症表述为“濒临崩溃”，在1991年出版的《可靠的伦理学》中，泰勒将这种病症进一步展开，分为个人主义、工具理性和“自由的丧失”三种表现形式。由于个人主义信奉个人自由与权利至上，它导致了人们只顾个人生活而失去了更为宽阔的视野，使虚无主义盛行。泰勒指出，个人主义的阴暗面是把自我放在中心位置，这限制了我们的生活，使之缺少意义，并对他人和社会漠不关心。而这进一步导致了当代社会的第二种病症，即使当代社会越来越成为一个“工具理性占据首要地位”的社会。而狭隘的个人主义与片面的工具理性地结合，又造成了社会的第三种病症，即带来政治层面的严重后果，“我们的选择受到严重限制”，也即导致了“自由的丧失”。泰勒尖锐地指出：“现代自由通过毁灭意义而暗中毁灭了自由”，“过分的现代自由和平等直接引向自我毁灭”[26]:701。正是在对自由主义理论负面影响的批判基础之上，社群主义者构建了他们自己的理论体系。

同时，当代社群主义思潮的复兴离不开一定的时代背景，它也是各种社会历史条件综合作用的产物。

首先，西方社会个体化倾向日益明显，促使社群主义思潮在当代复兴。

在当代一些发达的资本主义国家，社会越来越个体化这已是一个不争的事实。所谓个体化，就是指随着社会的发展和人类生产力水平的提高，人的个体意识不断增强，个体的物质和精神方面的利益得到充分的尊重和保护，个体活动具有广泛的存在和发展空间，人的行为越来越表现出相应的个体特质。人们之间交往的空间越来越窄，人际关系也越来越冷淡。现代西方自由民主社会由于过分渲染个人自由和权利，导致了人们只顾自己的私利，丧失了对个人所属的社群价值的承诺。各种各样反社群生活的倾向从各个方面表现出来：在社会生活的各个方面都充斥着焦虑、不安、竞争、寂寞和疏离等症状，彼此间缺乏感情的联系与交流；公民对政治生活也漠不关心，参与公共决策制定的人愈来愈少，而且愿意参与公共生活的人也逐渐减少。

与此同时，个体化浪潮不断冲击并撕破了传统的层层道德防线，它使许多的人终日浸泡在个人主义的汪洋大海之中，个人成为一个个彼此隔离的生活在孤岛之上“鲁滨逊”。人们越来越只重视自身的价值与利益，而忽视了社会共同体的价值与利益。当代社群主义的代表人物之一麦金太尔在分析当代道德危机的理论根源时指出，西方两种主流伦理学——情感主义伦理学与自由个人主义——已经将当代西方社会的道德弄得四分五裂，使人们的精神生活指向相互矛盾，社会陷于一种巨大的耗费过程之中。情感主义伦理学将道德归于个人情感，它执守事实与价值、传统与道德之间的分离；而自由个人主义则强调个体与社会的分离，割断了个人与社会的联系，抹杀了道德的社群本质，导致人们道德生活的纷乱与冲突。麦金太尔认为，道德危机的致命理论缺陷就是人的生活不以道德完善为目的，忽视人的社群本质，从而导致道德在社会生活、历史传统之流中搁浅，人们成为一个个体化的功利个体。

由于受到个体化的影响，人们往往会忽视社群的价值、贬低共同体生活对人们的生活意义。在此影响下，西方社会正日益成为一种工具性的结合体。为阻止这种个体化倾向的继续蔓延，缓和个人与社会的关系，以追求共同利益的社群主义思想便应运而生。

其次，市场个人主义（market individualism）对当代西方社会的消极影响也促使了社群主义思潮的复兴。[27]:3-4 20 世纪 80 年代社群主义思想兴起的一个很重要的原因就是为了解决市场个人主义的诸多弊端，消除其对西方社会的负面影响。在市场个人主义的新秩序之下，社会和政治权力更加集中于那些掌握着物质财富的人手中。那些没有技术或动力去获取日益增长的经济资源的人则被边缘化了，而且他们的需要也被视为是寄生于那些掌握着物质财富的人的福利支持之上。市场个人主义者坚持认为他们的方法帮助了物质财富的生产和消费获得了史无前例的增长，并且警告说任何替代他们方法的尝试都会将价值和秩序强加于个人，并由此导致极权主义。

但是，市场个人主义并非像他们自己想象的那样能够解决西方社会政治、社会、经济生活的诸多矛盾，因此，必然要求一种新的思想来替代它。在苏联解体、东欧剧变后，以市场为导向的个人主义在西方被当做是能够给全世界提供自由的压倒性的理念。当柏林墙倒塌的时候，美国政治学家福山曾预言这是历史的终结，并说西方在冷战中的胜利标志着民主资本主义是人类政治的最终模式。现在看来，他的话讲得为时过早。因为在柏林墙倒塌，两德统一以后，市场个人主义的理想并没有如他们预期的那样在全世界实现。

社群主义反对市场个人主义的主要原因是市场个人主义对社群生活的恶劣影响。在社群主义者看来，那些比他人掌握更多经济资源的人能够在制定交易规则时处于有利地位，他们能够向政府部门的人做些私人“捐赠”；能够通过购买控制媒体来歪曲民意；能够控制所有那些依靠他们提供职业、投资或价值而生活的人，否则便威胁要收回它们。而其他人则必须遵循他们的需求或失去他们用以照顾他们自己或家人的收入。所以由于忧虑和不安全，人们在巨大压力下工作并且工作时间长，而这反过来导致了过度劳累的父母忽视了对孩子的照看、家庭破裂以及缩小对他人利益的责任感。因此，自私变成为人们的信条，个人在任何时候都试图把自己的利益放在第一位，并且要求做出自己自由的选择而不管文明秩序的制约。在社会生活的各个方面，每个人都把自己的利益置于他人之上，社会成员乐意互相帮助的社群能力逐渐遭到破坏。社群主义思潮的复兴，恰恰适应了这一社会发展趋势，其目的就在于重建社群的能力。

再次，经济全球化的发展在某种程度上也促使了社群主义在当代的复兴。[28]在20世纪80年代以后西方各国普遍实行的新自由主义政策（放松控制、私有化及自由化）是推进全球化的有利条件。但是，随着科技飞速发展，它却没能最终适应经济的发展趋势，而且，由于它对市场力量的过度信任也使它陷入了新的困境。进入20世纪90年代后，人类进入了“知识经济时代”。产业结构也发生了根本性变化，使得掌握信息技术的“白领阶层”占据了主导地位。传统的社群组织（如阶级、等级社团）在市民社会中的主导地位不复存在，新的社群组织纷纷涌现。同时，各种大小不同的公司作为利益主体，需要有长期的共同行为的投资来弥补短期的个体行为的投资。于是，人们的态度发生了一定的变化，社群主义在这种变化中获得了发展空间。在这种全球化的浪潮之下，越来越多的国家进入国际市场。正如马克思所指出：“资产阶级，由于开拓了世界市场，使一切国家的生产和消费都成为世界性的了”，在经济交往的基础上，又形成了政治交往、文化交往，不但形成了世界市场，而且形成了“一种世界的文学”。一句话，资产阶级“按照自己的面貌为自己创造出一个世界”，就像要把所有民族都卷入世界市场一样，这会迫使一切民族、国家采用市场经济的生产方式，按照应有的进程创造出一个世界来。[12]:276全球化的进程使民主国家的作用被一步步地削弱，而社群主义的“强国家”正是对此趋势的反应。

三、社群主义思想的演进历程

当代西方政治哲学中兴起的社群主义思潮，是对西方政治哲学思想中自古以来就有的社群观念的继承和发展，社群主义思想的发展与演变主要经历了五个阶段。

第一阶段开始于公元前4世纪的亚里士多德，这一时期是社群主义思潮的萌芽时期。在亚里士多德那里，社群就是城邦。在他看来，社群团体不仅使人类可获得更广泛的经济自给，而且可以使人们能够向往共同体优秀的道德生活。在城邦与个人的关系方面，亚里士多德主张城邦高于家庭和个人。亚里士多德认为，国家统治的目的在于实现最高的“善业”，即使全城的人都过上优良的生活。统治者治国的根据是自然法，即自然世界中有自己的运行规律。人是自然界的一部分，人的行动受自然规律的支配，个人和国家都必须遵循自然法。希腊时代统治者的合法性被认定来源于人的天然的等级，人的等级来源于人的不同本性。那些天生具有理智能力、具有智慧美德的人生来就是统治者。

亚里士多德认为，首先人有过好生活的天然要求，人的另一个天性是只做最适合自己的事。由于人的天性存在差异，就有了分工，分工的维持需要合作。为了过好共同生活，人们必须组成共同体，这就是国家。其次，人天生有合群的性情，“人类在本性上应该是一个政治动物”[29]:30。自然赋予人类的目的是过优良的生活，而单独的个人连自足的生活都无法保障，更不要说过优良的生活了。所以个体只有以其自己的身份参与城邦的生活时，才能达到优良的生活。“人类自然是趋向于城邦生活的动物”[29]:7。离开城邦，个人无法独立生活。可见，亚里士多德更多地是强调城邦（社群）的价值，个体要服从城邦的利益，离开了城邦，个人便无法生活。因此，亚氏把城邦（即社群）当做是人民谋求“至高无上的善”的组织，是具有共同利益的人们的“共同体”，是人们为实现完美而建立的社团，是为全社会谋求福利的组织。

亚里士多德指出，所有的人都内在地是社会的存在，我们需要他人具有强烈地回报慈爱与尊敬的自然倾向。在制定我们自己如何过最好的生活方式的同时，我们也应该考虑我们如何在一个政治社群中共同生活得最好。

第二个阶段开始于17世纪，在此阶段，社群主义思想主要强调的是各个人都有参与决策的能力，不存在所谓圣人所理解而常人不得知的知识。每个人都是平等的，个人同社群的关系也应该是和谐的。其主要代表人物是培根，他提出了研究型（research）社会的概念，这又被后来的18世纪的思想家所推进，他们把培根的方法应用到所有宣称存在超出一般人所能掌握的知识的论述中。培根的关于将会提高人们生活的知识是如何由数据收集合作、实验和批判性分析得到推进的理论，导致了研究型社群（如皇室社会）（royal society）的产生。

培根指出，基于原始权威的知识主张或个人声称是没有价值的，除非他们的精确性在面对实践试验时能够得到积极结果的支持。他反对那些会歪曲人们共同寻求知识的因素，并且声称，这种歪曲仅仅通过有组织的研究事业才能够得到削弱和纠正，这将会使那些愿意进行实验、发展公理、检查确认或拒绝的领域的人们聚集在一起，并且逐渐扩展人们能够基于此来改善他们生活质量的知识。他把这种过程设想为一种将使所有的人进入合作性冒险以有利于所有的人，而不仅仅是每个人都在孤独中得到知识。[30]:293

在18世纪思想家如伏尔泰（Voltaire）和丹尼斯·狄德罗（Denis Diderot）那里，培根的思想成了一种强有力的工具——对“知识法规”提出挑战，从教堂到政府护卫者，培根的思想将被所有人当做是真理。他们坚持认为：没有任何有关什么应该或不应该做的判断是有效的，如果那些能够对这些事情做出贡献的人们被排除在考虑它们的程序之外的话。没有得到必要证实的判断，即使是由处在强有力地位的人所做出的，也会遭到讽刺或简单地被社群的合作咨询所得到的发现取代。

第三阶段开始于19世纪中期，在这一过程中，思想家的主张已经蕴涵了当代社群主义的基本思想，他们主张公民参与政治生活，呼吁公共精神的到来。实际上，当“社群主义”这个术语在19世纪第一次获得其地位时，它是被用来描述基于社会改革的社群——由罗伯特·欧文、查尔斯·傅里叶和蒲鲁东所倡导的。[31,32]这些思想家都指责贪婪市场体制导致的后果，并且拒绝那种只需要单一绝对权威就能解决问题的观念。他们相信所有公民的良好教育，给地方群体以更多自治，以及较大地鼓励人们发展尊重和照顾其所有成员的社群是一个社会进步的不可或缺部分。

这些思想由后来的约翰·斯图亚特·穆勒所采用，他对于公民的参与政治生活的发展性需求又做了补充，增加了重新深入定位政治机构的成分。穆勒认识到，即使有公民愿意从事合作性安排，但由于缺乏政治支持，也会阻止这种进程。基于“任何形式的政府能够拥有的美德的最重要的一点是提高人民自身的品德和智力”这一信条[33]:193，穆勒坚持认为，代议制政府必须得到广泛参与性的民主的补充。可见，此时的社群主义思想家理论的中心在于强调公民的积极参与，这一直影响到后来社群主义基本理论主张的大致方向。

第四个阶段（已经预示着当代社群主义运动的出现）出现于19世纪末20世纪初。代表性的人物包括牛津哲学家托马斯·希尔·格林（Thomas Hill Green）和霍布豪斯，法国社会学家埃米尔·涂尔干（Emile Durkheim）和美国教育学家杜威。他们都对发展自由主义思想有所贡献，并且都同个人主义的“人人为己”的口号做斗争。他们试图阻止自由主义把宽容当做是道德中立的借口，对“权利”问题提出了质疑。霍布豪斯对个人优先于社群的主张提出了挑战，他质问道：

例如，什么是我的权利？表面上看来，是我主张的某种东西，……如果我的权利听起来如此，它基于一个公平观察者的判断。但是，公平的观察者将不会仅仅考虑我一个人。他将会同等地权衡其他人的相反主张。他将会把我们与其他人联系在一起，这就是说，作为个人要融入到社会中……那么，所有个人的权利，都不能与公共利益相冲突，而且没有任何权利可以独立于公共利益而存在。[34]:61

与此类似，涂尔干提出了包容性社群（在这种社群中相互尊重和关心的社会纽带会得到保护）的理念，对于他而言，公共利益来源于“民主社会的慎思、反思和批判精神”，并且正是由于公共利益抵制“权威领域威胁到个人自治……阻碍了次级群体（同盟、家庭、职业组织等）吞噬其成员，并使之处于临时控制之下”[35]:137。在这时期，涂尔干正式使用了“社群主义”这一词，并把它当做是与自由主义相对立的一面。

杜威也认识到自由主义片面强调个人权利与利益的问题，但他同时指出，认为社群主义反对自由是一种误解，而且，自由主义的发展需要社群主义思想来推动。对于社群主义者而言，自由是一种权力关系，它必须逐渐扩展到所有公民的生活中。由于民主化的权力关系，公民将能够通过公开的交流和合作咨询发展一种对公共利益的共享理解，然后这种理解就能引导他们献身于公益提供道德框架。社会和政治问题只能通过引入社群主义的实践才能得到解决，社群主义的实践使人们一起不受威胁地学习、质疑和深思有关他们如何在其所面对的环境中生活的问题。

第五阶段，当代社群主义。当代的社群主义主要存在于美国学术界高层，他们以批评的方式应对罗尔斯在1971年里程碑式的著作《正义论》。政治哲学家麦金太尔、桑德尔、泰勒和沃尔泽主要是从亚里士多德和黑格尔那里汲取理论资源来反对罗尔斯的假设：政府的主要任务是确保公平分配、个人过自由选择生活的自由和经济资源。但这些自由主义的批评者从未把他们自己等同于社群主义者（社群主义这一标签通常是由他人尤其是其批评者给贴上的），他们也很少提供一种盛大的社群主义理论来代替自由主义的系统论述。然而，上述四位理论家的著作中重复出现了某种与自由主义贬低社群价值相对立的观点。因此，一般意义上说，人们在谈论社群主义的思想时所指的社群主义者就是上述四位思想家。

小　结

当代社群主义思想是对西方政治哲学思想中自古以来就有的社群观念的继承和发展，社群主义是在批判以罗尔斯为首的新自由主义者基础上阐发其理论观点的。当代社群主义思潮兴起的原因是多方面的，既有理论方面的原因，又有实践方面的因素。但其直接理论诱因却是新自由主义，社群主义的方法论直接体现在其对自由主义的批判中，因此，要想对社群主义的方法论有深入的了解，首先必须了解自由主义尤其是以罗尔斯为代表的新自由主义的理论，在此基础上才能更好地把握社群主义的方法论及其思想。在接下来的一章中，我们将分析当代自由主义的理论与实践，并分析以个人主义方法论为基础、坚持普遍主义和非历史主义、崇尚个人自由与权利至上的新自由主义为何在当代西方会陷入困境，以至遭到社群主义批判。

参考文献

[1] Bernard Y. The Problems of a Political Animal. Berkeley：University of California Press，1993

[2] 雷蒙·威廉斯．关键词——文化与社会的词汇．北京：生活·读书·新知三联书店，2005

[3] Vincent A. Nationalism and Particularity. Cambridge：Cambridge University Press，2002

[4] Tam H. Communitariansim：A New Agenda for Politics and Citizenship. London：Macmillan，1998

[5] Plant R，Lesser H，Taylor-Gooby P. Political Philosophy and Social Welfare. London：Routle and Kegan Paul，1990

[6] 戴利．社团主义：一种新的伦理学．国外社会科学，1997，(2)

[7] 俞可平．社群主义．北京：中国社会科学出版社，1998

[8] Sandel M J. Liberalism and the Limits of Justice. Cambridge：Cambridge University Press，1998

[9] 丹尼尔·贝尔．社群主义及其批评者．李理译．北京：生活·读书·新知三联书店，2002

[10] Crittenden J. Beyond Individualism—Reconstituting Liberal Self. Oxford：Oxford University Press，1992

[11] 马克思，恩格斯．马克思恩格斯全集．第23卷．中共中央马克思恩格斯列宁斯大林著作编译局译．北京：人民出版社，1972

[12] 马克思，恩格斯．马克思恩格斯选集．第1卷．中共中央马克思恩格斯列宁斯大林著作编译局编译．北京：人民出版社，1995

[13] 马克思，恩格斯．马克思恩格斯选集．第4卷．中共中央马克思恩格斯列宁斯大林著作编译局编译．北京：人民出版社，1995

[14] 马克思，恩格斯．马克思恩格斯全集．第3卷．中共中央马克思恩格斯列宁斯大林著作编译局译．北京：人民出版社，1960

[15] Etzioni A. The New Golden Rule：Community and Morality in a Democratic Society. London：Basic Books，1997

[16] Walzer M. The Communitarian Critique of Liberalism. Political Theory，1990，18 (1)

[17] Taylor C. Reply and Re-articulation. In：Tully J，Weinstock D M eds. Philosophy in an Age of Pluralis：The Philosophy of Charles Taylor in Question. Cambridge：Cambridge University Press，1994

[18] Bellah R N，Madsen R，Sullivan W M et al. Habits of the Heart：Individualism and Commitment in American Life. Berkeley：University of California Press，1996

[19] 亚当·斯威夫特．政治哲学导论．佘江涛译．南京：江苏人民出版社，2006

[20] 迈克尔·莱斯诺夫．二十世纪的政治哲学家．冯克利译．北京：商务印书馆，2001

[21] 韩震．公共价值观——当代西方社团主义的主要观点．江海学刊，1998，(5)

[22] 迈克尔·沃尔泽．正义诸领域——为多元主义与平等一辩．褚松燕译．南京：译林出版社，2002

[23] 迈克尔·桑德尔．自由主义与正义的局限．万俊人等译．南京：译林出版社，2001

[24] Taylor C. Philosophy and the Human Sciences. Cambridge：Cambridge University Press，1985

[25] Taylor C. Sources of Self——The Making of the Modern Identity. Cambridge：

Harvard University Press，1989

［26］江怡．走向新世纪的西方哲学．北京：中国社会科学出版社，1998

［27］Tam H. Commnitarianism—A New Agenda for Politics and Citizenship. London：Macmillan Press，1998

［28］常成宝．自由主义传统下的社群主义．南京师范大学学报（社会科学版），2000，(5)

［29］亚里士多德．政治学．北京：商务印书馆，1996

［30］Bacon F. The Philosophical Works. London：Management Publications，1905

［31］Bestor E. Backwoods Utopias，The Sectarian and Owenite Phase of Communitarian Socialism in American，1663－1829. Philadelphia：University of Pennsylvania Press，1950

［32］Bowle J. Politics and Opinion in the 19th Century. New York：Oxford University Press，1954

［33］Mill J S. Utilitarianism，On Liberty & Considerations on Representative Government. J M Dent and Sons，1972

［34］Hobhouse L T. Liberalism and Other Writings. Cambridge：Cambridge University Press，1994

［35］Cladis. A Communitarianism：Concrete Implications. Cambridge：Cambridge Westcott House，1992

第二章　个人至上——新自由主义理论及其困境*

当代社群主义兴起的直接理论诱因是自由主义的负面效应，自由主义一直坚持个人自由和个人主义，社群主义对之进行了直接否定。新自由主义是当代社群主义批判的标靶，因此，想要明白地弄清楚社群主义采取何种方法及如何批判自由主义的，必须对自由主义尤其是以罗尔斯为代表的新自由主义思想作一详细了解。以下就来具体分析自由主义尤其是以罗尔斯为代表的新自由主义的理论与实践，着重分析以个人主义为理论基础、坚持普遍主义和非历史主义、崇尚个人至上的自由主义为何会在当代陷入困境而遭到社群主义等思潮批判的。

自由主义是当代西方最有影响力的政治哲学思潮之一，其理论渊源可以追溯到文艺复兴时期。洛克、休谟、亚当·斯密和康德等，都曾对自由主义的发展做出过重要贡献。作为一种政治哲学思潮，自由主义是在近代经验主义哲学认识论背景下生长起来与资本主义自由竞争阶段相适应并为资产阶级利益所服务的意识形态理论，其基本观点有如下几个方面：从个人主义出发，以追求个人自由与权利为目的；把国家和政府当做是个人实现的工具，反对国家过多干预政治、经济与社会事务。

自由、正义、权利一直是自由主义者追求不懈的目标。从个人主义立场和

---

* 这里需要指出以下两点：第一，这里的新自由主义侧重于论述哲学层面的自由主义，尤其是以罗尔斯、诺齐克等为代表的当代自由主义，同时对新自由主义的分析。也主要是侧重于其政治哲学思想的分析。第二，这里之所以把自由主义单列一章进行论述主要基于以下两方面的考虑，一是正如笔者在第一章小结中所指出的那样，社群主义思潮在当代的复兴主要是基于对新自由主义理论的批判，因此，只有先弄清楚自由主义的基本政治哲学思想，才能更好地把握社群主义在对新自由主义批判的过程中其方法论的具体体现；二是自由主义思想本身比较复杂，如果穿插在社群主义对其批判之中进行探讨的话，比较难把握。

方法论出发，自由主义认为，自由主义的根本价值在于真正实现个人的自由选择，特别是在一个公正的社会环境中实现这种选择；自由主义把个人权利视为生命，个人权利尤其是个人的自由权利是神圣不可侵犯的。只有充分、自由地实现个人价值，社会的价值和公共的利益才能获得足够的保证；当代自由主义者把正义当做是社会制度的首要美德，如果一个社会缺少正义，它就没有存在的必要。当然，究竟如何实现社会正义，自由主义内部也还是有分歧的。而且，基于一种普遍主义和非历史的立场，他们还把自己的正义理论与原则当做是普世的、超越历史的，因而遭到了社群主义的批驳。

在个人与社会关系的问题上，自由主义认为，个人应该先于社会而存在。他们把个人作为观察、分析、判断一切社会政治问题的出发点，把社会历史事件、政治经济制度的动因都最终归结为个人行为。在自由主义者眼里，个人是第一位的而社会是第二位的，个人是比社会及其制度更为“真实”的存在，进而把社会制度看成是“逻辑上的虚构”，除了以集体方式组成社会的个人以外别无其他存在。因而，国家也只是私有财产的“守夜人”。由于自由主义在阐述政治哲学的基本问题时在方法论上坚持个人主义、普遍主义和非历史主义，片面地强调个人的自由、权利、价值与利益，因此它不可能提供使个人与社会协调发展的良方；也不可能正确阐释自由、正义、权利与国家的本质。因此，新自由主义以个人主义为基础，从抽象个人出发来，采取普遍主义和非历史主义的方法来解释政治哲学的基本问题的立场在当代便遭到社群主义的驳斥。

第一节　自由主义的哲学和方法论基础——个人主义

在西方资本主义社会，居于统治地位的意识形态始终是自由主义，只要资本主义制度存在，自由主义就会以各种不同的形式出现。在资产阶级革命崛起的几百年时间里，它始终是资本主义国家的主流政治思想。随着资本主义的发展，虽然它的基本观点也进行了一些调整和变化，但是万变不离其宗，它从未改变过自己的根本立场，一直坚持个人主义，维护资本主义秩序。现代自由主义在 20 世纪前期和中期始终走着一条蓬勃兴盛的发展道路。尽管在发展的过程中也有过曲折和反复，但由于这一思潮在意识形态领域和社会政治生活中起了重大作用，产生了深刻影响，因而，它依然被西方各国作为社会的主流思想，并被大多数国家确立为制定国家和统治方略的理论基础。现代自由主义继承了19世纪自由主义的传统，仍然以个人主义为基础，倡导个性发展和个人独立，维护法律面前和政治地位上的人人平等，强调国家的政治进步和经济发展。[1]:1

一、自由主义概述

“生命诚可贵，爱情价更高，若为自由故，二者皆可抛。”匈牙利诗人裴多菲一首自由颂歌曾令多少人热血沸腾，激动不已。“人是生而自由的，但却无往而不在枷锁之中。”法国伟大的思想家卢梭的这一警语又让多少人扼腕叹息，感慨良多。“自由”这一神圣的字眼自古以来就是人们心中向往的温柔，也是心中难言的痛，无数的仁人志士曾以毕生的精力去追求、捍卫它，但作为一种思想体系和政治哲学思潮的自由主义，却是近代以来的事情。

自由主义崇尚以理性为基础的个人自由，强调政治的进步和经济的发展。当代著名的有“自由主义评论家”之称的英国著名政治哲学家约翰·格雷在他的《自由主义》一书中，把自由主义的特征归纳为以下四点：第一，自由主义是个人主义的，它宣告对任何社会集体的否定，将个人独立的精神置于首位；第二，自由主义是平等主义的，它认为所有的人在道德上都有同等的地位，否认人与人之间在法律地位或政治地位上的不同；第三，自由主义是普遍主义的，它肯定人类种属的道德统一性，而仅仅给予特殊的历史联合体与文化形式以次要的意义；第四个特征是社会向善主义，认为所有的社会制度和政治安排都是可以纠正和改善的。[2]导论

作为一种学术理论，要想给自由主义下一个确切的定义并不是一件很容易的事情。不仅在国内学界，就是在西方，对自由主义的确切内涵也没有一个统一的界定。究其原因，主要有以下几方面：第一，自由主义在近代以来经历了复杂的发展过程，并且在这一发展过程中，其理论侧重点亦不断变化，从而使自由主义具有了多方面的含义；第二，国内外许多思想家的研究自由主义的著作由于其立场及态度的不同，对自由主义所强调的侧重点也有所不同，从而描绘出不同的自由主义画面；第三，更为复杂的是，自由主义不应被看做是由一连串一成不变的道德和政治价值构成的固定和抽象的术语，而应该被视为肇始

于文艺复兴和宗教改革的现代观念所激发的特定历史运动。[3]:13

因此，要弄清什么是自由主义，我们应该首先回顾一下自由主义在其发展过程中是如何演变为一种具有多重含义的概念的。应该提及的是，自由主义是一个现代现象，对于此，约翰·格雷曾有过明确论述。他说：尽管历史学家从古代世界，尤其是从古希腊和古罗马人的观念中寻找自由观念的成分，然而，这些成分仅仅构成自由主义的史前内容，而不是现代自由主义运动的组成部分。作为一种政治思潮和知识传统，作为一种可以辨认的思想要素，自由主义的出现只是17世纪以后的事情。[4]:15

格雷把自由主义的出现确定于17世纪，这代表了西方学术界的主流观点。通常人们追溯自由主义历史时，一般会以17世纪英国革命为起点，特别是把洛克作为第一个真正具备自由主义特征的思想家。现在人们一般认为，“自由主义”这一称号只是在19世纪才第一次被用来称呼一种政治运动。1810年，西班牙议会中，主张英国式宪政主义的政党被称为“自由主义”（liberal）。1812年，这个称呼被西班牙自由派政党所采纳，这是自由主义最早被用来称呼一种政治运动。1822年，英国文学家拜伦、雪莱等人创办了一份以“自由主义”命名的杂志，但影响甚微。直到19世纪30～40年代，“自由主义”才开始在英国被广泛使用。19世纪30年代，英国辉格党人再次执政，并首次获得了“自由派”或自由主义者的称号，随后，以自由主义命名的政党——自由党宣告成立。自由党在第一次世界大战之前是英国的主要执政党。在自由党执政期间，英国进行了政治、经济、法律等方面以自由主义原则为导向的系统改革，这个时期是自由主义在欧洲大陆盛行的时期。整个19世纪，欧洲相当多具有重大影响的思想家具有自由主义的特征，如法国的贡斯当、托克威尔，德国的洪堡，英国的穆勒等，都是自由主义者。

自由主义从产生发展到现在，已经经过了300多年，回顾一下自由主义300年来的发展历史，可以见到它在各个方面都获得了充足的发展，这尤其体现在政治、经济与哲学三个方面：第一，政治方面。早期的自由主义面临的主要任务是反对君主专制、争取宪政政府，主张个人的政治权利——如选举政府形式的权利受法律保护，主张限制政府对个人生活的干预等。从洛克到贡斯当再到穆勒的理论，大致反映了对这方面的关注。直到19世纪中期，欧洲的主要国家英国大致完成了这方面的任务，代议制民主建立并得到巩固。第二，经济方面。大约从18世纪，从苏格兰启蒙运动开始，自由主义者开始关注经济活动的方式，关注政府应该以何种方式介入经济活动。其理论源流可追溯至洛克的财产权理论，亚当·斯密将其系统化，经英国的功利主义者和曼彻斯特学派将其转化为英国经济政策。其核心是对经济与财产权利的强调，强调经济个人主义与企业自由制度；坚持个人应该有生产与消费的权利，有缔结契约关系的权利，有通过市场经济购买、售卖的权利，有以自己的方式满足自己愿望的权利，有支配自己劳动与财产的权利。其基石是私有财产，强调市场经济以及国家较少地干预和控制经济。第三，哲学方面。自由主义发展从其最初出现开始，就没有将自己的视野局限于具体的政治、经济、社会问题，而是试图发展出一套关于个人、国家、社会的基本理论。自由主义者常常坚持个人主义立场，坚持个人至上的观点，强调个人的自由、价值与权利，强调个人由于其天生禀赋和潜能而具有某种超越万物的价值，强调个人应该得到最高的尊重，应该享有某些基本的权利，而社会的政治、经济和法律原则都只应该是这一哲学理念的贯彻与实现。

二、自由主义的演变历程

正如所有现代思想都可以从古代思想中找到渊源一样，许多自由主义者也将自己的思想渊源归结为公元前5世纪古希腊城邦制的实践，或苏格拉底的怀疑精神，甚至是斯多葛学派以及罗马法中个人主义、普遍主义的萌芽。但真正点燃自由主义火种的是欧洲大陆上意大利的文艺复兴和德国及瑞士的宗教改革。文艺复兴对自由主义的贡献体现在两个方面：一是人文主义，二是个人主义。文艺复兴的本质特征就是人文主义，是人权向神权的挑战，是重申古希腊哲学家普罗泰戈拉提出的“人是万物的尺度”的原则。与此同时，文艺复兴也包含了个人主义倾向，当然由于这个时期的文艺复兴思想还处于萌芽阶段，因此，完全意义上的个人主义思想还未出现，个人价值在很大程度上依然依赖于公共领域，其个人主义还带有强烈的古典特征，即古希腊、罗马特征。

如果说文艺复兴从根本上动摇了封建君权统治的基石，那么宗教改革便是彻底震撼了传统神权统治的根基。比文艺复兴稍晚的新教（Protestantism）或清教（Puritanism）[①] 改革实质上为个人主义的兴起扮演了重要的角色。马克思·韦伯在《新教伦理与资本主义精神》中指出，只有新教伦理才能培育资本主义精神，才能孕育出与资本主义经济发展相适应的现代个人主义，新教改革使神圣的宗教世俗化并且降低了教会组织在个人得救中的作用，个人可以直接与上帝沟通，这在实际上抬高了个人的地位。上帝无形，个人有形，与上帝的沟通实际上是一种个人的自省与慎独，上帝可以成为几乎任何人意志与观念的认可者。这样，个人意志就具有了独立性与神圣性，个人主义就有了哲学与宗教基础。

从时间上来看，自由主义的发展经历了从古典到现代的转变过程。一般认为，古典自由主义始于洛克。它主要有两个比较重要的传统，一个是从洛克开始，经休谟、卢梭到康德的契约主义传统，另一个是从边沁、穆勒到西季威克的功利主义或普遍快乐主义传统。

现代自由主义继承了19世纪自由主义的传统，保持着自由主义的基本特征。现代自由主义以个人主义为基础，倡导个性的发展和个人的独立，维护法律面前和政治地位上的人人平等，强调国家的政治进步和经济发展。L. 霍布豪斯、J. 霍布森、W. 韦尔、H. 克罗利以及罗尔斯、诺齐克是这一时期的代表人物。尤其是罗尔斯在20世纪50～60年代发表的一系列著作中所阐述的主张不仅为福利国家的发展推波助澜，而且逐渐完整并详尽地阐释了自由主义的基本原则，因而引起了西方社会的广泛关注。这些著作主要有：《用于伦理学的一种决定程序的纲要》(1951)，《作为公平的正义》（1958)，《宪法自由和正义观念》(1963)，《正义感》（1963)，《非暴力反抗的辩护》（1966)，《分配的正义》(1967)，《分配的正义：一些补充》（1968）等。而集罗尔斯正义思想之大成的《正义论》(1971）的问世，标志着20世纪自由主义步入了其发展的巅峰。

罗尔斯的新自由主义理论引发了来自各个方面的挑战，在其中，功利主义者试图维护其功利主义的立场，而古典自由主义者则拒绝这种新自由主义思潮的平等主义观点。但是，从20世纪80年代开始，人们越来越清楚地认识到对罗尔斯这种新康德式自由主义理论构成最重要的、实质性的挑战来自于社群主

---

① “新教”亦称“清教”是自16世纪起席卷整个欧洲的宗教改革运动中的各改革教派的总称。

义。① 而且，新自由主义和社群主义之间的争论已经成为 20 世纪 80 年代乃至当前政治哲学中最重要、最令人着迷的问题之一。

三、自由主义的个人主义哲学及方法论基础的具体体现

1. 自由主义的个人主义本质

自由主义从产生发展到现在，虽然在其内部出现了不同的理论主张，但个人主义一直是其核心。当然，个人主义在其发展过程中也有不同的传统且这些传统在西方各国的表现也各有不同，甚至人们对个人主义的认识也不尽相同。但是，个人主义仍具有某些共同的东西，而且也是自由主义最具根本性的东西。这就是个人主义崇尚个人尊严，确切地说，他们信奉个人的神圣不可侵犯性。任何可能破坏我们自己思考、自己判断、自己决策并按自己认定的方式生活的东西，不仅在道德上是错误的，而且是亵渎神明的。人们最远大、最崇高的理想——不仅对于他们自己，而且对于人们所关心的人，对于社会和全世界——都与个人主义息息相关。[5]:214

当然，对于什么是“个人主义”？不仅在不同的时代人们有不同的理解，即使是在同一时期不同的国家也有不同的理解，而且在不同的学科中其含义也有所不同。“个人主义”一词的用法及含义历来就缺乏精确性，这个术语最早的用法是法语“individuallysme”，来自欧洲人对法国大革命及其所谓根源——启蒙运动思想——的普遍反应。最早使用这个术语的是德·梅斯特，他在 1820 年谈到，“精神的这种深刻而惊人的分裂，所有学说的这种无穷破碎，政治新教变成了最极端的个人主义”。首先系统地使用“个人主义”这个术语的是 19 世纪 20 年代中期圣西门的追随者，他们用“个人主义”来指称一种有害的和“消极的”观念，这种观念导致了现代批判时代的罪恶。其中的“混乱、无神论、个人主义和自我主义”与“有序、信仰、联合与忠诚”的前景形成了鲜明的对照。[6]:2-3

马克思曾说:“权威原理出现在 11 世纪，个人主义原理出现在 18 世纪”[7]:146。在 18 世纪，个人主义得到了全面的发展。最早对资产阶级个人主义进行系统论述的是法国政治思想家夏尔·阿列克西·德·托克维尔。他在 1840

① 社群主义对自由主义的批判将在第三章阐述社群主义方法论的具体表现时详细论述。

年出版的法文版《论美国的民主》下卷中，用个人主义（individualisme）这个词表示一种同利己主义（egoisme）相区别的思想体系。并指出：个人主义这一适应资本主义发展的新观念，主要包括三个方面的内容：第一，强调个人是目的，认为同社会相比，个人具有最高价值；第二，强调个人的民主与自由；第三，从个人出发，维护财产私有的社会制度。[8]:625-627此后，个人主义作为资产阶级的价值观念，作为一个系统的思想体系，逐渐成为资产阶级意识形态的一块重要基石。

作为自由主义核心理念的个人主义思想在社会政治、经济、宗教观及其方法论方面都有所体现。在政治上，首先，个人主义主张政府是建立在公民（个人给予的）同意基础之上的，政府的权威或合法性就来自公民的这种同意。在17和18世纪的社会契约论中，这种同意被认为是先于政府而出现的，政府的权威也是由这种同意保证的；19和20世纪的自由主义者放弃了这种虚构，而赞成表现在自由选择中的连续性同意。其次，与前述主张相联系的是这样一种观点，即政治代表是个人利益的代表，而不是社会秩序、社会集团、社会职责或社会阶级的代表。第三，政府的目的在于使个人的需要得到满足，使个人的利益得以实现，使个人的权力得到保障。明确倾向于自由放任并反对下述理念：政府可以合法地干涉或改变个人的需要，代替他们解释他们的利益，侵犯或废除他们的权利。在经济上，个人主义表现为反对政府对经济活动的各种干预，主张市场对经济活动的自由调节。在宗教观上，个人主义主张个人的宗教信仰自由，它认为个人信仰不需要中介，个人对自己的精神命运负主要责任，每个人都有权利和义务以他自己的方式并通过他自己的努力，直接建立他与上帝之间的关系。在伦理道德意义方面，个人主义认为道德实质上具有个人性质，个人行为的唯一道德目标就是他自己的利益。在认识论方面，个人主义认为知识的源泉在于个人。在方法论方面，方法论个人主义是一种解释学。它断言，除非这种解释完全是根据关于个人的事实来表达的，否则，解释社会（或个人）现象的任何尝试都应不予理睬（或者，在一种流行的、更为世故的观点来看，把它作为“最低限度的”解释而不予理睬）。它是一种“什么叫解释”的排他性的约定主义学说。[6]:74-111

2. 自由主义的个人主义对人本质的抽象阐释

庇古·帕里克（Bhikhu Parekh）曾指出：“与任何观念的实体一样，其中许多基本的价值在其诞生以前就已经存在。”但他继续说道：“辨别自由主义并使之独一无二‘历史个性’的并非是对这些价值的信仰，而是在资产阶级个人主义式的观念指引下对这些价值的重新界定与重构的方式。”[9]:83

不仅个人主义是自由主义的核心理念，而且这种个人主义对人的理解方式也是抽象的和原子式的。根据他们的个人观念，个人被抽象地描绘成一种既定的人，有着既定的兴趣、愿望、目的、需要等；而社会和国家则被描绘成或多或少满足个人要求的实际的或可能的社会安排体系。按照这种看法，社会政治规章制度统统都是一种技巧，一种可变的工具，一种能够独立完成既定个人目的的手段或途径。这种抽象个人观的关键就在于，它把决定社会安排（实际地或理想地）要达到的目标的有关个人特征，不管是本能、才能、需要、欲望、权利还是别的什么，都设想成了既定的、独立于社会环境的。人的固定心理特征的这种既定性，导致了一种抽象的个人观。这种个人被看做仅仅是这些特征的负载者，这些既定的抽象特征决定着他的行为，表达了他的兴趣、需要和权利。[6]:68

用这样的抽象方式认识个人，在霍布斯那里表现得尤为突出。在霍布斯看来，利维坦或最高权力是一种人造物，创立它是为了满足社会各组成要素的需要（其中主要的是保全生命和安全感）。他认为：“人就像蘑菇一样，仿佛是突然从地底下长出来的，并逐渐趋于成熟，彼此没有任何事先的约定。”[10]:109 对于洛克来说，“按照他的图式，人一到世上就是完全成熟的，他们同卡德摩斯在黄瓜地的一角种下的巨龙毒牙所结的果实一样，是全副武装的”[11]:418。类似的观点和立场，人们还可以在许多18世纪思想家，特别是法国思想家那里见到。正如黑格尔和马克思所评论的，就连卢梭也时不时谈论抽象的个人，尽管他的思想核心内容与这种观点并不相容；立法者“能够把每个自身都是一个完整而孤立的整体的个人转化为一个更大的整体生命与存在”。在18世纪，对这种思想所作的最明确、最具代表性的表述，可能是狄德罗主编的《百科全书》中对杜尔哥所写的一个条目：

> 公民拥有权利，这些权利对于社会中的每个人来说都是神圣不可侵犯的；公民独立于社会而存在；他们构成了社会的必要因素；他们只是为了确定自己的价值，才带着他们的所有权利，在他们用牺牲其

他自由换来的那些法律的保护下进入社会。

史蒂文·卢克斯指出，这种抽象的个人观为许多 19 世纪的思想家所诟病，他们大都认为这是极其狭隘而浅薄的启蒙运动信条。取而代之的是提出了社会的个人观，即社会塑造了个人。当然，这种观点对人本质的理解仍然是抽象的，这种观点看到了社会对个人的制约，而忽视了个人在社会中的个性，因而也是不科学的。持这种立场的包括法国、英国和德国反对革命的浪漫主义保守派；黑格尔和马克思（其实这是卢克斯对马克思的误解，因为马克思不仅认识到了人的个性，而且也强调人的社会性）及其各自的追随者；圣西门及其门徒；奥古斯特·孔德和实证主义者；社会学家和社会心理学家，其中主要代表人物是涂尔干和美国实用主义者乔治·赫伯特·米德（George Herbert Mend）；德国历史学家和法律学家；以及英国的唯心主义者等等。德·博纳尔就持有这样的观点，他指出："不仅不是人构成社会，而是社会构成人，即社会通过教育塑造了人……"布拉德利（F. H. Bradley）也持有相同的观点，他写道："脱离共同体的'个人'乃是抽象物。"他谴责"个人主义者"的错误主张，即"集体是其部分的总和，是通过部分的累加而形成的；累加后的部分同累加前的部分都同样是真实的；（而且）部分之间所形成的关系并不能决定部分是什么，对于部分的存在来说，这些关系只是偶然的，而不是本质的……"对于布拉德利来说，人"乃是人，他是真实的，就因为他是社会的……"如果我们抽去来自他的社会环境的所有特征，那么他就成了"纯粹从理论上试图加以分离的不可分离之物"。[6]:71-72

毋庸置疑，从历史角度来看，抽象的个人代表着一种巨大的历史道德进步。它是朝着普世伦理的方向迈出的决定性的一步。因为在这里，人仅仅因为是人而第一次被认为是某些权利的持有者，在一定程度上提升了人的个性。但另一方面，正是这种观点的抽象性构成了一种严重的局限。如果把真实的、现实的个人看做是人类的代表，那就必须挑选出人所特有的一系列特性，如独特的动机、利益、需要等；而且，这同时也是理解社会和社会关系的一种特殊方式。但是顾此难免失彼，因此，把人看做是天生就要拥有财产的、自私的、"理性的"或忐忑不忘效用最大化的人，实际上就是把关于社会和社会关系的一种特定观点在意识形态上合法化，同时也就是否定其他观点的合理性。[6]:135-136

严格地说，抽象的个人观所排斥的是对“人性”“在每个历史时代的变化”方式的认识。重要的是，这种抽象的个人观反对迪蒙所说的“社会学认识”，即“对人的社会本性的认识”，这种认识“把作为一种社会存在的人”与“自足的个人对立起来”，“不再把每个人看作是抽象人性的具体体现，而是看作一种具体的集体人性，一个形成社会的或多或少的自主的点。”严格意义讲，上述思想是马克思的，马克思曾指出：“人并不是抽象地蛰居在世界之外的东西。人就是人的世界，就是国家，社会。”[7]:1

自由主义对人的本质的理解不仅是抽象的，而且还是原子式的。西方自由主义政治哲学的一个基本假设是：人是原子式的，追求自利的。只是出于个人的需要才相互间订立契约，才组合成为国家和社会，目的仍是自利。

自由主义对个人本质的原子式的假设是普遍存在的，这既是一个本体论意义上的概念，也是一个实体性的概念。在某一个层面上，世界被看成是由分散的物质粒子构成的，而在另一个层面上却被看成是由截然不同的分立的事实和事件所构成的。正如培根指出的那样：“除了个体存在的实体以外，自然界不存在任何东西，它们显示出与特殊法则相一致的清晰的个体性效果，……”霍布斯也认为：“世界上除了名词以外便没有普遍，因为被命名的对象每一个都是一个个体和单一体。”莱布尼茨在他的单子理论中对这种观点做出了最有力的哲学阐述。在他看来，这些单子就是“真实的自然原子”。它们是复合现象界得以建构起来的“简单粒子”。对于外界来说它们是无懈可击的。它们完全是自给自足的：“他们自身存在着某种完美之处，他们自身存在着某种程度的自给自足，这使得他们成为自身内在活动即无形的自动状态的根源。”在此，人们不难看出这种自由主义个人理念与哲学的准确类比，这种个人或者是或者应该是，自给自足，并像莱布尼茨的单子一样作为他或她自身行动的根源。[3]:32 自由主义以原子式的个人作为其个人主义的哲学基础。

不仅如此，而且自由主义所说的原子式个人是自然自发的人（the natural and spontaneous man）。这种人既不是上帝的创造，也不是社会历史的设计，而是自然发生的结果。换言之，个人就是指自然人，这种人的权利是天赋的，其本能、需要、欲望、情感和理性也是既定的（given），其个性是永恒的。诚如马克思所说的那样，在个人主义看来，“合乎自然的个人并不是从历史中产生的，而是由自然造成的"，"个人不是历史的结果，而是历史的起点"。[12]:193-194 法国思想家卢梭所设想的自然状态下的人集中反映了这种自然人的内涵。在自然状态下，每个人感觉到的只是自己的本能需要，他们栖居在大树下躲避自然界的风霜雨雪，用兽皮树皮蔽体，用野果野菜充饥，用雨水溪水解渴，每个人的生活都是自足的，他们之间除了繁衍活动之外不存在什么严格意义上的交往。

再次，自由主义所说的原子式个人还是不受约束的人（the unencumbered man）。这种个人像空气中流动的尘埃那样，天马行空，独来独往，并且具有自己绝对的主体性。而个人绝对的主体性隐含着个人绝对的权利。用爱因·兰德的话说："仅仅是个体的人才可能具有权利。除了个体成员的权利之外，团体没有其他的权利。"[13]:100 对于这种个人而言，社会关系和社会交往是次要的，共同体和社会只是个人自发的和随意的组合，是一种虚构，是他们活动的朦胧的布景，甚至是他们的对立面。以自我为中心、我行我素、勇于进取、敢于冒险是这种个人的行为特征。荒岛上的鲁滨逊和美国西部的牛仔体现了这种不受约束、自由自在的自由主义个人理想。很显然，自由主义的这种脱离社会关系制约的个人是直接与社群主义思想家所构想的社群之中的自我是相对立的。

3. 自由主义的个人主义思想简评

尽管自由主义的个人主义的个人观在理论上的缺陷显而易见，但应承认，这种个人观在西方人反对封建统治和宗教禁锢的斗争中，在资本主义经济的发展过程中都发挥过积极的作用。对个人尊严、自由、利益和权利的强调促进了人性的解放和个人主体地位的确立。但由于这种个人观自身不可克服的局限性，它从产生之日起就在实践生活中充分暴露出其消极的方面。

个人主义对个人的不可替代性、自私自利性和绝对主体性的强调容易使人们把社会看做是那种"人对人像狼一样"的社会，从而导致人与人之间无休止的冲突和争斗，破坏社会的和谐与稳定。托克维尔曾一针见血地指出，个人主义一开始使每个人从他所属的群体中分离出来，从他的家庭和朋友中孤立出来，而把广阔的社会抛在一边，其结果是减弱了社会的凝聚力，久而久之，它就开始侵害和毁灭其他所有的美德，最终陷入纯粹的利己主义。[8]:625 这种后果是个人主义的个人观本身难以避免的，正如有学者所指出的那样："个人对他自己变得越重要，他考虑他自己真正幸福的内容越多，道德、社会、国家对他说来就越成问题。”[14]:688与此相伴随的是个人的集体感的丧失。由于个人主义把集体、国家和社会看做是外在于个人甚至是与个人相对立的一种存在，人的社会性就被忽视和遗忘了。这样，个人看到的只是自己，他无所寄托、无所依靠，其孤独感、失落感、恐惧感与日俱增，并通过各种各样的方式表现出来。因此，自由主义的个人通常以自私的个人、冷漠的个人、孤独的个人、失落的个人、恐惧的个人、残暴的个人、放纵的个人等反常的个人形象出现。

个人主义对人与自然、人与社会、私人生活与公共生活之间的严格划分还破坏了个人生活的统一性和完整性，导致了个人生活的支离破碎。“现代把每个人的生活分割成多种片段，每个片段都有它自己的准则和行为模式。工作与休息相分离，私人生活与公共生活相分离，团体则与个人相分离，人的童年和老年都被扭曲而从人的生活的其余部分分离出来，成了两个不同的领域。”[15]:204这不仅让个人无所适从，而且也使人与人之间难以形成统一的目标，最终使整个社会的价值观念趋向紊乱，伦理道德体系的调控机制失灵。西方社会目前所面临的传统价值观念的失落和伦理道德的危机是一个明显的例证，为了挽救西方社会在当代所面临的道德危机，社群主义对自由主义的这种个人主义立场进行了严厉的批判。

总的来看，自由主义自诞生以来就是西方宪政体制的理论基础，它主张每个人都有天赋的基本权利，包括思想自由、言论自由、宗教自由等，主张尊重个人自由意志，在实践上形成了现代西方的自由民主制度。由于自由主义在赋予个人与自由和平等的权利时，只要假定一个单独的抽象的、虚幻的个人就会有他的自由、正义与权利，便会有其“自主性”，因此，自由主义和个人主义可以说互为表里。

第二节　正义的普遍性与非历史性——新自由主义正义理论述评

虽然自由主义建立在个人主义之上，但他们并不否认社会（公正）正义的重要性，而且对什么是社会正义以及如何实现社会正义提出了不同的看法与建议。例如，当代自由主义的代表人物罗尔斯就非常注重社会正义的重要性，他把正义当做是社会制度的第一美德，其他的社会美德都要服从这一美德。在批判功利主义正义理论的基础上，利用契约式论证，他构建了平等式的正义理论。罗尔斯的正义理论在赢得广泛的赞誉的同时，也遭到了各式各样的批评，其中，反对最响亮的声音来自其在哈佛大学的同事诺齐克。与罗尔斯相反，诺齐克把其正义理论建立在权利之上，建构了一种权利式正义理论。

但是，不论是罗尔斯还是其批评者诺齐克，他们都认为正义具有普遍性和超越历史性，从一种普遍主义的方法论出发，把其正义理论当做是能够超越历史、超越时空普遍适用的真理。但由于二者的理论出发点都是孤立的、抽象的个人，因而不能够对正义的本质做出科学的阐释，也不可能解决个人与社会之间的矛盾（在资本主义社会，特别是阶级矛盾）。因此，其正义理论不仅在理论上是虚幻的，而且在实践上也是不可能实现的乌托邦。超越时空普遍适用的正义理论是不存在的，正义都是越历史的、具体的，而且正义理论与原则最终是由社会物质生活条件所决定的。因此，新自由主义的这种超越历史的、普遍的正义理论便遭到了社群主义的批判。在社群主义看来，新自由主义那种普遍适用的正义理论是不存在的，不仅正义原则是具体的、历史的，而且正义的标准也在各个不同的社会、同一社会的不同发展阶段都有所不同。

一、平等（公平）式正义——罗尔斯的正义理论概述

当代西方最重要的政治哲学家和伦理学家之一前美国哈佛大学哲学教授约翰·罗尔斯于1971年出版的《正义论》（A Theory of Justice）［有学者认为应该译为《一种正义理论》以区别于当今英国学者布赖恩·巴里的著作《正义诸理论》（Theories of Justice），本书采用的是《正义论》这一译法］一书，被西方学者推崇为20世纪政治哲学、法哲学、道德哲学和社会哲学的“最伟大的成就”，是一个“划时代的理论”。

在《正义论》一书中，罗尔斯说，他的意图是建构一个新的理论体系，用它取代长期在政治、道德领域占支配地位的功利主义，“为民主社会奠定一个最合适的道德基础”[16]:ⅶ。在他看来，不论是功利主义“为了最大多数人的最大幸福”的口号，还是传统的“自由”“民主”的价值都已经过时。于是，罗尔斯求

助于正义之理念，由此从罗尔斯这里开始，自由主义的主题由“自由”变换到“平等”。罗尔斯主张公平第一，他把自己的正义称作“公平的正义”。他指出：“正义是社会制度的首要美德”，是在评价社会基本结构和社会变化的整体倾向时最为重要的唯一考量。“正义是社会制度的第一美德，正如真理是思想体系的第一美德一样。一种理论，无论它多么精致、简洁，如果它不真实，就必须加以拒绝或修正；同样，如果法律和制度不正义，无论它们多么有效率、有条理，都必须加以改造或废除。……作为人类活动的首要美德，真理和正义是决不妥协的。”[16]:3-4 “我试图建立一种理论，以使我们能够理解和估价这些关于正义的首要性的情感。结果便是作为公平的正义：它阐明了这些意见，支持着它们的一般倾向。”[16]:586

罗尔斯的正义理论主要是依据自由主义的平等观念而构建起来的，因此，他的正义理论可以称之为平等式的正义理论。具体来说，可以从以下几个方面来理解。

第一，罗尔斯构建其正义原则的出发点是理想的平等的“原初状态”。

“原初状态”是一种纯粹的理论假设，与传统契约论中的“自然状态”相类似。但它是一种理想的假设，一种“不受偶然因素或社会力量影响的相对稳定平衡的状态”。可以这样来定义原初状态：它是一种其间所达到的任何契约是公平的状态，是一种各方在其中都是作为道德人的平等代表、选择的结果不受偶然因素或社会力量的相对平衡所决定。[17]:120 对于“原初状态”，罗尔斯作了以下说明：①从客观自然条件来看，原初状态的人们处于“中等程度的匮乏”之中[17]:126，自然条件太丰裕，生存非常容易，人们就不会产生合作的意愿；相反，自然条件太艰难，也会使合作归于失败。②从主观条件来看，原初状态的人们“相互冷淡”，即每个人对他人的利益不感兴趣[17]:127，主观条件应该尽可能弱化，因为它太强就会产生利己主义或利他主义：强利己主义使人只追求个人私利，无法与他人达成互惠的契约；强利他主义会导致由“仁爱”支配的社会，从而使“正义”失去意义。③原初状态的人们位于“无知之幕”后面，即每个人对他本人和社会的特殊知识信息都一无所知：首先，没有人知道他在社会中的地位、他的阶级出生，他也不知道他的天生资质和自然能力的程度，不知道他的理智和力量等情形。[17]:136 这是它的先验条件。“无知之幕”确保过滤掉所有的经验事实，而在罗尔斯看来，正是这些偶然的、任意的经验事实有碍人们达成公平的正义契约。在这三重条件的原初状态建立之后，罗尔斯论证，人们必然在平等的理想状态下达成契约选择正义原则。[18]

第二，对于社会的基本价值取向，罗尔斯赋予平等以价值优先性。他认为：平等是许多价值的基础，其他离开平等的价值都是不可取的。而解决平等的一条重要途径就是通过各种税收进行收入的再分配，从而要求国家具有更多的宏观社会调节功能。由此可见，在经济活动中，罗尔斯尤其关注平等。罗尔斯正义原则的核心思想是，所有社会基本价值或基本利益，如自由和机会、收入和财富，以及所有保证个人自尊和个性发展的客观条件，都必须平等地分配，除非对这种或这些价值的不公平分配有利于每一个人的利益。他指出："所有社会价值——自由和机会、收入和财富、自尊的基础——都要平等地分配，除非对其中的一种价值或所有价值的一种分配合乎每一个人的利益。"[17]:62 因此，在一个正义的社会里，公民的平等的自由权是不容置疑的；正义所保障的权利不能屈服于政治交易或对社会利益的算计。[16]:3-4 这是对自由主义、个人主义原则的一个最为强烈的申明，从这段话可以看出，罗尔斯反对功利主义是为了更加坚定地维护功利主义所无法继续坚持的自由主义原则。

对于平等，罗尔斯从政治和经济两个层面进行了解释：政治平等表现为平等的自由权利和民主政治；经济平等则涉及分配的正义。在他看来，政治层面的平等比较容易解决而且基本上已经解决了，所以，最重要的问题是要解决经济方面的平等即经济领域中的分配正义问题。尽管当代西方各国在表面上都宣称自己是自由民主社会，但普遍存在的经济不平等则是一个明显的事实。罗尔斯认为产生不平等的原因主要有两种：一是社会文化的，即人们在出身、环境、教育等方面有很大的差别，一些人比其他人更为"幸运"；一是自然的，即人们生来就具有不同的天赋，而天赋较高的人处于更有利的地位。一般认为，通过建立适当的社会制度，前者是可以消除的，而后者则是根本不可能解决的。为解决这一问题，构建社会基本制度的正义原则应保障个人基本自由并能够调节上述不平等的事实。[18] 据此，罗尔斯提出了作为其正义理论核心的两个正义原则：第一原则：每个人对与那种与其他人所都拥有的最广泛的基本自由系统相容的类似自由体系都应有一种平等的权利。第二原则：社会和经济的不平等应这样安排，使它们：①既适合于最少受益者的最大利益，又与正义的储蓄原则相一致；②附属于机会均等条件下的各种职务和岗位应对所有人开放。[17]:60-61 罗尔斯把第一个原则称为平等原则，第二个原则称为差别原则。平等原则主要考虑确立和保障公民的平等自由方面，这种基本自由包括政治自由（选举权和出任公职的权利），言论、集会、信仰和思想自由，法治概念中所规定的不受专横逮捕和搜查的自由，私人占有财产的自由等等。差别原则适用于收入、财富和社会地位的分配，即如何对待人们之间的不平等。其突出点是要求社会和经济的不平等应该对所有人有利，后来罗尔斯又将此修正为使处于最不利地位的人得到最大可能的利益。同时还要求社会和经济的不平等仅与职位相连，而且职位要对一切人开放，即机会均等。

第三，从罗尔斯对正义两个原则的安排中，我们也可以发现在他那里他赋予平等以更高的地位。正义的两个正义原则是以“词典编辑顺序”（lexical order）而被表述的，这表明它们具有优先性的差异，第一个原则优先于第二个原则，即自由平等原则优先于差别原则，实际上，他的差别原则也还是为了追求平等。罗尔斯强调第一条原则优先于第二条原则，首先要确认、保障人的天赋自由权，这同西方传统的自由主义学说一致，但增添了相对平等的色彩。他解释第二条原则，强调以机会公平和公正分配权益调节社会、经济权益的差距，体现公正对效率的优先。它正视资本主义私有制和自由市场经济造成权益分配不均的问题，承认自然才智与后天机遇也会导致事实上的不平等，因而，主张将社会制度容许的社会和经济的不平等限制在使地位最不幸者（如不熟练工人或中等收入以下者）能获得最大可能的利益，就是以“补偿原则”使社会资源与财富分配对他们有所倾斜。罗尔斯认为这看来不尽符合自由竞争法则，却体现了保障社会全体成员的基本权益。这种公平的正义，避免使某些人过度积聚财富和权利而损害另一些人的自由，造成社会动荡的危险。他又强调社会职务和岗位的开放性和公平获得机会对支配经济活动和财富分配至关重要，并且批判以往自由主义者虽表面赞同“向才能开放”、唯才是举，但实质上只主张虚假形式的机会平等，贫穷阶层的人往往得不到教育机会，出身富贵门第者受高等教育而进入统治社会的精英阶层，形成不公平的“自然的贵族制”，他主张教育与就业体系应使所有的人都有获得知识和职位的平等机会，以“铲除阶级藩

篱”。[16]:73

罗尔斯正义二原则的实质在于：前一原则要确保自由，后一原则要确保平等。但他更注重平等，他希望在保证个人自由的基础上实现社会的平等。自启蒙时代以来，西方政治哲学派别众多、理想庞杂，但思想家所追求的基本政治价值却主要两个，即自由与平等。而且，现代西方社会的政治制度本质上也都是为追求这两种价值。从政治哲学的视角看，在罗尔斯之前，自霍布斯以来的西方政治哲学只解决了自由问题，而没有解决平等问题。罗尔斯认为，正义总是意味着平等，因此政治哲学必须解决平等问题，而他强调社会的正义，也就意味着他要解决社会的平等问题。[19]罗尔斯正义理论的重大意义就在于他使西方主流思想第一次从政治哲学的维度在确保自由的基础上来认真解决平等问题。罗尔斯宣称上述两条正义原则是一切具有正义性的社会必须遵循的分配原则，是“有序社会”的政治、经济和社会秩序的合法依据。同时，他毫不掩饰这些原则所体现的自由主义的精神。因此，在实质上罗尔斯的正义论仍然是自由主义的正义理论。他的自由主义立场主要表现在以下三个方面：第一，他认为自由权平等原则优于差别原则，公民的自由权不服从于社会、经济利益，不能以发展经济或增加福利为理由剥夺或限制公民的自由权，也不能以多数人的名义损害少数人的自由权。他把自由权当做不可剥夺的基本人权，既反对集权主义的人权观，也反对功利主义的人权观。第二，他承认自由市场经济的竞争机制和分配制度的合理性。第三，他主张竞争的机会均等原则，不但在形式上均等，而且在实质上均等，保障每个人都有选择和实现自己抱负的平等机会。这些都带有鲜明的个人主义色彩。[26]

罗尔斯的正义原则，以平等的个体自由为基点，主张在修正现存社会体制中发挥国家的调节作用，扩大补偿性社会福利，以避免自由市场经济与西方政治中因权益分配过分悬殊而造成的社会冲突，维护社会秩序稳定，这在实质上也具有一种平等主义的倾向。他犀利地批判了功利主义这种曾经在西方社会占据主导性地位的社会理论所造成的社会弊病，表现了相当的理论勇气。罗尔斯的正义原则实质上源于并更新了西方启蒙时代的理性主义和“理性王国”，他声言这一原则就是康德关于个人自由的“绝对命令”，使理性人实现自由本性、进入“目的王国”；其内容更新则在于强调通过调节现实社会矛盾来实现“人的目的”，实现个体自由与社会合作的结合。他还说正义原则深化了近代启蒙传统的自由、平等观念，而博爱原则在西方社会制度中实际上一直被忽视，他的差别原则就是要切实实现博爱。罗尔斯的正义论在学理上是西方近代启蒙思想家设计自由、平等、博爱的“理性王国”的当代新版本，但它探讨了当代西方社会体制的许多重要问题，多有独到之见。罗尔斯的《正义论》实现了两大复归：其一，实现了从实证主义和相对主义向规范理论的复归，从而使西方的自由主义传统得以承续和弘扬；其二，实现了从功利主义向“社会契约”论的夏归，强调了个人权利对于福利总量的优先性、正义对于功利的优先性。[21]

罗尔斯正义理论的构想虽然带有浓重的平等主义色彩，但他的理论与古典自由主义的个人至上立场有着不可分割的联系。罗尔斯的契约式论证可以说是一种真正的个人主义，因为他赋予了个人一种否决权，这种否决权可以否决那些能够实现普遍福利最大化，但却侵犯了某些人自由并损害其利益的政策。罗尔斯由契约主义方法所引出的是古典自由主义的最大平等的自由原则，它对于所有福利主义政策都施加了一种正义的约束。正是基于这一点，格雷认为罗尔斯的理论与穆勒的理论相比，更接近于古典自由主义。这是因为，虽然最大化的原则优先考虑了社会中境遇最糟糕的人，将一切不利于他们的不平等的自由原则——禁止穆勒的原则所许可的对自由的不公正的限制。而且，罗尔斯的差别原则除了维护自由之外，就是要求政府在经济领域中进行再分配，而促进艺术、科学和普遍福利的至善主义和功利政策，则被视为不符合正义的要求而排除在外。由于罗尔斯的契约主义方法的基础是个人主义，因此，作为一种对自由主义自由的辩护，他具有一种超过功利主义的内在优势。[2]:78-79 “契约主义理论中和许多运用了各式各样的人类个人概念——从罗尔斯那种受康德主义激发而成的人类个体概念，到布坎南以及高西尔的同类著作中从霍布斯学说中推导出来的类似概念——但是所有契约主义的研究路径的共同之处是：都试图将共同的宪政原则建立在毫不妥协的个人主义伦理学根基之上。正是这种契约论的方法发展中，我们将会发现对自由主义的各种基本问题的最有希望的解决方案。”[2]:80 也就是说，在罗尔斯那里，个人仍然是一切社会问题的出发点和落脚点。

二、权利式正义——诺齐克对罗尔斯的批驳

罗尔斯的正义理论在赢得了广泛赞誉的同时，也遭到各个方面的批评，其中，最大的反对声音来自其在哈佛大学的同事诺齐克。

与罗尔斯的公平式正义不同，诺齐克把其正义理论建立在权利之上。罗尔斯赋予“正义”以首要性，试图从根本上解决社会现实中的不平等问题；而诺齐克强调“权利”的首要性，坚持权利是不可侵犯的。罗尔斯认为不平等产生于人们在自然天赋和社会文化方面的差异，这些差异是偶然的和任意的，从道德观点看是不应该的，所以应该通过再分配的方式消除这些不平等。虽然诺齐克也承认不平等是一种不幸，但认为：第一，不平等是不可解决的；第二，不平等并不意味着不公正；第三，对不平等的纠正不能得到合理的证明。诺齐克与罗尔斯之争的关键是权利对平等。罗尔斯主张，正义总是意味着平等，不平等是应该而且能够加以克服的。[18]诺齐克则认为，正义与平等无关，正义在于捍卫个人的权利，而“个人是神圣不可侵犯的”[22]:37。

罗尔斯与诺齐克关于正义观点的分歧主要集中于经济领域。关于经济上的财产和收入问题，罗尔斯关心财产的分配，诺齐克强调财产的来源，罗尔斯重视导致平等的结果，而诺齐克更注意产生权利的过程。与罗尔斯不同的是，诺齐克不是把正义的重点放在尽可能做到财产和利益的平均分配上，而是放在尽最大努力来捍卫个人自由和权利上。这样，诺齐克就将罗尔斯的“分配的正义”变成了“持有的正义”。诺齐克的“持有的正义”表现为三个方面：第一，持有物的最初获得，或对无主物的获取；第二，持有物从一个人到另一个人的转让；第三，对最初持有物和转让中的不正义的矫正。由此形成了持有正义的“获取原则”“转让原则”和“矫正原则”。如果一个人对其持有符合上述三个正义原则，那么，他对其持有物是有权利的。这样就形成了持有正义的一般纲领：“如果一个人对其持有是有权利的，那么他的持有就是正义的；如果每个人的持有都是正义的，那么持有的总体（分配）就是正义的。”[22]:183

在罗尔斯看来，解决不平等的唯一途径就利用一个具有广泛职能的国家通过税收进行收入的再分配。而在诺齐克看来，任何再分配都代表着对个人权利

的侵犯，最好的国家应是管事最少的国家。而且，罗尔斯的分配正义论中的“分配”这个词会使人想到由某个体系或机制使用某个原则或标准来提供某些东西，这样就需要有一个功能比较多的国家，而这就有可能会损害个人的自由和权利。所以他主张用“持有”这一中性的术语来代替“分配”。在诺齐克看来，分配正义论的出发点是平等，其核心是大众福利；而持有正义论的出发点则是捍卫个人自由，其核心是权利原则。诺齐克正义论的前提和核心就是个人权利；正义是一个程序，它不受程序最终状态的影响。政府的合法干预只限于保证每个人都能按照公正的程序行使自己的权利，除了对个人权利的保护性措施之外，政府不能对人们社会活动的结果进行分配和再分配，否则就是对个人权利的侵犯。[21]可见，诺齐克的正义理论在某种程度上是一种程序正义理论，而罗尔斯的正义理论则是一种实质性的正义理论。

从严格意义上来看，诺齐克的理论只是对罗尔斯理论的修改和补充，它也是一种关于正义的理论，亦把个人的自由权当做社会权益的中心。不同的是，诺齐克对自由权的理解更加绝对，他不但认为个人自由权是不可剥夺和侵犯的，而且个人在行使自由权的过程中获得的其他社会权益也是不可侵犯的。罗尔斯对自由权和财产权进行了区分：根据他的第一条正义原则，国家不能剥夺和侵犯自由权，根据第二条正义原则，国家应当对私人财产权进行适当的调整和再分配，限制社会、经济权益分配中的不平等。诺齐克批评说，20 世纪的政治哲学的一个最显著特征是分配主义和再分配主义，鼓吹运用政府权力重新审定财产权，限制私人财产的增殖和转让，对社会财富进行再分配。诺齐克讥讽说，这些理论只关心现有的分配，却不管这些财产是从哪里来的，“他们把任何东西都当作神赐的食物来分配”[22]:1-23。

尽管罗尔斯的公平正义论与诺齐克的权利正义理论存在着诸多差别，但两者都是建立在资本主义经济基础之上且同属于自由主义的正义理论，都以个人的权利、自由为基本出发点。因此，他们的自由主义正义理论都受到了来自于社群主义正义理论的挑战与批评。①

① 社群主义对以罗尔斯为代表的新自由主义正义理论的批判是全面、系统的，详细的阐释将在第三章论述社群主义方法论的具体体现时展开。

三、平等与自由的对峙——新自由主义正义理论的困境

在西方社会，自古希腊起，尤其是自启蒙运动以来，人们就一直把自由与平等当做是自己所要追求的予以实现的社会理想，并且认为自由与平等具有同等的意义。其实不然，正如基恩·格雷厄姆所说的那样："自由和平等并不具有完全相同的价值，它们是互相独立的。"因此，它们之间既可能是统一的，又可能存在偏差甚至相互冲突，只有二者的完美结合，才能体现社会的正义。在政治思想、道德、文化领域，自由与平等的统一并非可望而不可即。然而，在经济利益、财富分配问题上，从历史与现实来看，它们却似乎是势不两立、不可兼得的。那么，在自由与平等二者中，谁更具有优先性呢？分配的正义究竟应该以什么作为根据呢？这正是罗尔斯和诺齐克的分歧所在。[23]

非常明显的是，在诺齐克的权利正义那里，自由与平等几乎是没有关系的，如果一定要在二者之间建立某种联系的话，那么这种联系只能是唯一的，即对立。自由与平等的对立不仅仅简单地在于，一个自由社会所能提供的种种允诺对于特定的人而言，也始终只能是各种机遇而非种种确定性，而能力各不相同的人们通过自由选择所承担的后果、责任以及种种人生也是不确定的；更为深层的根源是，平等与自由被权利正义者赋予了不同的意义。自由的本意是反对干涉，而平等实际上是追求被认可的权利，追求平等和被认可与追求自由在拒斥压迫这一点上有共通之处，但它们不仅是两个不同的概念，而且是两个相互冲突的概念或价值。追求平等有时不可避免地以付出自由为代价："人们愿意把自己的或者别人的个人行动自由拿出来争取他们的群体地位，或他们在一群体中的地位。"为了使一个群体获得认可，获得与另外群体的平等的权利，这个群体的人必须服从某个统一的目标和某种强制性的秩序，"这种献出个人自由的情形，经常发生"[24]:159。既然平等与自由不相容，既然追求平等甚至会导致不平等和专制，最终往往侵犯了自由，那么权利正义观——将自由视为价值的基础以及其他价值得以充分发展所必需的土壤——对平等的嫌恶则是"理所当然"的。

而罗尔斯在《正义论》一书中所提出的两个正义原则，正是试图调和自由

与平等的矛盾，试图实现自由与平等的和谐统一。所以说，在某种程度上罗尔斯的两个正义原则既是自由主义的，又是平等主义的，亦即一方面强调自由的优先性，强调人人都应享有平等的基本自由；另一方面又主张实质的而非仅仅形式的政治自由与机会平等。他承认在利益分配上应当容有某些差别，但这些差别应当首先考虑从是否能最有利于那些处境最差者，是否能从最有利于最贫困群体的标准去衡量和核准。因为，不仅造成差别的社会条件是偶然的，造成差别的自然因素，或者说天赋在人们中间的分配也是偶然的。因而应当把人们的天赋也在某种意义上视为社会财产，对天赋条件较低者予以补偿，以至他的“差别原则”引起了人们的广泛争议。[25]因此，说罗尔斯的正义理论是一种完全的平等理论并不可取，因为他当然不否认自由尤其是个人的自由。

从表面上来看，诺齐克的权利正义理论与罗尔斯的公平正义理论是相互对立、针锋相对的，前者更多地考虑社会平等，后者着力强调个人自由权利。然而他们是新自由主义的两种版本，在实质上是一致的，它们共享了西方资本主义社会个人自由与权利优先的基本价值观，并且共同证明着同一种政治制度——资本主义制度的合理性。这种新自由主义试图证明资本主义的自由民主主义作为“历史模式”是普遍必然的，对全世界不同文化的所有社会都有效；他们相信自己能够超越历史、文化和地域的局限性，从而达到所有人类社会的终极真理。因此，公平（平等）式正义理论和权利式正义理论都应该是被超越的。对正义和权利的超越不在于寻找一个更高、更普遍的“历史模式”，因为，历史不服从任何模式；而在于将正义和权利嵌入具体的历史境遇之中，因为它们相对于一定的历史处境才具有价值和意义。脱离历史处境的新自由主义（无论是公平正义理论还是权利正义理论）都将会陷入不可实现的困境。[18]

显而易见，无论是平等式正义理论还是权利式正义观，都无力在理论上根本解决自由与平等这一对自自由主义诞生以来就同时并存却始终没有得到根本解决的难题。而且，这两种正义理论在本质上都是建立在自由主义的个人主义基础之上的，都把自己当做是可以跨越历史与社会物质生活条件而普遍适用的真理，因而在理论上必然要陷入困境，且在实践上也不可能实现社会真正的公正，使自由与平等和谐发展。只有在马克思主义那里，自由和平等才被看做是相互联系的基本价值。人的自由而全面的发展，是马克思主义的崇高理想："代替那存在着阶级和阶级对立的资产阶级旧社会的，将是这样一个联合体，在那里，每个人的自由发展是一切人的自由发展的条件。"[7]:294 在马克思主义看来没有平等的自由不是真正的自由，反之亦然。自由与平等的真正和谐统一只有在共产主义社会里才能得到实现。马克思主义从社会物质生活条件出发来探讨社会正义，把正义纳入到社会历史条件中，最终会实现社会正义。

第三节　基于个人主义之上的自由主义的自由观、权利观

自由这个概念是一个本质上有争议的概念。对于自由的内涵，人们众说纷纭，可谓仁者见仁，智者见智。自由主义发展到当代已走过了 300 多年，自由主义的自由观念也衍生出了各种理论形态，各种说法五花八门，不一而足。例如，卢梭把自由分为天然自由、社会自由以及道德自由三个层次，昂格把自由分为形式的自由和实质的自由①[26]:229-230，哈耶克提出要区分个人自由与"民主意义上的政治自由""内在自由""消除我们实现愿望的障碍意义上的自由"甚至"恐惧和贫穷的'自由'"，并认为个人自由与这些自由无关甚至是冲突的。②[27]:133-136 然而，在众多分类中，消极自由与积极自由的区分影响最为广泛且深远。虽然，直到当代，伯林才首次明确系统地提出这一区分，并为哈耶克等自由至上主义者所推崇与发挥，但就其理论内涵而言，19 世纪的康德、贡斯当

---

① 昂格根据规定自由的方式认为，形式的自由亦即对自由的规定来自"自由观念本身"，这就假定了人们可以根据心中存在着的唯一一种关于自由的认识来规定自由问题。实质的自由指社会中存在着一套公认的自由标准、实现自由的程序，这正是立法的基础。形式自由无助于我们得出法律应该命令、禁止和允许什么的结论，而任何的实质理论都不能不带有自己的个人倾向和价值选择，因为根本就不存在完全中立的自由理论。无论形式上的自由理论还是实质上的自由理论，其基本假定——客观中立的自由标准和规则，都是与自由主义的根本价值观念——个人主义和价值的主观性格格不入的，存在根本的对立。此外，叔本华把自由区分为表明各种物质的障碍不存在的"自然的自由"，当个人处于健康的、非强制状态下的"理智的自由"，自由意志做决定的"道德的自由"。

② 哈耶克是针对当代自由被滥用以致自由概念日益模糊、对自由的理解和信念被大大地破坏的状况而提出这一主张的。

等自由主义者就已洞见其端倪；而就自由主义的实际发展来看，两种自由的区分其实是贯穿于自由主义发展始终的英国传统与欧洲大陆传统的分歧在当代的延伸、具体化和明晰化。

自由主义的发展经历了从古典到现代的转变过程，但不论是古典自由主义，还是现代自由主义都非常关注个人的权利与自由。18～19 世纪早期的古典自由主义者宣称，国家的唯一作用是保障公民的某些权利，特别是人身自由权和私有财产权。19 世纪后期出现的现代自由主义者亦如此，正如伊塞亚·伯林在《自由四论》中指出，现代自由主义者认为国家也应该关心诸如贫困、住房短缺、恶劣的健康状况、教育不足等问题，即使这种关心是以对自由权和财产权的一定程度的损害为代价的。他们有时（但并非总是）声称，这种关心同样也是一种对自由的思考的产物，尽管自由现在远不止是从不受干预的消极意义上被理解的。由于自由主义过于强调了个人的自由与权利，而且他们所强调的自由更多的是消极自由，他们所强调的权利更多的也只是个体的自由，从而忽视了积极自由与社群的权利，因而便遭到了社群主义的批判。

一、古代人的自由与现代人的自由
——贡斯当对自由的区分

被誉为“当时欧洲大陆最著名的自由主义政治家和作家”“近代自由主义的奠基者之一”的法国思想家贡斯当在 1819 年发表的著名演讲《古代人的自由与现代人的自由之比较》(De le ê des anciens compareêe ā celle des moderns) 中以撼人的力量和惊人的清晰脉络对两种自由做出了根本的区分：第一种类型的自由是古代人十分珍视的自由——“在有共同祖国的公民中间分享社会权力”，第二种则是现代民族视为弥足珍贵的自由——“享受有保障的私人快乐”。贡斯当在演讲一开始就指出，区分两种自由类型具有两方面的意义：首先，两种类型的自由的混淆是大革命时期许多罪恶的肇因；其次，区分两种自由能使我们明白“为什么这种我们今天赖以庇护自由与和平的惟一的政府形式却全然不为古代自由民族所知”[28]:33。

他进一步声称：现代人的自由是独立的自由，而古代人的自由——在贡斯当看来就是卢梭试图恢复的那种自由——在于以集体的方式直接行使完整主权的若干部分。但现代人的自由到底是什么呢？它又是如何与古代人的自由进行区分呢？对此，贡斯当是这样表述的：自由是只受法律制约而不因某个人或若干个人的专断意志受到某种方式的逮捕、拘禁、处死或虐待的权利，它是每个人表达意见、选择并从事某一职业、支配甚至滥用财产的权利，是不必经过许可、不必说明动机或理由而迁徙的权利。……最后，它是每个人通过选举全部或部分官员，或通过当权者或多或少不得不留意的代议制、申诉、要求等方式，对政府的行政施加某些影响的权利。[28]:34

依据贡斯当对两种自由的区分，古代自由的依据只能是公民资格，即参加以辩论和公共决策为职能的议事会的权利，“古代人的自由在于以集体的方式直接行使完整主权的若干部分：诸如在广场协商战争与和平问题，与外国政府缔结联盟，投票表决法律并做出判决，审查执政官的财务、法案及管理，等等”。在古代人那里，个人在公共事务中几乎永远是主权者，但在所有私人关系中却是奴隶。[28]:34,35这是因为古代的自由概念没有将公共生活和私人生活区分开来，因此，也没有给个人的权利留下余地，雅典文明那种放弃奔放的“‘个人主义精神’与贡斯当念念不忘的对作为一个人的个人的尊重，有着很大的差别。”[29]:288其原因即在于希腊的个人主义精神缺乏合法的私人生活领域的观念。但有意思的是，在古代，每个人分享国家主权并不仅仅像我们今天那样是一个抽象的假定。每一个人的意志都有真正的影响：行使这种意志是一种真实的、不断重复的乐趣，因此，每个人都为自己的投票具有价值而自豪，他们从这种个人重要性的感觉中发现巨大的补偿。[28]:39

在现代人中，个人在其私人生活中是独立的，但即使在最自由的国家中，他也仅仅是在表面上是主权者。他的主权是有限的，而且几乎常常被终止。若说他在某些时候行使主权（在这些时候，也会被谨慎与障碍所包围），更多时候则是放弃主权。[28]:35在这样的历史条件下，“我们已经不再欣赏古代人的自由了，那种自由表现为积极而持续地参与集体权力。我们的自由必须是由和平的享受与私人的独立构成的。”[28]:39法律面前的人人平等及其赋予个人确定并追求自身利益的自由创造了近代欧洲那种迥然不同的社会和伦理环境。相应地，现代人的自由首先表现为现代人一系列受法律保障的、不受政府干预的个人权利；公民权的淡化则意味着古代那种人民直接参与政治生活的情形将被减少到最低程度。

严格地说来，贡斯当的这种非此即彼的二分法从历史的角度看是缺乏说服力的。它的重要意义在于其在贡斯当思想中的地位以及它指明了这样一个事实，即个人自由与大众民主只是偶然地而不是必然地联系在一起的。[2]:31-32 在贡斯当区分古代人的自由和现代人的自由的基础上，伊塞亚·伯林在《两种自由概念》(Two Concepts of Liberty) 进一步提出了积极自由与消极自由的著名区分。

二、积极自由与消极自由
——伯林论自由

英国哲学家和政治思想史家，20 世纪最著名的自由主义知识分子伯林认为：自由同幸福、善、自然和实在一样，是一个意义漏洞百出以至于没有任何解释能够站得住脚的词。分析思想史上人们谈论的自由，实际是两种含义和意义非常不同的自由概念，即消极自由和积极自由。按照伯林的解释，消极自由回答的是“主体（一个人或人的群体）被允许或必须被允许不受别人干涉地做他有能力做的事、成为他愿意的人的哪个领域是什么?”简言之，消极自由是指免除限制或阻碍的自由，是我可以不做什么的自由。它关心的问题是：“我不受限制的空间究竟有多大?”消极自由主张个人拥有不受他人控制的范围。积极自由回答的是“什么东西或什么人，是决定某人做这个、成为这样而不是做那个、成为那样的那种控制或干涉的根源?”[30]:189 简单地说，积极自由是指道德上的自治，是我可以做什么的自由。它关心的问题是：“究竟谁或者什么东西是控制我的源泉?”积极自由源于个人想要成为自己的主人的期望，是“我控制我自己”的思想表达。就其强调意志自由、理性自主而言，积极自由这种观念的历史源远流长，而消极自由作为社会政治理论概念，它是对个体基本自由权利的确认与维护，是对公共权力侵害自由的警惕与防范，它所体现的是西方近代以来市场经济和市民社会的历史要求，亦即消极自由是西方近代以来才发育生长出来的概念。

在对两种自由概念分析的基础上，伯林始终更加主张“消极自由”，他认为“消极自由”才是更为真实的自由、合乎人性的自由。伯林认为，在有尊严的社会生活中，消极自由和积极自由都不可缺少。但是提倡积极自由会带来不自由与强制。因为，积极自由常常被人滥用，成为残酷暴政的华丽伪装。因此，伯林认为：“一个社会为这两个问题所做的答案便可以决定这个社会的性质是自由的还是专制的，民主的还是暴政的，世俗的还是宗教的，私有的还是公有的等。这两个概念无论在政治上还是在道德上均被歪曲过，并向其反面发展。”伯林说：“在我看来，‘多元主义’以及它所蕴涵的‘消极自由’，是比较真确的、比较合乎人性理想的主张，它要比那些在大规模的、受控制的权威结构中，寻求阶级、民族或全人类‘积极’自我表现做主之理想的人士所持有的目标，更为真确、更合乎人性。”在伯林看来，自由与一个人所受的束缚有关，承受的束缚大到某个程度，就不自由，小到某个程度，就称之为自由。意志自由，理性自主，就是“积极自由”，确认与维护个体基本自由权利，警惕和防范公共权力则叫做“消极自由”。[31]

伯林认为，积极自由强调的是自我主宰，即“我不要别人及外力的控制”。但是当自我的能力不够，需要一个外在的力量帮助时，尽管外在的强制是为了帮助我获得自由及解放，由于自我的两重性的区分，使得积极自由最终走向自由的反面——强制。而消极自由意味着备受保障的私人领域的存在，意味着个人自由与政府权力或社会与国家的划分，因而，它是区分自由社会与不自由社会的判别标准。所以，自由主义的主流形态都把消极自由作为理论根基，并认为只有这种自由才是我们值得追求的自由。由上面的分析可以见到，伯林对两种自由理念的划分具有很强的政治倾向。

不少西方学者对伯林对两种自由理念的划分提出了不同看法：有人认为，这种割裂自由理念的人为简单划分本身就是不科学的；也有人认为，两种自由理念虽然在意义上、表述上有所不同，但是在现实里却是同等重要的。关于柏林对自由理念划分的局限性，牛津大学政治学教授 B. 帕累克在《当代政治思想家》一文中做过比较中肯的分析，他从以下四个方面对柏林关于自由理念的划分的缺陷作了说明[31]：一是关于消极自由的核心问题，柏林在指出障碍和选择这两个概念是消极自由的核心时，只强调外在的障碍对自由的影响，而几乎未论及内在的障碍；二是关于多元主义的不确定性；三是关于自由的区分问题，他未明确区分国家范围内的个人自由、组织自由甚至国家本身的自由，这就会使人对自由的区分产生歧义；四是关于消极自由概念的含义过分狭窄，它仅仅指政治自由。而政治自由包括多方面的内容，如选择政府的自由，影响国家公共事物的自由，保持政府政策的自由，与市民谈论公共事物的自由，等等。政治自由只能与他人共享或在伙伴中享受到。柏林则强调以牺牲其他自由而获得消极自由，这是对政治自由的一种不完全的解释。

三、权利优先于善——罗尔斯的权利理论

权利（right）从词源上来自拉丁文jus，在古代，该词兼指“正义”和“权利”，是“树立社会秩序的基础”。[32]:9 自格劳秀斯和霍布斯开始，“权利”才作为一个以正义为逻辑基础并区别于正义、法律和义务等词的专门概念出现。① 1919年，著名分析法学家霍菲尔德（Wesley Hohfeld）对权利概念做了经典的分析，他认为权利包含四个要素：要求（claim）、自由（liberty）、力量（power）、豁免（immunities），而最严格意义上的权利概念就是一种要求。霍菲尔德的四要素论逐渐成为对权利内涵的一般共识。

在罗尔斯看来，自由与权利在原则上是一致的，所谓的权利实际上指的是人们依法享有的一些基本自由，主要包括：与言论自由和集会自由结合在一起的政治自由（选举和被选举担任公职的权利），良心的自由和思想的自由；个人的自由和保障个人财产的权利，以及法治观念所规定的不受任意逮捕和不得剥夺财产的权利。[17]:27,61 他认为自由具有三个要素：主体，即自由的行动者；对象，即自由行动者所摆脱的种种限制和束缚；内容，即自由行动者自由决定去做或不做的事情。[17]:200 对于罗尔斯的这种权利与自由相提并论的立场，德沃金也持有相同的观点，他认为自由实际上就是权利，而不是特权，这些权利至少包括良心、信仰、言论和宗教自由的权利，在涉及个人生活的核心或重要的方面，如在就业、家庭安排、性隐私和医疗服务等方面，进行自由选择的权利。[33]:137-138

在罗尔斯那里，善就是合理愿望的满足，或说是一种合理性。他常把善与合理性连在一起使用，称之为作为合理的善。[17]:395 善可以分为两种，即个人的善和社会的善。个人的善是个人合理性生活计划的实现，而社会的善则是人们所具有的不同的善的观念的相互依赖和互惠。罗尔斯并不认为社会的善就是社

① 格劳秀斯在《战争与法》中区分了jus的三种含义，第一种含义为正义，第二种含义和人有关的道德资格，即权利，第三种含义是法律。霍布斯在《利维坦》中进一步区分了权利和法律，认为“权利是做或不做的自由，而法律则决定并约束人们采取其中之一”。

会中某一种善观念的垄断地位。任何一种善的观念不管多么完美，赋予它以最高地位都是不可取的。相反，社会的善只能是许多善观念的共存互利。在罗尔斯的正义理论中，有两种善的观念或说善的理论，它们是狭义的善的理论和广义的善的理论，他区分的目的在于强调在作为公平的正义里，“权利优先于善”。狭义的善理论负责把人们引向构成正义社会之根本的正义原则，也就是说，狭义的善要确保人们由此达到正义原则[17]:396；广义的善的理论则是以已经得到的正义原则为准则去说明其他伦理观念。在《政治自由主义》里，罗尔斯为了阐释权利优先于善的观点，进一步区分出了五种善的理念，即作为合理性的善理念、首要善的理念、可允许的完备性善观念的理念（即那些与完备性学说相联系着的善理念）、政治美德的理念和秩序良好的（政治的）社会理念。[34]:187

罗尔斯的“权利优先于善”的观点实际上说明的是权利（政治法律）与善（伦理道德）的关系。在他看来，权利的优先性有以下几方面的含义：首先，权利的优先性意味着（在其普遍意义上），已使用的善观念必须是政治的理念，以至我们无需仰赖于完备性善观念。其次，权利的优先性意味着（在其特殊意义上），正义原则给那些可允许的生活方式设定了各种界限，即它使公民对各种僭越这些界限的目的和追求成为毫无价值的事情。再次，权利的优先性使正义原则在公民的慎思中具有一种严格的在先性，并限制着他们推进某些生活方式的自由。它刻画出公民正义的结构与内容的独特特征，和它视之为慎思之正当理由的基本特征。[34]:222罗尔斯一贯坚持权利优先于善的思想，在《正义论》中，他指出：“我们可以这样表述，在作为公平的正义理论中，权利概念优先于善的概念。”[17]:30他还指出：“在公平的正义理论中，权利对善的优先性原来成为这种正义观的一个基本特征。”[17]:31在《正义论》的末尾，罗尔斯清晰地表达了这种“权利优先于善”的观点：我们在试图赋予我们的生活以某种形式时不会首先关心被独立地规定的善。我们愿意接受的，不是那些从根本上展示着我们的本性的目标，而是这样一些原则，这些原则统治着人们借以形成其目标的背景条件，和人们追求这些目标的方式。由于自我优先于目的，目的由自由确认，甚至一种支配性目的也是由自我在大量的可能性中选择的。人们不可能超出审慎的合理性。因此，我们应当把目的论学说提出的权利和善之间的关系翻转过来，把权利看做是优先的。[17]:563接着，罗尔斯对权利优先于善的重要性作了解释：

表现为我们作为自由而平等之理性而存在本性的倾向和癖好，只能通过按照具有首要优先性的权利原则和正义原则而行动，才能得到满足……正义源于这种偏好的行动，表现出我们摆脱偶然和意外的自由。因此，为了实现我们的本性，我们别无选择，只能有计划地保持我们的正义感，这种正义感支配着我们的其他目的。若使这种情操妥协让步，并把它作为诸欲望之一种而使它与其他目的达于平衡，该情操便无法付诸现实……我们能在多大程度上表现我们的本性，取决于我们能在多大程度上矢志不渝地按照作为最终规导的正义感而行动。遵循把正义感仅仅视为一种还不及其他欲望重要的欲望之计划，我们便无法表现我们的本性。因为，这种情操显露着个人之所是，抑制这种情操，自我便无法实现自由权利，而只能受制于这个世界的各种偶然性和意外因素。[17]:30,572-573

在《政治自由主义》中，罗尔斯仍然认为："权利优先的观念是我所说的政治自由主义的一个根本要素，而且它在作为公平的正义理论（这是政治自由主义的一种形式）中具有中心的作用。"[34]:184罗尔斯在《政治自由主义》一书中专门有一章谈论"权利优先性与善的观念"[34]:184-224。而且更为重要的是，罗尔斯不仅坚持权利优先的思想，而且把这一思想看得很重要，把这一点当做是自己正义理论不同于功利主义正义理论的关键所在。罗尔斯认为，功利主义的正义理论具有一种目的论的特点，它先是抬高善的观念，然后从善出发去解释权利，并且把权利看做是促进善的最大化的工具。为了区别于这种功利主义的正义理论，罗尔斯强调自己的正义理论是一种非目的论的正义理论，其特点在于：不把善看做是独立于权利的观念，也不认为权利只是促进善的最大化的工具。[17]:29-30简言之，罗尔斯的正义理论颠倒了功利主义所规定的善与权利的关系，强调了权利对善的统治地位，要求人们从权利出发去解释善的意义。罗尔斯之所以要把善从至高的云端拉下来，使其依附于权利观念，一个主要原因就在于他认为根本就不存在这样一个统一的善的观念。在罗尔斯看来，善的观念是一个因人而异、因时因地而异的观念。假如硬性地规定某一种善的观念为至尊，那不仅具有道德专制主义之嫌，而且还严重侵犯了人们的思想和信仰自由，而自由却是自由主义所坚信的不可侵犯的信条。[26]:128

对于罗尔斯的"权利优先于善"的主张，有学者指出可以从两个方面来理解[26]:131-132：一是权利可以规定善的内容，二是权利能够规定善的内容。对于前者，罗尔斯指出："在一个公正社会中，公民们的善的概念符合权利原则。""某种行为是善仅仅因为它与某种生活方式相适应，而这种生活方式又与已经掌握的权利原则保持一致。"在《政治自由主义》中，罗尔斯亦指出，权利的优先性意味着政治自由主义所包括的善的观念必须受到权利观念的审查，审查通过的善的观念已经是被"政治上的正义观念"过滤之后的善的观念了。对于后者，在罗尔斯的理论中，权利之所以能够规定善，那是因为罗尔斯使用了一种特殊的论证方法，它可以不依赖善的观念或者别的什么，人类最终目的的理论而独立地证明权利的合理性。这种方法就是关于原初状态的假说，通过原初状态的概念，罗尔斯说明了，即使在人们尚不知道什么是他们的善的观念时，他们也可以得出个人自由和权利的第一正义原则。

但在社群主义的代表人物之一桑德尔看来，罗尔斯的权利优先于善的观点基于以下两种主张：第一，某些个体权利如此重要，以至于哪怕是普遍福利也不能僭越之。第二种主张是，具体规定我们的权利的正义原则，并不取决于它们凭借任何特殊生活观念所获得的证明；或者按罗尔斯所说的，凭借任何"完备性"道德观念或宗教观念所获得的证明。[35]:3 而桑德尔试图提出挑战的，恰恰是第二种主张，即"权利优先于善"的主张。

新自由主义的另一位代表人物诺齐克完全是为了自由而强调自由，他的出发点及最终目标都是为了维护个人自由权利的至高无上，神圣不可侵犯。诺齐克有关自由和权利的论述是与其对国家观的论述融合交织在一起的。因此，在接下来探讨自由主义的国家观时，一同探讨诺齐克的自由观与权利观。

第四节　个人先于国家与社会
——自由主义的国家观

自由主义者绝大多数都赞同最小国家制度，特别是"古典自由理论所主张的'守夜人'式的国家（the night-watchman state），其功能仅仅局限于保障其所有公民免受暴力、偷盗和欺骗，并强制契约的履行，等等"[22]。自由主义者之所以为最小国家制度辩护，并不是因为最小国家制度所保护的那些权利是神圣不可侵犯的，而是因为一个将自己的作用限制在对这些权利的保护上的体制所具有的另外一些优点。如哈耶克（F. A. Hayek）所指出，只有那样一种最小类型的体制才能使某些利益成为可行的。如果我们希望人们的需要提供满足，那么，我们最好是赋予国家以较小的作用，从而使物资的流通通过市场运作起来，而市场则拥有着有关人们的需求的最完美的信息。也有自由主义者认为，只有那样一种类型的体制才能保证促进最大功利的产生，或有助于帕累托标准的满足：即生产最大效率。因此，新自由主义的代表人物之一诺齐克就认为，“最弱意义的国家”才是最好的国家。

在个人与国家的关系问题上，自由主义从个人至上出发，说明和规定个人与国家和社会的关系。英国学者格雷在他的著作《自由主义》一书中认为，形形色色的自由主义的共同点在于：一种明确的人与社会关系的概念，其主要特点就是个人主义。[2]导言 意大利的著名学者拉吉罗认为，自由主义者在处理个人与国家的关系时有两种主要模式，即英国的和法国的模式。英国的模式强调国家的权力以维护个人自由，而法国的模式则主张国家的权力以保证个人在法律面前的平等自由。[36]:13 可见，不论是限制还是加强国家权力本身并不是目的，它们只是维护个人自由的手段；作为手段，它们都服务于个人自由这一目标。因此，自由主义的国家观亦是建立在个人主义之上的。对于自由主义建立于个人主义之上的国家观，社群主义亦对之提出了挑战，在社群主义看来，国家是重要的社群之一，国家对社会生活具有重要的意义，人们应该积极参与公共政治生活。

一、诺齐克的最弱意义的国家

诺齐克的“最弱意义的国家”，简单来说就是管事最少的国家，这种国家除了保护性功能之外再没有其他功能。因此，它实际上就是古典自由主义者所提倡的“守夜人”式的国家。

诺齐克的国家指的是那种拥有一定地域和人口的支配性、保护性机构。这种国家的存在有两个重要条件：①它拥有在这一地区内使用的独占权；②它为这一地区的所有人提供保护。诺齐克亦把这两点看成是国家形成的两个阶段，即出现独占因素的阶段和出现再分配因素的阶段。前者他称之为“超弱意义的国家”，后者他称之为“最弱意义的国家”。这样的国家才是真正意义上的国家，它通过再分配给所有人提供同等意义的保护。诺齐克认为，从超弱意义的国家到最弱意义的国家，这整个过程都没有侵犯到个人的权利，因为这种保护性社团的合法权利只是其成员自愿移交给这一社团的个人权利的总和，而且这种社团只有通过保护其成员的个人权利才能证明其合法性。所以，国家建立的目的就是为了使个人的权利得到有效和切实的保护。

诺齐克在《无政府、国家与乌托邦》的开篇就开门见山地表述了一个极其鲜明地标志着自由主义出发点的陈述：个人拥有各种权利。有些事情是任何他人或集团都不能对他们做（而又不侵害他们的权利）的事情，做了就要侵犯他们的权利。这些权利如此有力和广泛，以致引出了国家及官员能做什么事情的问题。[22]:1诺齐克所说的权利，就是指个人自由权和私有财产权。作为一名自由主义者，诺齐克认为，这些权利不仅应该得到尊重，而且也应该拥有作为基本的和或多或少是绝对的强制力的地位。对此，可以从三个方面进行理解：第一，说一种权力就是一种强制力——或如诺齐克自己有时说的那样是一种道德的边际强制力（moral side-constraint）——这至少意味着权利是一种个人化的要求。[37]:8-14也就是说，国家无权侵犯这种要求，即使在如下情况下亦如此：即国家对他的这种要求的侵犯，能够保证其他人的这种要求将会更少受到别人的侵犯；亦即是说，它保证着人身干涉在总体上更少了。第二，对于诺齐克而言，他所设想的这些权利作为强制力并不仅仅限于这种意义。在如下意义上，它们或多或少也是绝对的强制力，即它们不能因要使任何通常的社会目标最大化的缘故而被侵犯。第三，诺齐克把他所设想的这些权利看做是基础性的（fundamental）权利或基本的（basic）权利。这意味着，对权利的满足本身就是一种善，而不是说某种独立的目标因这些权利的满足而得到实现，因而才使权利的满足成为善。尊重这些权利的善并不是从任何更为基础性的利益而推导出来的，它本身就构成了道德思考的坚实基础。[38]:537-551诺齐克的这种权利就是一种善的观点亦是直接与社群主义的基本思想相对立的，因为，在社群主义看来，权利不能优先于善，权利是存在于善之中的。

诺齐克之所以重视权利，是因为他把权利看成是道德的根本标准，无论是个人或是国家，只要侵犯了个人权利就是不正义的。所以，它是对任何行动特别是国家行动都始终有效的道德边际约束。在诺齐克看来，把权利作为边际约束反映了其根本的康德式原则："个人是目的而不仅仅是手段；他们若非自愿，不能够被牺牲或被使用来达到其他目的。"[22]:37

那么，为什么个人是目的且神圣不可侵犯呢？既然我们每个人都可以为了更大的利益而承担较小的痛苦和代价，为什么不可以在社会范围内也这样做呢？也即为什么不能牺牲某个人或少数人的利益（侵犯他们的权利）以促进整体或大多数人的利益呢？诺齐克的答案是，社会并不是一种生物体，不是一个放大的个人。个人自己有独特的生命，社会并无这样的生命。"并不存在拥有利益的社会实体，这种社会实体能够为了自己的利益而承受某些牺牲。存在的只是个体的人，具有他自己个别生命的不同的个体的人。"[22]:39 对于个人来说，不仅他的生命是他拥有的唯一生命，而且他还必须安排他自己的生活。所以，没有什么理由要求一个人为他人或社会而牺牲，国家也无权以"社会""整体"或"公共利益"等名义，侵犯个人权利，干涉个人生活。国家只能小心谨慎地在其公民中保持中立，为每个人的个人权利提供保护。

诺齐克在权利问题上的基本立场与罗尔斯相同，他同样坚持权利优先于善的观点。他从洛克的自然权利出发，反复强调一个国家和政府肯定个人权利的重要性。在他眼里，在个人权利之外并不存在其他的价值，在超出个人认为对自己是善的东西之外，对个人来说并不是善，无论这是他人的善还是向我们提出要求的某种超验的善的背景。也不存在为了自身的善而牺牲其他善的一种社会实体，而只存在个人，只存在个人的权利，每个个人的生活都不可侵犯。

二、国家中立①

"国家中立"（neutrality of state）是新自由主义的基本原则之一，当代自由主义思想家如约瑟夫·拉茨（Joseph Raz）、罗尔斯、德沃金②[39]:130 和诺齐克等人都对此有过专门的论述，尤以拉茨的观点最为系统。在《自由的道德中》

---

① 对自由主义"国家中立"思想的相关阐述参考借鉴了梅荣政、张晓红著《论新自由主义思潮》，北京：高等教育出版社，2004 年版。

② 在罗尔斯看来，"自由主义国家依赖于人与人——作为道德的人，作为有一种善观念且能够产生一种正义感的人——之间的一种平等观念……目标体系并不是按价值来排序的……"；对于罗纳德·德沃金来说，自由主义国家"必须在……美好生活的问题上保持中立……政治决策必须尽可能地独立于任何特殊的美好的生活观念，或独立于赋予生活以价值的东西"。

(The Morality of Freedom) 一书中，拉茨把自由主义的国家中立原则分成两个论题，一是“排除理想”(exclusion of ideals)，即政府不能做出评判，说某人的生活方式比他人的生活方式更有价值或更没有价值。二是“立场中立”(neutral concern)，即在涉及影响人们追求其不同的善的观念时，政府的立场必须中立。另一位自由主义思想家威尔·金利卡指出：所谓中立性指的是国家不应当奖赏或处罚特定的美好生活观念，而应当提供不同的和潜在冲突的善观念能够在其中被追求的一种中立的框架。[39]:179 对于自由主义者来说，国家中立的原则是确保社会中的公众同意（public assent）的根本性政治原则，它从本质上不同于历史上的种族主义和性别主义。这一原则要求，国家必须确保公民的选择自由，国家不能迫使公民从事国家所认可的善，国家也不得迫使公民接受自己的价值观念。总之，国家不得干预公民的所作所为，只要它不侵犯他人的权利，纵使公民的所作所为不为社会上绝大多数人所赞成，或者违背了绝大多数人的愿望。[40]:106

由于建立在个人主义之根基上，所以自由主义就认为个人应该先于社会而存在。自由主义将个人看成是第一位的而将社会看成是第二位的，个人是比社会及其制度更为“真实”的存在，进而把社会制度看成是“逻辑上的虚构”，除了以集体方式组成社会的个人以外别无其他存在。在边沁看来，共同体是一种“虚构体”，因此，“共同体的利益”不过是“组成共同体的若干成员的利益总和”。如果共同体是一个虚构，除了仅仅被看做由其个体成员构成的算术和外，没有任何理性的人愿意提升一个置于真实的个人真实利益之上的假设的虚构利益：“一个人不能受到惩罚，一个人不能获得自由，一个人除了作为一个抽象的概念外根本不存在；唯一的实体就是在现实中构成‘人民’的个人。”[41]:82 自由主义把个人当做可靠和容易察觉的存在，为使他们的权利和利益优先于虚构实体，诸如“共同体”“社会”“国家”“民族”“政党”，以及所有其他声称先于个人——人民之真实的道德和政治存在，提供了基础。由于自由主义把个人看做是先于国家和社会的存在，因此，认为国家的作用最好是保持中立，在经济上，国家不要干预市场经济的运行；在政治上，认为公民应该尽量少参与公共政治生活。

1. 经济上：自由主义主张经济活动是有自己规律的，反对国家干预

在自由主义看来，经济活动是有规律的，国家调控是造成经济不稳定的主

要根源。新自由主义者坚信，只有实行自由市场竞争制度，充分发挥市场机制的作用，才能提供为技术进步所需的多样性、复杂性和灵活性。而国家的宏观管理和干预恰恰阻碍了技术进步，国家采取的任何干预经济的政策和措施归根到底都是徒劳无益的。管得最少的政府是最好的政府，国家不干预经济是对经济最好的管理，要使经济保持稳定，唯一有效的办法是国家听任经济自然发展。当然，并不是所有的自由主义者都主张国家对经济的运行都应听之任之，如罗尔斯就认为国家应该干预分配，但我们也应该认识到，他这种思想有一个前提，即首先要尊重个人的自由与权利。

不仅如此，几乎所有的自由主义者都特别推崇自由至上论和有限政府论。自由至上论把个人自由和社会制约、个人权利与公共权利、个人和集体绝对对立起来，竭力强调前者而反对后者，这些反映了新自由主义政治观点的基本倾向。从自由至上论的政治主张出发，自由主义的有限政府认为政府的权利必须得到限制，管得越少的政府越是好政府。政府和国家在整个经济活动中只能充当“守夜人”的角色，社会的运行应该依靠市场自己自发地进行。

自由主义认为，只有不受约束的自由经济才是有效的经济。对于一个国家来说，政府干预所造成的麻烦比它能解决的麻烦还要多。国家干预经济不仅不能消除经济发展的不利因素，还会限制市场经济的自我完善和自我调节。通过国家计划从宏观上调控经济运行和调节收入分配，经济自由受到破坏，市场无法正常传递信息，私人经济活动受到各种限制，“经济人”的积极性遭到扼杀，就会降低经济效率。而且，国家干预造成限制私人经济活动，不仅会破坏市场经济的自我完善和自我调节，损害市场机制的调节作用，还会导致政治上对民主的破坏，对个人权利的侵犯和个人自由的制约，致使社会动荡不安。所以，只要有可能，私人活动都应该取代公共行为，政府不要干预，即使不得不干预，也是愈少愈好。米尔顿·弗里德曼指出：“对自由最大的威胁是权力的集中。为了保护我们的自由，政府是必要的；通过政府这一工具我们可以行使我们的自由；然而，由于权力集中在当权者手中，它也是自由的威胁。”[42]:4 “为了经济稳定和增长，我们迫切需要的是减少而不是增加政府的干预。”[42]:38 只有在最大程度上不受管制的新资本主义体系，才能够体现个人自由选择的理想，促进社会发展、经济增长和科技进步。他们从极度推崇私人企业制度和自由市场经济出发，大肆攻击社会主义和计划经济，认为实行计划经济的政府是最坏的政府，实行计划经济的结果是“通向奴役之路”①[43]。

2. 政治上：反对公民参与公共政治生活

美国政治家亨利·大卫·索罗在1948年所著的《不服从论》一书中非常直接地说：“最好的政府是根本不管事的政府”，并且“如果政府要你们对别人施行暴政，那么，我觉得你们就不该服从，就要违法”。也就是说，政治国家要尽量少地直接行使权力，要尽量少地干预市民社会的生活，并且，至高无上的是市民社会之中的普通个人的权利，而不是政治国家中的政治权力。

在公民对待国家事务的关系上，新自由主义同样主张中立。既不鼓励公民积极参与国家政治生活，也不鼓励国家去积极争取公民参与政治生活。威尔·金利卡就明确指出，邀请人民按照别人的思想参与政治生活总是不成功的，公民是否参与政治生活完全应当听任他们自己的选择，政府不应当采取某种措施使他们不情愿地参与政治生活。不仅如此，新自由主义者还常常对政治冷嘲热讽。例如，自由主义作家米兰·昆德拉（Milan Kundera）在其《告别了的政党》（Farewell Party）一书中就说：政治是生活中没有意义和最没有价值的活动。政治是浮在表面上的赃物，现实生活则发生在这些赃物的下面。当我戴着橡胶手套触摸妇女的子宫时，我也比那些忘我地关注人类幸福的人更接近生活的真谛。[40]:108

新自由主义的“国家中立”原则还认为，国家没有权利迫使公民从事他自己不愿意从事，但对他自己或国家都有好处的活动。自由主义者主张尽可能地限制国家公共政治生活的范围，同时扩大私人生活的范围。在他们看来，政治进步的国家就是国家范围日益缩小，而公民自由活动不断扩大的过程。所以，他们反对大政府，主张小政府，认为政治范围的扩大及大政府的存在，是滋生权利政治的温床。

自由主义者认为，国家在关于个人的事务上，应当尽可能消极，尤其不能倡导为了公共利益而损害个人利益。正如我们在前面有关诺齐克的最弱的国家的讨论中看到的那样，诺齐克就声称，不应该为了一般的善理念而置权利于不

① 这种观点是哈耶克的。在《通往奴役之路》中他指出，实行计划经济的必然结果是专制主义，必定要通向奴役之路。

顾；促进或维持任何善良生活的理念都不是政府的事务。他举例说，如果国家相信平等是好的应扩展到更大的生活范围，国家根据这一信仰对公民苛税，那么国家就违反了公民的自由权利。这些权利优先于任何其他普遍的善，因而，这样的税收法案与强制劳动系出同一标准，它们都是不道德的。[40]:113

通过以上对自由主义"国家中立"的分析，可以见到，自由主义的"国家中立"实际上是主张一种"弱国家"理论，它强调的重点实际上就是国家不应该做什么。按照自由主义的政治态度，个人与国家只能是一种"冷"的关系而不可能是一种"热"的关系。在本质上分析，"国家中立"的立场仍然是建立在自由主义的个人主义基础之上的。国家中立的最终目的仍在于保证个人的自由，即平等的关心和尊重要求国家在各种善观念之间保持中立。因此，国家不能以任何会促进一种善观念的方式来限制个体自由。[39]:207 所以，"国家中立是令人想望的，因为它是对这种事态唯一非专断的回应……即便可以获得关于美好生活的知识，国家将这种知识强加于其公民，这也是对个人自由这种最高价值的侵犯。当然，当个人自由地选择追求善时，就会产生最好的结果。但是，自由地选择错误比被迫地追求善更可取。中立性是正当的，因为它是对善的这种优先性的实践表达。"[39]:131

小　结

由于自由主义从个人主义出发，把抽象的个人当做是分析和认识政治哲学基本问题的出发点，个人的自由与权利是这种思想的核心概念，且自由主义在论述其基本观点时采取了非历史主义、普遍主义的方法，因而便不能正确理解自由、正义与权利，也不可能真正解决个人与社会之间的矛盾。

同大多数政治哲学理论一样，自由主义也是从个人与社会的关系来构建其理论体系的。但是，由于自由主义坚持个人主义立场，强调个人的自由权利与正义，并把个人看做是先于国家和社会的真实存在，反对国家干预，因而，不能也不可能解决好资本主义社会中个人和社会之间的矛盾问题，自由主义理论是不能协调个人与社会的良性发展的。由于自由主义片面地强调个人，而忽视社会（社群）的存在，忽视了社群对个人的影响与制约，忽视了历史对自由、权利等的影响，夸大了其理论的“普世”性。因此，自从其理论产生的那一刻起，各种各样的批评声就不绝于耳。不仅马克思主义对自由主义思想进行了彻底的批判，而且，在资本主义社会内部也有思想家对之提出了挑战。

在20世纪80年代，人们越来越认识到，对自由主义构成实质性、最重要的挑战来自社群主义。在20世纪80年代后期，由于资本主义社会的各种社会矛盾凸显，尤其是在自由主义、个人主义的负面影响下，公民与社会（社群）的关系一度紧张，为了挽救资本主义这种现代性危机，社群主义思想便应运而生，他们对自由主义进行了彻底批判。桑德尔、麦金太尔、沃尔泽、泰勒等社群主义思想家充分借鉴了亚里士多德与黑格尔的思想资源，对当代新自由主义理论进行了彻底的、深入的批判。在接下来的第三章里，我们将详细讨论社群主义利用整体主义、历史主义和特殊主义的方法论对自由主义进行的深刻批判。

参考文献

[1] 徐大同．当代西方政治思潮——20世纪70年代以来．天津：天津人民出版社，2001

[2] 约翰·格雷．自由主义．曹海军，刘训练译．长春：吉林人民出版社，2005

[3] 安东尼·阿巴拉斯特．西方自由主义的兴衰．曹海军等译．长春：吉林人民出版社，2004

[4] 李强．自由主义．北京：中国社会科学出版社，1998

[5] 罗伯特·贝拉等．心灵的习性：美国人生活中的个人主义和公共责任．翟宏彪等译．上海：三联出版社，1991

[6] 史蒂文·卢克斯．个人主义．阎克文译．南京：江苏人民出版社，2001

[7] 马克思，恩格斯．马克思恩格斯选集．第1卷．中共中央马克思恩格斯列宁斯大林著作编译局编译．北京：人民出版社，1995

[8] 托克维尔．论美国的民主．董果良译．下卷．北京：商务印书馆，1996

[9] Parekh B. Liberalism and Morality. In：Parekh B，Berki R N eds. The Morality of Politics. London：Allen and Unwin，1972

[10] Hobbes T，De Cive. The English Words of Thomas Hobbes. Vol II. London：Sir Molesworth，1839 - 1844

[11] Halévy É. The Growth of Philosophical Radicalism. Vol I. Morris M ed. London，1934

[12] 马克思．政治经济学批判．中共中央马克思恩格斯列宁斯大林著作编译局译．北

京：人民出版社，1976

[13] 爱因·兰德．新个体主义伦理观．秦裕译．上海：上海三联书店，1993

[14] 文德尔班．哲学史教程．下卷．罗达仁译．北京：商务印书馆，1993

[15] MacIntyre A. After Virtue. Notre Dame Ind：University of Notre Dame Press，1984

[16] Rawls J. A Theory of Justice. Oxford University Press，1971

[17] 约翰·罗尔斯．正义论．何怀宏等译．北京：中国社会科学出版社，1988

[18] 姚大志．超越正义与权利——评美国新自由主义．社会科学战线，1998，(5)

[19] 姚大志．打开“无知之幕”——正义原则与社会稳定性．http：//www.legaltheory.com.cn/info.asp? id=9096 [2012-02-20]

[20] 江立成，赵敦华．当代美国的社会正义理论刍议．天津社会科学，1995，(6)

[21] 沈晓阳．西方正义观念的历史演变及其启示．人大复印资料·伦理学，2003，(11)

[22] 罗伯特·诺齐克．无政府、国家和乌托邦．姚大志译．北京：中国社会科学出版社，2008

[23] 缪德阳．试论财富分配中自由与平等的优先性问题——兼评罗尔斯和诺齐克关于分配正义的分歧．人大复印资料·理论经济学．1995，(6)

[24] Berlin I. Two concepts of liberty. In：Berlin I. Four Essays on Liberty. Oxford：Oxford University Press，1969

[25] 何怀宏．寻求共识：从《正义论》到《政治自由主义》．读书，1996，(6)

[26] 吴玉章．论自由主义权利观．北京：中国人民公安大学出版社，1997

[27] 格尔哈德·帕普克．知识、自由与秩序．黄冰源等译．北京：中国社会科学出版社，2001

[28] 邦雅曼·贡斯当．古代人的自由与现代人的自由．阎克文，刘满贵译．上海：上海人民出版社，2005

[29] 萨托利．民主新论．冯克利，阎克文译．北京：东方出版社，1993

[30] 以赛亚·伯林．自由论．胡传胜译．南京：译林出版社，2003

[31] 郝立新．伯林与当代西方政治哲学．哲学动态，1998，(1)

[32] 亚里士多德．政治学．北京：商务印书馆，1996

[33] 罗纳德·德沃金．至上的美德：平等的理论与实践．冯克利译．南京：江苏人民出版社，2003

[34] 约翰·罗尔斯．政治自由主义．万俊人译．南京：译林出版社，2000

[35] 迈克尔·桑德尔．自由主义与正义的局限．万俊人译．南京：译林出版社，2001

[36] Merquior J G. Liberalism，Old and New. Boston：Twayne Publishers，1991

[37] 菲利普·佩迪特．权利，约束与王牌（Rights，Constraints and Trumps）．分析，1987，47

[38] 菲利普·佩迪特．结果主义者能够认知权利（The Consequentialist Can Recognize Rights）．哲学季刊，1988，35

[39] 应奇．自由主义中立性及其批评者．南京：江苏人民出版社，2008

[40] 俞可平．社群主义．北京：中国社会科学出版社，1998

[41] Macdonald D. On The Rightness of Mr Belin，an adulatory review of Isaiah Berlin "Two Concept of Liberty"．Encounter April，1959

[42] 米尔顿·弗里德曼．资本主义与自由．张瑞玉译．北京：商务印书馆，1986

[43] 弗雷德里希·奥古斯特·冯·哈耶克．通往奴役之路．王明毅等译．北京：中国社会科学出版社，1997

第三章　社群优先——社群主义方法论的具体阐释

自由主义思想从其诞生之日起，就遭到了各种对立思潮的批判。尤其是自19世纪以来，自由主义思想遭到了越来越多思想家的批判。在卢梭、黑格尔以及马克思的思想中，都可以发现对自由主义"现代主义前提"（modernist premises）的拒绝，也可以发现一种努力，即用一个关于有机的、在精神上统一的社会秩序的更具社群主义性质的理想，来代替多元世俗社会的自由观念："分裂、冲突和竞争被一个统一而共同的文化思想所取代，而这种文化思想对个人和社群的各种利益进行整合并使之保持和谐。"[1]:51 由此可见，现代社群主义对自由主义的批判并不是什么新鲜事情，这些批判大多只是复活了19世纪对康德的批判而已。虽然现在被作为批判的对象已发生了改变，但不可否认的是，社群主义对自由主义批判的历史相当久远。正如阿米·古特曼在1985年发表的一篇颇有影响的文章中写道："我们正目睹着一场对自由主义政治理论的社群主义批判的复兴。与60年代的批判一样，80年代的这场批判非难自由主义错误地不可救药地陷入了个人主义。但是，这场新的批判浪潮不是上一次批判的简单重复。如果说较早的批判是由马克思所激发的话，那么晚近的这场批判则受到亚里士多德和黑格尔的启发。"[2]

当代社群主义对新自由主义的批判内容虽然涉及方方面面①[3]:151，但其主线却是围绕个人与社群的关系展开的，采取的论证方法与自由主义针锋相对，以

① 有学者把社群主义对新自由主义的批判归结为七个方面：(1) 自由主义假定人是自私或利己主义的；(2) 自由主义为最小国家辩护；(3) 自由主义者强调权利，而不是义务或者责任；(4) 自由主义者相信价值观念是主观的或者相对的；(5) 自由主义者忽视个人的社会性；(6) 自由主义者没有能够发现公共关系的意义；(7) 自由主义错误地认为国家能够并且应该是中立的。但在他们看来，这些社群主义对自由主义的批判都是存在问题的。

整体主义来对抗自由主义的个人主义、以历史主义反对自由主义的非历史主义、以特殊主义抗衡自由主义的普遍主义。对于自由主义从个人主义出发以虚幻的个人为出发点来构建其理论的立场，社群主义认为这不可能成立。在他们看来，每个个人都有他所属的社团和共同体，他的自我认同不是可以任意选择的，而是被赋予的。个人的自由与权利是不可能优先于社群的利益与善的，社群主义认为社群本身就是一种善，个人摆脱不了社群的制约，社群的利益和价值高于个人的自由和权利；对于新自由主义的脱离历史条件的、普遍主义正义理论，社群主义同样也持否定态度，在他们看来正义都是与社会文化环境密切相关的，普遍的、脱离历史的正义理论是不存在的，正义都是受社群的生活和价值所影响和制约的。而且，社群主义指出，建立在个人主义之上的自由主义的“弱国家”理论和“政治中立”立场也会威胁到资本主义社会的稳定，影响公民参与经济政治与社会公共生活的积极性，因此他们也对之进行了批判，在此基础上倡导一种“强国家”理论。

第一节　整体主义的“自我”观——社群主义对自由主义的个人主义批判

以罗尔斯为代表的新自由主义从个人主义立场出发，认为自我优先于其目的和价值，他们假定社会是由独特的个人组成的，每个人都先验地拥有一种作为认同的自我。罗尔斯“无知之幕”和“原初状态”中的个人便是其典型表现。但在社群主义看来，自由主义的这种个人观念在根本上是错误的，这种个人太过于“自由”，脱离了社会与环境的约束，因而是抽象的、不现实的。社群主义认为个人是生活在社群之中的，个人的行为、活动是受社群（社会）关系所制约的，因此，社群是自我的归属。因此，自我不可能先于其目的和价值，自我是由目的和价值构成的。①[4]

① 对于社群主义的这种批评，自由主义作出了如下的回应：首先，在允许自由选择的社会，个人能够审查并修改任何既定的目标（如价值观、信仰、欲望等）；其次，自由主义指出社群主义者混淆了两种主张：一是自我能够改变其所有目标（结果可以完全无目标），二是自我能够在任何时候改变其任何一个目标。这就是说，自由主义者所说的自我优先于目标是指自我能够随时修改具体的目标，因而是能动的，而社群主义者则把无目标的自我强加于自由主义者。

社群主义者指出，自由主义的这种个人观念是虚幻的、抽象的，从这种虚幻的、抽象的个人出发是不可能正确解释政治哲学的基本问题的。如麦金太尔就指出，自由主义的“自我该过于半信半疑，太缺少确定而一贯的确信；有太多的部分系统阐述的选择，而太少有对之进行系统评价的机会”。“在现代自由主义的文化中，在公共的探究论坛和争论论坛上所强行实施的，正是这种对论战之论题方面的抽象和对于介入这种论战之中的那种个人的抽象，因之在大多数情况下也就有效地把各种传统的声音排除在自由主义之外，使人们无法听到。”[5]:520 因此，社群主义者采取整体主义的方法从不同的层面对自由主义的抽象、虚幻自我观念进行了深入的批判。

一、麦金太尔:“叙事”历史中的自我

麦金太尔指出，由于现代性给当代道德带来的危机，有必要对当代道德重新进行认识，而这首先要对“自我”重新进行认识，因而他提出了一种“叙事的自我”观念。在他看来，“现代性的兴起伴随着道德的变迁与破碎，独特的现代道德判断观点突现过程中的相应阶段，也伴随着独特的现代自我概念过程中的相应阶段；所以现在，在界定特殊的前现代美德概念时，也就有必要讨论一下与之相随的自我概念，这个自我概念的统一性存在于一种将出生、生活与死亡作为叙事的开端、中间与结尾连接起来之叙事的统一性中。”[6]:260 而“要成为历经某个从生到死的叙事的主体，就是要说明构成一个可叙事的生活的各种行为与经验。也就是说，对于某人前此的生活中的任何一个时刻的所作所为、遭遇或见闻始终可以要求给予某种解释。”[6]:276

也就是说，我们必须从叙事的历史中才能理解自我及其行为和意图，即在背景（setting）的历史中来把握自我，这一观点也同时体现了其历史主义的立场。麦金太尔指出:“我们不能脱离人的意图来描述行为，而且我们也不能脱离背景来描述人的意图，因为正是背景使得那些意图无论对于行为者本人还是他人都可以理解。”那么，什么又是他所指的背景呢？麦金太尔认为，他是在比较宽泛的意义上来使用“背景”一词的，“一种社会背景可能是一种制度机构，也可能是一种实践，或者，它还可能是其他某人的社会环境（milieu）”。但是，理解背景概念的核心在于，“一种背景就有一个历史，而个体行为者的诸历史不仅

定位于、而且不得不定位于这个历史的范围之内，因为没有背景及其历史变化，个体行为者及其历时变化的历史将是不可理解的”[6]:261。由此可见，麦金太尔的主要意图在于揭示自我的历史性。

为了进一步揭示自我的历史性，麦金太尔指出，只有理解了自我的行为和意图的历史性才能更好地把握自我的行为。首先，只有在把握自我意图历史的基础上才能更好地理解自我的行为。如要回答“某人在做什么?”的问题，会有一系列不相矛盾的回答——“写一个句子”，“完成他的书稿”，“为研讨会撰稿”，“试图获得终身教职”。麦金太尔指出，在这里，“我们可以按照所指涉的时间绵延来给各种意图排序。每一种较近期的意图只能通过参加某些较远期的意图才是可以理解的；而且，只有当依据较近期意图对行为的描述也是正确的时候，依据较远期意图对行为的描述才可能是正确的。因此，只有当我们了解了被援引的各种较远期和最远期意图及其与较近期意图的关系时，才能够充分适当地描述行为。于是，我们再一次被卷入撰写一个叙事的历史。”[6]:262

其次，只能在两种或隐或显的历史的语境才能确认一特定的行为。一是“将行为者的各种意图，按照它们在这个行为者历史中的作用而置于因果的和时间的秩序当中；二是参考这些意图在它们所属的一种或多种背景中的历史中的作用。”而“当我们这样做的时候，当我们在确定行为者的各种意图在一种或多种方向上有什么样的因果效应、他的近期意图怎样成为或没有成为远期意图的要素的过程中，我们自己也在续写这些历史。一种特定的叙事历史结果成了描述人类行为的基本的和本质的样式。”[6]:63,264

通过上述分析，麦金太尔指出他的论证不同于当代那些构建了各种行为理论的分析哲学家们的观点。当代分析哲学家、自由主义者在描述人的行为时忽视了自我意图的历史性，即他们的理论是“以人的‘一个’行为的概念为核心。也就是说，自由主义哲学家描述人的行为的出发点是单个的人，这样一来，人的诸事件的演进过程就被看成是诸个别行为的一个复杂的序列。”[6]:264但实际上，将人的诸行为个体化是难以理解的。

而且，在麦金太尔看来，人的行为之所以是可理解的，基于这样一个事实，即“我们在这个领域里的话语与实践之所有区分当中，人与其他存在物之间的区分是最基本的区分。人能够解释他们作为作者所撰述的东西；而其他存在物则不能。”[6]:265即是说，“将特定的事件放到一系列叙事性的历史的语境中，这些历史同时包括所涉及的各个个人的历史和他们在其中活动与经历的背景的历史。”[6]:268以这样一种方式来使他人的行为能够被理解。但同时，是因为行为本身具有一种基本的历史特征。“而叙事形式对于理解他人的行为之所以是适当的，是因为我们全都经历了我们生活中的叙事，而且就依据我们所经历的叙事来理解我们自己的生活。故事在被讲述之前就被人们活生生地经历过——虚构的除外。”[6]:268

麦金太尔指出：“我所谓的‘一个历史’乃是一个戏剧性的故事，其中的角色同时也是作者。角色们当然从不严格地从一开始就进入叙事；他们从叙事的中间插入，通过过去发生的人和事，故事的开端已经产生并朝着他们前进。”[6]:272当然，真实人物的叙事不同于虚构角色的叙事，在真实人物的叙事中，“他们不可能随心所欲地开始，也不可能完全随心所欲地继续；每一角色都受到其他角色行为以及作为其行为之先决条件的社会背景的制约。”[6]:273因此，人在本质上是一个叙事的存在者，即“人不仅在他的小说中而且在他的行为与实践中，本质上都是一种讲故事的动物。”[6]:274但人不是天生就是一个讲故事的人，而是通过他的历史逐渐变成了渴望真实的讲故事者。“因此，除了通过构成社会之最初戏剧资源的那些储存的故事，我们无从理解任何社会，包括我们自己的社会。”[6]:274

在马克思主义看来，人的本质是自然属性与社会属性的统一，“叙事”仅仅是人自然属性的一个方面，不能够囊括人的本质；人的本质更多是体现在其社会属性方面，而这恰恰是麦金太尔所忽视的。

麦金太尔还指出，叙事性的自我概念的需要是双重的：一方面，我是在我历经从生到死的故事的过程中被他人所合理地认为是的那个存在；我是一个历史的主体，这个历史是我自己的而不是任何其他人的，并且有其自身独特的意义。[6]:276另一方面，叙事性的自我观念有下述论述相关，即“人格的同一性正是角色统一性的先决条件，而角色统一性又是叙事统一性所必需的。没有这种统一性也就不存在任何可被讲故事的主体。”也就是说，“我不仅自己能够解释，而且还总是能够要求别人给出一种解释，能够向别人提出这种问题。我是他们的故事的一部分，正如他们是我的故事的一部分。任何一个生活的叙事都是相互连结的叙事系列的一部分。”而且，这种对解释的要求与给予本身在构成叙事的过程中作用重大，“没有自我的可解释性（accountability），构成所有最简单、最基本的叙事之诸事件的那些连续就不可能发生；而没有自我的可解释性，叙事就会丧失使叙事以及构成叙事的行为具有可理解性所必需的那种连续性”[6]:277。

但麦金太尔指出，他并不是主张，“叙事概念或可理解性概念或可解释性概念比人格同一性概念更为根本。叙事、可理解性与可解释性诸概念预设了人格同一性概念的适用性，正如它预设了它们的适用性，也正如所有这三个概念各自都预设了其他两个概念的适用性。它们的关系是一种相互预设的关系。由此显然可以推知，独立于叙事、可理解性与可解释性概念去阐明人格同一性概念的任何尝试都注定要失败。”[6]:277 由此可以得知，“人生的统一性就在于那体现在某个单一生活中的叙事的统一性”，或者说“人生的统一性就是一种叙事探寻的统一性。”麦金太尔认为，“把人生作为一个叙事统一体来思考，就是以一种与现代文化中主导性的个人主义与科层制模式完全不同的方式思考。”[6]:288

不仅如此，麦金太尔还指出，这种叙事的自我也离不开一定的历史传统。他认为，“无论我们是谁，我们都只能从我们与某种特殊的社会与文化的过去之关系所提供的制高点开始探索，通过这种关系，我们业已使我们自己附属于某一特殊的探究传统，把这一探究延伸到了现在：作为亚里士多德的探究传统；奥古斯丁式的探究传统；托马斯主义的探究传统；休谟式是探究传统；后启蒙运动的自由主义探究传统；或者作为其他的探究传统。”[5]:524 “关于自由的自我问题，自由主义者们只知道把他或她作为单一的自由意志存在来加以表达，却不知道这种剥离了各种社会实践关系和历史生长过程的所谓个体，既缺乏自我解释的‘自我性概念’和人格认同依据，也不可能真正成为自由主义者所期待的能自觉认同、服从和忠诚于所谓正义规则的道德者。”[5]:21

当然，无论是叙事的历史，还是传统的历史，都只能存在于一定的社群之中，离开社群就无所谓历史了。因此，从本质上来说，麦金太尔的自我是受社群关系所制约和约束的自我，也就是说，自我只能通过其生存的社群才能够获得其社会地位。正如麦金太尔指出的那样，“自我经常是、或许永远是，通过冲突获得其社会定义的。但这并非如某些理论家所设想的那样，自我无非就是或成为它所承担的社会角色。作为与其角色有所差异的自我，他有一个历史，一个社会性的历史；而当代情感主义的自我的历史，只有作为漫长而又复杂的发展过程的最终产物才是可理解的。”[6]:39 “诚然，把自我及其角色的历史与由我所载明而角色借以表达之语言的历史割裂开来，是完全错误的。我们所发现的是一个单一的历史，而非平行发展的两个历史。”[6]:45

二、自我不可能先于目的——桑德尔对罗尔斯虚幻道德主体的批判

罗尔斯在为正义的首要地位作辩护时，强调权利对于善的优先性。因此，在追求他们各自不同的目标的过程中，个人或人们之间的各种关系应接受某种正当观念的调节，而不应该比如说受政治风波的影响。在桑德尔看来罗尔斯的上述观点中隐含着这样一个假定，即的确存在着某种先于其“目的”的“自我”。对于此，桑德尔评论说：

第一，自我相对于其目的而言具有优先性，这意味着，我并不仅仅是由经验产生的各种累积的目标、特征和目的的被动储藏所，也不只是各种环境条件的偶然变化的产物，而总是一个不能被还原的主动的、欲望着的行为主体，我作为这样一个行为主体，是与我的环境有区别的，并具有选择能力。[7]:19

桑德尔指出，自我可以在两种意义上优先于其目的：第一种是在“道德”意义上，如果我们把自我看做是自主的，而且，如果我们赋予自我以它所属的那个人的尊重，而我们对人的看法又是，他是“超越于他所扮演的角色和他所追求的目的的尊严的承载者”[7]:20；那么，我们就必须把自我看做是先于它所选择的目的。在第二种意义上，如果自我本身是能够“被独立地加以确认的”[7]:20，那么他就必须先于它所肯定的目的。在桑德尔看来，这是一个认识论的要求。而且在他看来，对于罗尔斯而言，我们能够以这种方式确认自我，这一点很重要。

桑德尔指出，罗尔斯认为自我必须被看做是大于“各种偶然的愿望、欲求与需要的结合”[7]:20。但如果自我只是这些愿望、欲求、需要的结合，那么，我们就很难对隐藏于我们所能看到的全部“人格属性”背后的各个不同的自我加以区分。如果自我只是各种愿望和目的的集合，那么，我们把这些愿望和谜底

的归于它的那个自我又是什么呢？而且，如果自我总是由它的属性所能充分地构成的，那么，就以我为例而言，我的环境条件的任何变化都将改变我所是的那个人：我的各种属性并不是我的拥有物，而是构成了界定我作为一个人是谁的诸规定性。否则，在主体和拥有的客体（对象）对象之间就不可能有任何分别，我们就不可能对我是谁和我拥有什么做出区分，于是，我们所剩下的也就是一个“完全情境化的主体”（radically situated subject）[7]:21。

第二，自由主义把个体理解为一个完全与其经验给予性特征相分离的自我在理论上是站不住脚的。桑德尔指出，自由主义对人的这种理解方式，在本质上无非是一个抽象而已，它把人理解为一个“完全抽象化的”主体，这种主体构成了与“完全情境化的”主体相对立的一极。[7]:21 这样的一个主体不可能进行理性的选择。它被剥夺了所有的经验，因而也就丧失了动机和思维的能力。如此将主体与经验彻底分离所付出的代价，是将人的本质理解为任意性的。桑德尔认为罗尔斯在原初状态中隐含的对人的理解实际上是把人理解为一个没有选择能力的“完全抽象化的主体”。“原初状态中的人的概念太形式化、太抽象化了，也与偶然性分离得太远，因而不足以说明必要的动机因素是什么。”[7]:27-28

而且，对自我和目的的任何说明，都必须阐释清楚自我是如何与它的目的相互区分，又如何与它的目的相联系的。“没有第一个方面，我们就剩下了一个完全情境化的主体；没有第二个方面，我们就只剩下了一个完全抽象化的主体。”而罗尔斯对这个问题的解决方案隐含在对原初状态的设计中：它把自我看做是“一个占有的主体”[7]:175。自我是其各种属性和目的的占有者。在这种占有状态中，自我与其目的相分离但又不是彻底地分离。因此，罗尔斯的自我是这样一个主体，其身份的确立不依赖于它所拥有的东西——也就是说，不依赖于它的利益、目的及其与其他主体之间的关系（因为在原初状态中，所有的人都被假定为彼此不相关的）。既然如此，自我又是如何与它的目的和它的各种属性发生关联的呢？在罗尔斯看来，是通过选择。自我选择着它的目的：它愿望（wills）着与这些目的的关联。“因此，一个道德意义上的人，是一个拥有他所已选择了的目的的主体，他对这样的条件产生的基本的偏好，这种条件使他能够去构造一种生活模式，而这种生活模式在环境允许的条件下最充分地表达了他作为一个自由平等的理性存在物的本性。”[8]:561

但在桑德尔看来，罗尔斯对自我及其目的的关联的这种说明是经不起推敲的。首先，在任何意义上说，罗尔斯的人都不具有选择的能力；其次，罗尔斯所捍卫的正义理论并不依赖于作为可以独立地加以确认并先于其目的的那种自我概念，而是依赖于一种关于自我的“主体间观念”(inter-subjective conception of the self)。

第三，人们所生活的共同体规定着个人及其拥有的特征。任何个人都不能脱离一定的社会共同体而存在，个人的认同和属性正是由他的“身处其中的社会所规定的”，是社会的产物，“对于我们来说，共同体描述的，不只是他们作为公民拥有什么，而且还有他们是什么；不只是他们所选择的一种关系（如同在一个志愿组织中），而是他所发现的依赖；不只是一种属性，而且还是他们身份的构成成分”[7]:150。此外，自我不可能先于其价值和目的，正是价值和目的决定着自我，这些价值和目的并非是先天形成的，也是由社会的历史文化塑造出来的。

总之，在桑德尔看来以罗尔斯为代表的新自由主义个人观念颠倒了个人与社会（社群）的关系。任何个人都不能脱离社群，个人的认同和属性是由他所在的那个社群决定的。因此，个人是社会的产物。具体地说，罗尔斯等人假定自我先于其价值和目的，而桑德尔则认为，自我不能先于其价值和目的，正是由这些价值和目的决定着自我。而这些价值和目的并非是先天地形成的，而是由社会的历史文化所形成的。任何人都不能自由地选择这些价值和目的，对于个人来说，这些价值和目的是构成性的，它规定了这个人之所以为这个人，而不成为那个人。

三、道德空间中的认同自我——泰勒对自由主义自我观的批判

在泰勒看来，自由主义的实质就是个人主义，个人主义构成了17世纪以来迄至当代自由主义的共同理论基础。泰勒将这种个人主义称为“原子主义”，其基本特征就是强调自由的个人及其权利对社会的绝对优先性，表现为一种“权利优先论”；其基本理论预设是把社会看做是由原子式的个人组成的，而人本身则被看做是不需外求、完全自足的自我，而且这种自我独立于社会之外并不受

社会现实所制约。在《哲学与人的科学：哲学论文集二》（1985年）中，泰勒对自由主义的这种原子式自我进行了系统的批判，他指出：政治原子主义把归属于个人的某些权利当做是最基本的原则，否认人们归属于或维持某种形式的社会责任原则；自由主义者是原子主义的，因为他们把“个人选择自己的生活方式的自由置于绝对核心的重要地位”；然而，人不可能在社会之外从这种选择中发展自身的能力，从而真正获得这样的自由或权利，也就是说，人们必须在社会中被赋予这种自由选择的能力；因此，人们应当属于或维系于这些形式的社会；总之，政治原子主义是错误的，因而是站不住脚的。[9]:187-210

泰勒把诺齐克视为这种原子主义的典型代表，认为正是基于一种极端的个人主义哲学基础之上，诺齐克建立起个人权利至高无上、神圣不可侵犯的“权利正义论”，在这种“权利正义论”中，个人的权利是无条件的，而个人对他人和社会应负的责任和义务是有条件的。针对诺齐克等人的观点，泰勒针锋相对地指出，不能假定个人是完全自足的、在社会之外的自我，这主要是因为[10]:217-219：

第一，人之所以区别于其他动物，确实是因为人有各种道德能力，诸如自主制定生活计划、做出各种理论判断与选择能力等，但这些能力正是在社会中培养和发展起来的，是社会现实条件的产物。离开了现实的社会生活，人们就不能形成各种能力，承担道德与权利。换句话说，个人不可能脱离社会，社会之外不可能存在真正的个人。

第二，自我及其认同不是靠自身确定的，不是“自我的独白”，“人类生活的本质特征就是其根本性的对话特征”，“我的认同本质性地依赖于我和他者的对话关系”，“认同和自我是在有意义的他者持续的对话和斗争中形成的”。也就是说，一个人不能基于他自身而形成自我及其认同，自我及其认同存在于与他人的社会联系与交流之中，并通过作为某一社群的个人的成员资格而被发现的；自由的个人或自在的道德主体，只有在特定的社群的共同的文化关系与传统中才能形成与维持其认同。概括而言，自我不是完全自足的，而是依赖于“他者”，必然地受“环境”规定，由社群决定的。

第三，由于原子主义的“自我观”的错误，因而建立在其上的权利正义论也就失去了坚实的基础，同时，把权利看做是无条件的、优先的、第一位的，这种观点本身也是错误的。因为，权利与义务总是相联系的，不存在无条件的权利，权利总是伴随着一定的义务。如果说个人权利是无条件的，那么个人义务也是无条件的，况且权利的主体不仅包括个人，还包括集体。个人权利不可侵犯，集体的或社群的权利如少数民族的权利同样也是不可侵犯的。

泰勒指出，个人作为一个自主的主体，只有在社群中才能发展起来。自由主义认为自我或个人本质上是绝对自由的，可以独立于社会现实，无关于其社会角色，这完全是自欺欺人。因为完全的自由是一种空洞的状态，在这种状态中什么事情也不值得做。按照泰勒的解释，自我的自由不是天生的，而是在环境中形成的（situated）。没有一切外部制约而达到自由的自我是毫无个性的，从而也没有确定的目的。自我的目的隐藏在个人的理性和创造之中。正是现实环境规定我们的目的，塑造我们的理性，激发我们的创造性。企望使社会现实环境从属于自由的自决（self-determination）最终必将落空。自由的自决这种需要是非决定性的，它不能为我们在现实之外的行动规定任何具体的内容。

泰勒声称，许多自由主义理论都基于“原子主义”和一种“明显错误的道德心理学”之上，因而误认为个人在社会之外是自足的。按照这种原子主义的理论，个人为了发展和实施自我决定的能力，不需要任何共同背景。而泰勒指出，要实现这种能力，必须要在特定社会环境里才有可能。[11]:449 也就是说，个人作为一个自主的主体，只有在社群中才能生存。自由主义那种在本质上绝对自由、可以独立于社会现实之外而又无关其社会角色的抽象自我观念或虚幻个人完全是自欺欺人，是虚幻的，在现实中是根本上不存在的。为了与自由主义的原子主义的自我观相区别，泰勒论证了其道德空间中的认同自我观，实际上就是生活在社群之中的自我。

泰勒批评自由主义的无拘无束的自我为自然主义的还原论，这种自我脱离了道德框架，而摆脱了道德框架约束的自我是不能够获得其认同的。在他看来，要获得自我的认同，首先必须回答诸如“我是谁”这样的问题。而要“知道我是谁，就是知道我站在何处。我的认同是由提供框架或视界的承诺和身份规定的，在这种框架和视界内我能够尝试在不同的情况下决定什么是最好的或有价值的，或者什么应当做，或者我应赞同或反对什么。换句话说，这是我能够在其中采取一种立场的视界。”[12]:37 也就是说，只有在一定的社群道德框架之中，个人即自我才能获得其身份的认同。

但在当代，由于自由主义的自我缺乏这样的框架或视界，所以出现了"认同危机"，即人们不知道自己是谁，也没有方向感。反之，"失去这种方向感，或者没有发现它，就是不知道自己是谁。而且，这种方向感，一旦获得，因而就规定着你从何处回答你的认同问题。"泰勒把这种基本的道德方向感理解为能够自我回答的人类对话者的本质特征。[12]:40

在泰勒眼里，脱离一定道德框架或缺乏道德方向感的人是不可想象的。根据他对认同的理解，他认为"脱离了所有框架的主体肖像，对人们来说更表现得是一名处在令人震惊的特性危机状态中的人。这种人不知道他立足于何种根本的重要性问题之上，在所有这些问题中没有方向感，自己不能对它们做出回答。……根本没有框架的人，不在我们的对话空间内；他没处在我们大家所在的空间内。"虽然"道德视界中的功利主义生活，靠其自身的道德理论是得不到详尽阐明的"是功利主义的最大弱点，但是，"一旦人们意识到人类主体是怎样不可避免地处在这种道德的空间中，就能明显地看到，功利主义者只是我们中间的一种，而自由主义者想象的主体只不过是怪物而已。"[12]:42-43

泰勒指出，如何来定义自我就是要回答"我是谁这个问题"，而这个问题在说话者的交替中发现其原初含义。即我通过我从何处说话，根据家谱、社会空间、社会地位和功能的地势、我所爱的与我关系密切的人，关键地还有在其中我最重要的规定关系得以出现的道德和精神方向感，来定义我是谁。[12]:49 泰勒批评自由主义的自我是一种先验的自我，这种自我忽略了自我与他人的任何必要的联系，因而是一种幻觉。泰勒指出："自我是拥有身份（或正努力发现一种）、有必要深度和复杂性的存在。"[12]:44 也就是说，自我与自我的认同密不可分，这种认同的自我具有如下特征。

1. 主体性

认同的自我是具有主体性的自我，这种自我既不同于现代的某些流派，也不同于主流心理学和社会科学中的自我概念。"与我们对认同的需要相关的自我概念，意指突出人类主体性的这个关键的方面，在没有趋向善的某种方向感的情况下我们无法获得这个概念，正是依靠它我们每个人才本质上（即至少特别是规定我们自己）拥有立场。"为了更好地理解这种认同的自我，泰勒列举了客体的四方面特征，以便把自我的主体性同通常意义上的客体区别开来。在一般意义上，客体具有以下四个特征[12]:46。

(1) “绝对地”看待客体，那就是，其意义并不是对我们或其他主体而言的，而在于它是基于其自身的（“客观地”）。

(2) 客体是独立于任何主体所提供的任何描述或解释的。

(3) 客体原则上可以靠清晰的描述把握。

(4) 客体原则上可以在不涉及其环境的情况下得到描述。

在泰勒看来，前两个特征与伟大的17世纪自然科学革命中的一个中心特征相一致，即我们应停止试图用主观的、以人类为中心的或以“第二性”的性质来解释我们周围的世界。

对于客体的第二特征，泰勒认为虽然客体是独立于任何主体所提供的任何描述或解释的，但自我部分地是由自我解释构成的。“研究一个人就是研究这样一个存在，他只存在于某种语言中，或部分地由这种语言所构成。”[12]:48 泰勒进一步指出：“使我现在的行为有意义，就要求叙述性地理解我的生活，我成为什么的含义只能在故事中才能提供。而且，当我规划我今后的生活，同意现存的方向或换一种新方向时，我就在规划未来的故事，这不只是临时性的未来状态，而是取决于我整个生命的方向。”也就是说，自我的存在离不开其赖以生存的叙事语言，泰勒的这种观点与麦金太尔的“叙事自我观”有相似之处。

但语言又只能在自我生存的共同体中才能得到保存和延续，因此，这又自然地引出了自我的另一特征，即群体性或社会性。

2. 群体性或社会性

泰勒指出，自我不是孤立的、独立于社会之外的。一个人只有在与其他人的交往中才是自我。“在不参照他周围的那些人的情况下，自我是无法得到描述的。而且，自我的现代独立性并不否定自我只能在其他自我中存在这个事实。”[12]:48-49

虽然泰勒认识到自我离不开其他自我而存在，但他的理解主要侧重于人与人之间的语言交往层面，而忽视了社会关系这一实质。他认为：“一个人不能基于他自身而是自我。只有与某些对话者的关系中，我才是自我：一种方式是与那些对我获得自我定义有本质作用的谈话伙伴的关系中；另一种是在与那些对我持续领会自我理解的语言目前具有关键作用的人的关系中——当然，这些类别也有重叠。自我只存在于我所称的‘对话网络’中。”[12]:50-51

“我们或许以急剧的变化平衡我们的认同定义，把给定的、历史性的共同体当作极化了的认同加以废黜，只与由固守善所规定的共同体（得救者、真正的信仰者或智者的）相联系。但是，这并没有割断我们对话网络的依赖。变化的只是网络和我们依赖的性质。”[12]:56

3. 与善的共存性

泰勒指出，我们作为自我，不是我们在具有有机体的意义上是自我的，或者，在我们有心和肝的意义上我们并不拥有自我。我们是具有这些器官的生物，但这些器官是完全独立于我们的自我理解或自我解释或对我们具有意义的事物的。但是，我们只是在进入某种问题空间的范围内，如我们寻找和发现善的方向感的范围内，我们才是自我。[12]:47 “我们的自我存在本质上与我们对善的理解相联系，而且我们在其他自我中获得自我性质。”[12]:76

实际上我们知道，决定个人与社会关系的关键性因素在于生产关系，而语言只是人与人之间交流的一个中介而已。泰勒看到了个人对于社会的依赖，但他未领会马克思主义唯物史观的“人的本质在其现实性上是一切社会关系的总和”这一论断的真正含义。

第二节　正义的历史性与特殊性——社群主义对自由主义非历史主义与普遍主义的批驳

在社群主义者眼里，罗尔斯对正义原则的论证，是一种典型的普遍主义的论证，也即他是从抽象的非历史的个人出发，推出一种普遍主义的结论，尽管他的差异原则暗含了对绝对普遍主义原则（平等自由原则）的修正。他还是直言不讳地表达了自己的普遍主义，他说：“从原初状态的观点来看我们在社会中的地位，也就是从永恒的观点来看殊相：即不仅从全社会而且也从全时态的观点来审视人的境况。永恒的观点不是一个从世界之外的某个地方产生的观点，也不是一个超越的存在物的观点；毋宁说它是在世界之内的有理性的人们能够接受的某种思想和感情形式。一旦人们接受了这种思想和感情形式，无论他们属于哪一代人，他们都能够把所有个人的观点融为一体，都能够达到那些调节性的原则，并且是根据他自己的观点肯定它们。心灵的纯洁，如果一个人能够得到它的话，也许将看清这一切，并且将根据这种观点把一切做得轻松自如。”[13]:591他在这里想表达的意思就是，他所建构的正义原则是放之四海而皆准的普遍原则。

不仅如此，罗尔斯还把正义原则当成是社会制度的首要原则。在《正义论》的开篇他就指出：“正义是社会制度的首要美德”，是在评价社会基本结构和社会变化的整体倾向时唯一最为重要的考量。“正义是社会制度的第一美德，正如真理是思想体系的第一美德一样。一种理论，无论它多么精致、简洁，如果它不真实，就必须加以拒绝或修正；同样，如果法律和制度不正义，无论它们多么有效率、有条理，都必须加以改造或废除。……作为人类活动的首要美德，真理和正义是决不妥协的。”[8]:3-4 “我试图建立一种理论，以使我们能够理解和估价这些关于正义的首要性的情感。结果便是作为公平的正义：它阐明了这些意见，支持着它们的一般倾向。”[8]:586

由此可见，社群主义认为自由主义者继承了启蒙主义的思想传统，把个人自由和社会正义当做是普遍性的抽象原理，但从政治哲学的视野来看，这种观念似乎是脱离特定生活方式的“自然人”所具有的。作为自由主义基础的抽象个人观念以及由此而构建的虚幻正义、自由与权利观念，在道德上将会导致虚无主义和直觉主义，因而面临不可能实现的困境。针对罗尔斯关于正义原则首要性与普遍性论证，社群主义从各个方面进行了釜底抽薪式的批判，下面就来做具体分析。

一、麦金太尔的批评

如前所述，社群主义思想的源头最早可以追溯到古希腊的亚里士多德，作为社群主义思想的先驱，他也非常关注社会公正问题。他曾说：“公正不是德行的一部分，而是整个德行；相反，不公正也不是邪恶的一个部分，而是整个邪恶。”但亚氏不是在一般意义上谈公正，他的公正是与城邦共同体、善或共同利益联系在一起的。他指出：①公正存在于那些总是与善同在的人们中[14]:116，而“要想成为一个善良之邦，参加城邦政体的公民就必须是善良的”[14]:262。在这里，亚氏是从公共善的视角寻求公正的可能性。②公正是与城邦相互依赖的。首先，只有人的行为公正，才能形成城邦良好的相互性人伦秩序。城邦的政治以公正为基准[14]:7，没有公正德性的城邦，就没有共同利益和建立在共同利益基础之上的共同生活的城邦，这种城邦是不配享有城邦之名称的。其次，公正的行为，公正的公民关系，公正的城邦共同体秩序，都不过是城邦得以自足的手段，不过是城邦实现优良生活的基本条件。公正虽然是城邦公民的完满德性和城邦共同体的根本目标，但公正相对于城邦自足生活的目的而言，仍然只是城邦目的链条上的一种低层次目的，或者是实现总目标的手段。公正乃关于公正的人或事之判定[14]:8，此裁定公正与否，也取决于其判定是否有利于城邦优良生活；妨碍城邦公共善而达成的裁定无从讲公正。可见，城邦公共善内在地决定了公正的价值。

当代社群主义的主要代表人物之一麦金太尔在吸收借鉴亚里士多德思想的基础上对以罗尔斯为代表的新自由主义理论进行了较为彻底的批判。

1. 对普遍主义、历史主义的分析

对于新自由主义的普遍主义倾向，麦金太尔从三个方面进行了分析。

第一，社会科学中并不存在规律般的普遍性概括，即使有，这些所谓的普遍性概括也缺乏对未来的预见力。麦金太尔以现代社会科学家提出的四个普遍性概括①为例来说明这些普遍性概括具有三个显著特征，首先，它们都与其学科中的各种公认的凡例共存，并且承认这些凡例——即使不被普遍性概括的作者本身所承认，至少被同一领域的同事所承认——似乎并不影响这些普遍性概括的地位，丝毫不像物理学或化学那样普遍性概括的地位会受到影响。其次，这些普遍性概括不仅缺乏普遍的限量词而且缺乏范围上的限定词。再次，这些普遍性概括并不以物理学与化学中类似于规律的普遍性概括的方式，蕴涵任何明

① 这四个普遍性概括是：第一个是詹姆斯·C. 戴维斯的著名观点，它将脱克维尔对法国大革命的观察普遍化为有关阶级革命的一般概括，亦即先是各种期望的勃兴并得到某种程度的满足，然后当期望持续增长时接踵而至的是一段停滞期，最后各种期望猛地全部落空，这时革命就发生了。第二个是奥斯卡·纽曼的普遍性概括，即高层楼房的犯罪率随层数增加而上升直到第十三层，十三层以后则开始下降。第三个是埃贡·毕特纳的发现：人们对体现警察工作的法律意义的理解存在着差异。第四个是由罗萨林与费耶阿本德所提出的观点：现代化程度最高和最低的社会乃是那些最稳定和最少暴力的社会，而那些处于现代化进程之中间点上的社会却最易于发生动荡和政治暴乱。[6]:113-114

确的反事实条件句集合。就是说，从这些所谓普遍性概括论断特征来看，社会科学中亦不存在具有普遍性规律的东西。

第二，既然在当代社会科学中不存在普遍规律性的东西，那么显然，当代新自由主义的政治哲学理论也就不像他们所宣称的那样可以放之四海而皆准了。麦金太尔指出，人们在追求所谓普遍性的道德的时候，不能够把特殊性简单地抛在一边或抹杀掉。“摆脱特殊性进入那种属于人本身的全然普遍原则的领域，这种观念无论以18世纪康德哲学的形式出现还是以现代某些分析的道德哲学的面貌出现，都是一种幻象，并且是一种伴随着沉痛后果的幻象。当人们过于轻易、过于彻底地将事实上是其部分的、特殊的事情与某种普遍原则的事情相等同时，他们常常得不偿失。”[6]:280-281

第三，从自由主义对爱国主义的拒斥也可见当代自由主义的普遍主义幻象。麦金太尔指出：“自由主义者对于爱国主义经常——并不总是——持一种否定或敌对的态度，部分是因为他们自认为他们所信奉的价值观是普遍的而非地方性的或特殊的。”而事实上，自由主义的价值观只能存在一定的范围内，也即要受共同体制约。

在《谁之正义？何种合理性？》中，麦金太尔对自由主义的普遍主义也进行了批判，并且指出自由主义本身也是一种历史的传统。他指出：“然而，对于我们来说，头等重要的是记住，建立一种社会秩序形式的谋划（在这种秩序中，通过借助真正普遍的、不依赖传统的规范，个人可以将他们从传统的偶然性和特殊性中解放出来），过去是而且现在还不仅仅是（或主要不是）哲学家的谋划。它过去是，现在依然是现代自由个人主义社会的谋划，而我们相信不依赖传统的合理性普遍性之希望的最有说服力的理由，则源自对这种谋划历史的一种幻觉。因为在这一历史进程中，自由主义（始自求诸于那种自称的共享合理性原则来反对它所认为的传统暴政）自身已转化成了一种传统（其延续部分地由对这些原则没完没了的论战所确定）。”[5]:439-440

因此，“在任何一种合理探究传统的立场与那些占支配地位的当代教学、讨论和争论——既有学术性的，也有非学术性的——样式之间，有一种深刻的不相容性。在一种传统的立场要求认识不同类型的在用语言——通过这些语言，各种不同类型的论证才能进行——的地方，现代自由主义文化论坛的立场却预先假设对所有说话者来说存在一种共同语言的可能性，或者至少存在一种语言到另一种语言的可译性可能。当一种传统的立场承认相互竞争和冲突的合理理解之间的基本争论时，现代自由主义文化论坛的立场却预设了那种共享的——即使是未公式化的——普遍的合理性标准之虚构。而当一种传统的立场只能以历史和历史的境况性之解释——既是对这些传统本身的解释，也是对那些介入到与这些传统的对话之中的个体的解释——方式可能得到表达时，现代自由主义文化论坛的立场却预设，一个人的历史与他作为一论战参与者的身份毫不相关。我们在这种抽象于且被剥夺了我们历史之各种特殊性的论坛上相互遭遇”[5]:522。

这就必然推出，“只有通过遏制或颠覆自由主义的论战样式，特属于各种探究传统的合理性本身才能充分地重建，从而有效地向自由主义的文化霸权和政治霸权挑战。”“自由主义——它以抽象、普遍的推理原则之名义来摒弃传统作为其开始，结果以它自身变成具体的政治权力而告终——其无能把关于那些普遍原则的本性及语境的讨论进行到底的失败，产生了为它所始料不及的效果，即把自由主义变成了一种传统。”[5]:457

通过分析当代西方道德的无序状态及解决方式，麦金太尔阐明了什么是历史主义。麦金太尔认为当代西方的道德正处于一种无序的状态，因而需要重新进行构建：“我要提出的假设是，我们身处其中的现实世界的道德语言，同我所描绘的这个想象世界的自然科学的语言一样，处于一种严重的无序状态。”[6]:2

但“当今占统治的分析哲学或现象哲学，都将无力觉察现实世界中的道德思想和道德实践的无序状态，如同它们面对想象世界中科学的无序状态时无能为力一样”。那么如何来解决目前道德的无序状态呢？麦金太尔认为，其先决条件乃是理解历史，“一种必须以三个截然不同的阶段来撰写的历史。第一阶段是自然科学的繁盛时期，第二阶段是其遭受浩劫的时期，第三阶段则是以残缺和无序的形式重建自然科学的时期”。但这种历史必须涵盖了某些标准，即“它不是一种价值中立的编年史。这种历史叙述的形式、阶段的划分都隐含了成功与失败、有序与无序等标准。”[6]:3

即使当代分析哲学家所采用的论证的确具有不可或缺的历史，但是，“只有在一种特定历史探究类型的语境内，这样的论证才能支持哲学家最希望为之辩护的有关真理与合理性的那类申言。”[6]:338 麦金太尔指出，如果人们想要寻找资源来研究论证当代西方道德的无序状态，“就不得不询问，我们是否能够在诸如黑格尔与柯林武德那样的作家（他们彼此当然也是迥然不同的）所提出的哲学和历史的类型中，找到我们在分析哲学或想象学学哲学中不可能找到的资源。”[6]:序言3

由于新自由主义忽视了历史的作用，因此不可能对当代道德争论的主题及其历史渊源作出正确的分析。对于此，麦金太尔进行了详细的阐述和梳理。麦金太尔指出“当代道德话语最显著的特征乃是它如此多地被用于表达分歧；而这些分歧在其中得以表达各种争论的最显著的特征则在在于其无休止性。”[6]:7 对于当代道德的无休止争论，麦金太尔把它们归纳为以下三组争论[6]:7-9：

1

(a) 一场正义的战争是这样一场战争：人们从中获得的善超过开战所造成的恶，并且能够在其中清楚地区分生死悬于一线的战斗人员与无辜的平民。但在现代战争中，对未来逐步升级的情况估计极不可靠，并且不可能在战斗人员与平民之间作出切实可行的划分。因此，现代战争都不可能是正义战争，我们现在都应成为和平主义者。

(b) 如果你想要和平，就得备战。获得和平的惟一方法就是威胁潜在的侵略者。因此必须扩军备战，而且清楚地表明你的政策并不必然排除任何特定规模的战争。这就不可避免地要求你清楚地表明你不仅准备打有限的常规战争，而且在某些情形下准备跨越核战争的边界。否则你不仅无法避免战争，而且将被打败。

(c) 超级大国间的战争纯粹是破坏性的；但解放被压迫群体的战争（尤其是在第三世界中）却是必要的，从而是摧毁妨碍人类幸福的剥削统治的合法手段。

2

(a) 每个人都拥有某些人身权利，其中包括对自己的身体的权利。从这些权利的性质中可以推知当胎儿本质上还是母亲身体的一部分时，母亲就有权利不受强制地自主决定是否流产。因此，人工流产不仅在道德上是许可的，而且应当为法律所允许。

(b) 当我母亲怀着我时，我不可能愿意母亲做人工流产，除非确定胎儿已经死亡或受到致命伤害。但是，如果涉及自身时不愿意母亲做人工流产，那么我又怎么能够前后一致地否定他人的生命权利而为自己要求生命权利？因此，除非我一个母亲一般地具有人工流产的权利，否则就要违犯所谓的金律。当然，我并不因此就认定，应当在法律上禁止人工流产。

(c) 谋杀是错误的。谋杀就是消灭一个无辜的生命。胎儿可被看作是个体，它与新生儿的不同仅仅在于它处在通向成人的漫长道路的一个较早阶段上；并且，假如任何生命都是无罪的，那么胎儿也是无罪的。因此，假如杀婴是谋杀，那么人工流产也是谋杀。所以，人工流产不仅在道德上是错误的，而且在法律上也应当予以禁止。

3

(a) 正义要求每一个公民在可能的范围内都应享有发展其天赋和其他潜能的平等机会。但是，提供此类机会的先决条件包括提供平等的医疗保健和教育。从而，正义就要求政府提供以税收为其财力保证的医疗和教育服务，而且，它还要求，没有一个公民能够用金钱买到此类服务中的不公平的份额。而这就要求废除私立学校与私人医疗行业。

(b) 每一个人都有权利负担且仅负担他愿意负担的责任，都有权自由地订立他想要订立的契约，都有权决定他自己的自由选择。因此，医生必须有如其所愿地开业的自由，而病人也必须有选择医生的自由；教师必须有依其选择进行教育的自由，而学生和家长也必须有按其意愿选择受教育地点的自由。所以自由就不允许私人医疗机构和私立学校的存在，而且要求废除那些对私人行业的种种限制，这些限制是由诸如大学、医学院、全美医学协会以及政府以许可和规范的方式所强加的。

麦金太尔将上述道德争论的特征概括为三个方面：第一，三个争论的每一个立论在概念上的不可公度性（incommensurability）；第二，这些论辩的目的在于作出一种非个人的合理论辩，从而通常都以一种适合于非个人的模式出现；第三，这些争论中所展开的诸对立论辩在概念上具有不可公度性的不同前提，有着极为多样的历史起源。在第一组的三个论辩中：第一个论辩中的正义概念其理论根源来源于亚里士多德；第二个论辩的谱系可以从俾斯麦和克劳塞维茨一直追溯到马基雅维里；第三个论辩中的解放概念则前有费希特开端，后有马克思继承。在第二组争论中，有着洛克式先驱的权利概念与明显的康德式的可普遍化观点、托马斯主义的道德律诉求针锋相对。而在第三组争论中，一个肇始于格林和卢梭的论辩与一个以亚当·斯密为其鼻祖的论辩互较高下。[6]:12

可见，当代道德争论的主题都具有其历史性，但是，当代道德哲学家（尤其是自由主义者）却以非历史的态度对待道德哲学。“我们都仍然过多地把以往的道德哲学家看作是对某一相对不变的主题的一次讨论的撰稿人，既把柏拉图、休谟、穆勒和我们视为同时代人，也把他们彼此视为同时代人。这就导致将这些著述家从他们所生活和思想的文化与社会环境中抽离出来，有关其思想的历史获得了一种对于文化其他部分的虚假的独立性。康德不再是普鲁士历史的一部分，休谟也不再是一个苏格兰人。”

麦金太尔指出，他所要捍卫的历史主义的一个重要方面是要回应康德的先验回答的批评，因为现代自由主义者追随康德把其理论当做是普遍有效的，如果论证了康德普遍性证明的不合法性，那么，当代自由主义的论证自然就失去了说服力。我们知道，康德的中心论点是人类理性的本性使得存在某些为所有理性的存在者——无论在思想上还是意志上——都必然赞同的原则与观念。麦金太尔指出，康德的这一论点必然会招致两种截然不同的致命反驳[6]:338-339：一是黑格尔以及随后的历史主义的批评。“在他们看来，康德所谓的人类心灵的普遍和必然的原则，事实上只是人类活动与探索某些特定的时代、地点与阶段所特有的原则。正如康德视之为自然科学本身的原则与设计的，原来只是牛顿物理学所特有的原则与预设，同样，康德视之为道德本身的原则与预设原来只是一种相当具体的道德——为现代自由个人主义提供了其特许权之一的世俗化了的新教道德——的原则与预设。”二是由逻辑实证主义等哲学流派所做的批判。

在他们看来，康德先验筹划所要求的必然性观念、先天性观念以及概念-范畴与经验的关系概念不可能被证实。

那么，到底什么是历史主义呢？麦金太尔指出：“这种历史主义——不同于黑格尔的历史主义——包含了一种可错论（fallibilism）形式；它是一种排除了对绝对知识的一切要求的历史主义。”[6]:334

2. 麦金太尔对新自由主义正义理论批判的具体体现

在对普遍主义和历史主义分析的基础上，麦金太尔采取历史主义和特殊主义的方法从以下几个方面对罗尔斯的普遍主义正义理论进行了批判。

第一，人们关于正义的观念是多元的而不是单一普遍的。麦金太尔认为，“在这种有关特殊类型问题的判断之广泛多样性的背后，乃是一组相互冲突着的正义概念，这些正义概念相互间在许多方面都处于鲜明的对峙中。有些正义概念把应得概念作为中心概念，而另一些正义概念则根本否认应得概念与正义概念有任何相关性；有些正义概念求助于不可转让的人权，而另一些争议却求助于某种社会契约概念，还有一些正义概念则求助于功利标准。而且，具体体现这些对立概念的各种对立的正义理论，在对正义与人类善的关系、正义所要求的平等类型、执行正义的范围和正义考虑所与之相关的个人在没有一种上帝法则知识的情况下正义的知识是否可能等问题上，也各执千秋”[5]:2-3。也就是说，没有普遍一致的正义理论，正义是具有分歧的，一致的正义理论是由当代自由主义所伪装的，在面对具体的正义问题时，这种一致的幻象便破灭了。

第二，包括正义原则在内的所有道德或政治原则和观念都有其历史传统，任何重要的观念和范畴本质都是历史地形成和发展的。这些原则和观念本身都有一个产生发展的过程，它们的基本功能之一，就是对现实进行历史性的论证和解释。具体来说，比如作为德性的正义就不是个抽象的范畴，德性的本性只能诉诸具体历史传统才能被理解。不同实践与历史情况及历史发展的不同阶段产生出各不相同的德性观念。由此，荷马时代的德性不同于中世纪，中世纪的也不同于近代。麦金太尔在考察了“英雄时代”的德性后曾总结性地得出了两个结论：“我们不得不从英雄社会中学习的东西是双重的，其一，所有道德总是在某种程度上与社会性的当地情况和特殊性相关联，当代的道德力图摆脱全部特殊性而成为一种普遍性道德的愿望，只不过是一种幻想；其二，德性不是别的，只是传统的一部分，我们通过传统来继承德性，我们通过一系列的前辈来理解这些德性，而英雄社会就是前辈的首先所处之地。”[15]:126-127 麦金太尔还说，如果从最终根源于“英雄社会”的这样一个传统的立场来看，当代自由主义正义论标榜的并引以为自豪的价值选择自由“更像是幽灵的自由，而不像人的自由[15]:127。

而且，要在历史中追寻把握传统合理性探究的特殊性与多样性。麦金太尔指出：“启蒙运动使我们在绝大多数情况下盲目无知的、需要我们发现现在重新发现的，是一种传统，或一种概念。按照这种传统或概念，合理证明的标准本身是从一种历史中突显出来的，也是该历史的一部分。在这一历史中，它们是通过这样一种方式而被证明是正确的：即在同一传统的历史中，它们以此方式而超越了他们前辈的局限，弥补了他们前辈的缺陷。”[5]:10

麦金太尔认为，要在当代伦理学中准备把握与理智传统和社会传统密切联系的合理性探究概念，要注意以下四方面。

（1）合理性证明的概念在本质上是历史的。“证明即是叙述迄今为止的论证是如何进行的。”

（2）在诸多传统内，与启蒙运动的样式殊为不同的，不仅仅是合理证明的样式。而且，人们把必须给予证明的东西也设想成极为不同的。也就是说，合理性概念与其证明方式都有其历史起源，而启蒙运动则否认这一点。

（3）从被构成性传统和构成性传统的立场来看，学说、论点和论证都要按照历史情境来加以理解。“所以，合理性——无论是理论合理性，还是实践合理性——本身是带有一种历史的概念；的确，由于有着探究传统的多样性，由于它们都带有历史性，因而事实将证明，存在着多种合理性而不是一种合理性，正如事实也将证明，存在着多种正义而不是一种正义一样。”[5]:12

（4）被够成性传统和构成性传统的合理探究概念都不能离开其例证加以解释。麦金太尔认为，“例证对于所有的概念来说都适用；在某些情况下不忽视这些例证比在另一些情况下更为重要。”在《谁之正义？何种合理性?》这本书中，他的证明例证对于合理性探究的四种传统，即古典的亚里士多德传统、《圣经》与奥古斯丁传统、以苏格兰启蒙运动文化为典型的奥古斯丁主义的基督教与亚里士多德主义共生互容的传统以及在与各种古典传统的对立和抗争中生长起来的现代自由主义传统，都是重要的。

而且，“每一传统都是我们自己文化的背景历史的一部分。每一传统在其自身内部都有一种与众不同的正义和实践合理性的解释。每一传统都进入了（至少是与其他传统中的某一传统的）各种对抗性的关系或联盟关系，甚至达到某种综合；或者是相继进入这两类关系。然则，它们都展示了迥然不同的发展模式”[5]:13。“亚里士多德式的正义和实践合理性的解释是从古代城邦的冲突中突显出来的，但随后却是由阿奎那以一种逃避城邦限制的方式加以发展了。奥古斯丁式的基督教见解在中世纪时期变进入了复杂的对抗性关系之中；稍后又进入了一种综合；再后又进入与亚里士多德主义的持续对抗。所以，在后来一种殊为不同的文化情境中，奥古斯丁式的基督教（现在是一种加尔文主义的形式）与亚里士多德主义（现为一种文艺复兴的翻版）在17世纪的苏格兰进入了一种新的共生关系之中。所以，随之产生了这样一种传统，该传统却又在它达到其辉煌顶峰的时候遭到了来自内部由休谟掀起的颠覆。最后是现代自由主义，它在与所有传统的对抗中产生，但也已经逐步使它自身转化成了现在即使是它的一些信奉者也可以清楚认识到的更为传统的传统。”[5]:14

第三，社会共同体与传统都历史地规定着个人（自我）及其拥有的包括正义在内的道德政治观念与原则，而且由于实践、人类生活及其历史传统的特殊性、多样性，决定了原则与观念的特殊性、多样性，自由主义所说的永恒不变和普遍适用的正义事实上并不存在。

麦金太尔指出，自由主义本质上是个人主义，这种个人主义除了误解了个人与社会的关系外，另一个根本性的错误就是对自我（个人）的非历史、反传统的理解。自由主义的个人主义塑造了一个“没有历史的自我”[15]:220。针对这种观点，麦金太尔指出，个人的承担者是通过与环境打交道来开始他的生活的。我是某人的儿子或女儿，另外某人的表兄或叔叔；我是这个或那个城邦的公民，这个或那个行业或职业的一个成员，我属于某个氏族、部落或民族。“这样，我从我的家庭、我的城邦、我的部落、我的民族承继了它们的过去，各种各样的债务、遗产、合法的前程和义务。这些构成了我的生活的既定部分，我的道德起点。在一定程度上，正是这一切使我的生活有它自己的道德特殊性。”[15]:220-221麦金太尔还指出：“我的生活的故事是永远被包含在我得到我的身份的那些社会共同体的故事中。我的出生就带着一个过去，可个人主义者的模式则力图把我自己与这个过去切断，而这就要扭曲我现在的关系。一种历史身份的占有和一种社会身份的占有是重合的。”[15]:220

由于建立在“非历史的自我”的错误基础上，整个自由主义及其正义理论因而也就不可靠了。如果采用历史的眼光看，自由主义者主张正义就是人的正当权利等具体主张更是经不起一驳。某种权利只有在它们适合的社会历史背景中才能成立，并不存在普遍的人权，而只有某个社会的人权。特定的原则与理论离开了它的特定社会背景与历史传统，就无法理解。因而，正义原则不是普遍的、超历史的，而总是特殊的、多样的。自封为“客观”“普遍”的原则仍是特定社会与时代的特殊立场。因而，“对我们来说，头等重要的是记住，建立一种社会秩序形式的谋划（在这种秩序中，通过借助真正普遍的、不依靠传统的规范，个人可以将他们从传统的偶然性和特殊性中解放出来），过去是而且现在还不仅仅是（或主要不是）哲学家的谋划。他过去是，现在仍然是现代自由个人主义社会的谋划，而我们相信不依赖传统的合理性普遍性之希望的最有说服力的理由，则源自对这种谋划历史的幻觉。”[5]:439-440

第四，正义的历史性不仅意味着多样的或多元的正义及其不同的历史根源，而且还意味着各种互相竞争乃至对立的正义观念原则都有其历史的实践合理性，而对立的超越也只有诉诸历史的实践。

麦金太尔在其代表作《谁之正义？何种合理性?》中采用历史阐释的方法或“传统叙述性”解释方法，针对以罗尔斯为首的新自由主义提出挑战，其目的在于揭示罗尔斯等人的正义规则伦理所存在的内在人格或品德解释力的缺陷（“谁之正义?”），分析当代西方伦理学界盛行的追求道德普遍合理性基础的种种道德论证方式所呈现的多元歧向事实，以及这一事实所内含的不相容性或无公度性困境（“何种合理性?”）。[5]序言:12 力图通过对正义与实践合理性的历史考察，说明他的这样一个观点：存在着多种正义而不是一种正义，同时与之对应的是，“由于有着探究传统多样性，由于它们都带有历史性，所以事实将证明存在着多种合理性而不是一种合理性。”[5]:12

麦金太尔将西方的正义与实践合理性的探究传统分为四大类型，这就是：古典的亚里士多德主义传统；《圣经》与奥古斯丁主义、托马斯主义传统；苏格兰启蒙运动传统及在与各种古典传统的对立和抗争中生长起来的现代自由主义传统。麦金太尔指出。这四种传统都是西方文化的历史背景的一部分。每一种传统在其自身内部都有一种与众不同的正义和实践合理性的解释。每一传统至少都同其他传统中的某一传统发生或对抗或综合、共生的复杂关系。这四种传统的关系及发展模式可以作如下概括：

> 亚里士多德式的正义和实践合理性的解释是从古代城邦的冲突中突显出来的，但随后却是由阿奎拉以一种逃避城邦限制的方式加以发展了。所以，奥古斯丁式的基督教见解在中世纪时期便进入复杂的对抗性关系之中；稍后又进入一种综合；再后又进入与亚里士多德主义的持续对抗。所以，在后来一种殊为不同的文化情境中，奥古斯丁式的基督教（现在是一种加尔文主义的形式）与亚里士多德主义（现为一种文艺复兴的翻版）在17世纪的苏格兰进入到一种新的共生关系之中。所以，随之便产生了这样一种传统，该传统却又在它达到其辉煌顶峰的时候遭到了来自内部由休谟掀起的颠覆。最后是现代自由主义，它在与所有传统的对抗中产生，但也已经逐步使它自身转化成了现在即使是它的一些信奉者们也可清楚认识到的更为传统的传统。[5]:14

不仅如此，麦金太尔还指出以罗尔斯与诺齐克为代表的新自由主义正义理论都忽略了正义所必备的“应得”概念及应得存在的社群环境。

其一，麦金太尔认为，“罗尔斯与诺齐克的理论中还有一个重要却消极的共同点，即他们在其正义理论中既没有涉及应得（desert）概念，也不可能前后一贯地处理这个概念。”“无论罗尔斯的理论，还是诺齐克的理论都没有在其关于正义与非正义的申言中为应得留出核心地位甚或任何地位。罗尔斯承认，常识的各种正义观点都将它与应得联系在一起，但是他主张，首先，除非我们已经阐明了正义的规则，否则我们就不知道什么人应得什么（因此我们不可能把我们对正义的理解建立在应得的基础之上），其次，一旦我们阐明了正义的规则，结果却是，成问题的不是应得，而仅仅是合法的期望。他还认为，运用应得概念的尝试是行不通的。”诺齐克较不明确，但他的只以权利为基础的正义体系也不可能给应得留下任何位置。诚然，他讨论过有关非正义之矫正的原则的可能性，但他对此的论述是如此不确定、隐秘难解，从而对他修正其一般观点无法

提供任何指导。[6]:317-318

其二，麦金太尔指出，罗尔斯与诺齐克不仅忽视了应得这一概念，而且忽视了应得存在的基础，即共同体或社群。麦金太尔指出，对于罗尔斯和诺齐克来说都显而易见的是，社会是有个体组成的，每一个体都带有其自身的利益，然后他们不得不走到一起，制定共同的生活规则。就诺齐克而言，存在有关一系列基本权利的额外的消极的限制。就罗尔斯而言，仅有的限制是由审慎的理性所强加的。因此，在他们的理论中，个体是第一位的，社会是第二位的，而且，对个体利益的确认优先并独立于个体之间的任何道德的或社会的纽带的建构。但是，麦金太尔认为，应得概念仅仅在这样一种共同体的语境中才有容身之处，亦即这种共同体的首要的纽带乃是对于对人来说的善和对共同体来说的善有一种相同的理解，并且在那里，个体通过参考这两种善而确认他们的基本利益。[6]:318

但不论是罗尔斯还是诺齐克都缺乏应用应得概念所必需的共同体（社群）概念。而只有在这样一种共同体中，与“对共同体在追求共同利益中的共同使命作出贡献相关之应得概念，能够为有关美德与非正义的判断提供基础。”“所谓公正也就是给予每个人其应得的东西。”[6]:192

麦金太尔在对新自由主义普遍主义正义理论批判的基础上，进一步阐述了正义美德的特殊性、历史性及与社群的密切联系以及自我善的特殊性。

麦金太尔通过对英雄社会的历史考察，指出在英雄社会中对诸如“勇敢、友谊”等美德的任何充分的说明和解释都不可能脱离其在社会结构语境中的语境。而且，“英雄美德的践行既要有一种特定的人，又要有一种特定的社会结构。”不仅如此，“英雄式的自我本身并不希求普遍性，尽管在对英雄社会中的追溯中我们可以认识到这种自我成就中的普遍性价值。”[6]:159

通过分析，麦金太尔指出，我们应该从英雄社会中学习的东西或许是双重的[6]:160：首先，一切道德总在某种程度上缚系于社会的地方性和特殊性，现代道德作为一种摆脱了所有特殊性的渴望只是一种幻想。这一点想表明的是美德的特殊性。其次，美德只能作为一种传统的一个部分而为我们所继承，并且，我们对它们的理解来自一系列的前辈先驱，其中英雄社会就是最初的源头。这一点说明的是美德的历史性。如果从这两点来看，当代自由主义所推崇的价值选择的自由更像是那些实质近乎消失的幽灵的自由，而非人的自由。因为，他们忽视了当代美德根源于英雄社会的美德这一历史史实。“无论我们承认与否，我们是过去所造就的，并且我们，即使在美国，不可能把那些在我们与我们的各个历史组成时期的联系中所形成的成分从我们自身中清除出去。”

麦金太尔指出，美德的践行与社会制度（共同体）密切相关，一方面，美德的践行本身就倾向于要求社会与政治问题有一种高度确定的态度；另一方面，我们始终是在某个有其自身独特的社会制度机构形式的特殊的共同体内学习或未能学习践行美德。[6]:247 而且，“我永远不能作为个体去追寻或践行美德。这部分是由于过善的生活要具体地随环境的变化而变化，即使它是完全相同的善的生活概念并且体现在个人生活中的也是完全相同的一系列美德。”[6]:279 麦金太尔指出，他的这种观点和当代自由主义不同，对于当代自由个人主义而言，“共同体只是一个竞技场，在那里，每一个人都在追逐其自身所选择的善的生活概念，而政治制度机构的存在则提供了使这类自我决定的活动成为可能的那一程度的秩序。”[6]:247

而且，自我的善亦具有特殊性，它与自我的社会关系、身份地位及历史情形相互关联。正如麦金太尔所说：“这不仅仅是因为不同的个体生活在不同的社会环境中，而且，我们都是作为特定社会身份的承载者与我们自己的环境打交道的。我是某个人的儿子或女儿，又是另外某个人的表兄或表叔；我是这个城邦或那个城邦的公民，又是这个或那个行会的成员；我属于这个家庭、那个部落、这个民族。因此，对我来说是善的东西必然对占据这些的角色来说也是善的。这样，我就从我的家庭、我的城邦、我的部落、我的民族的过去中继承了多种多样的债务、遗产、正当的期望与义务。这些构成了我的生活的既定部分、我的道德的起点。这在一定程度上赋予我的生活以其自身的道德特殊性。”[6]:279

麦金太尔指出，对于现代自由个人主义而言，这种观点也许显得令人惊诧，因为在他们眼里，“自我与他的社会的、历史的角色和情状没有任何联系”，是一种“超然的自我”。自由主义主义的这种自我观与他的叙事自我观是截然不同的。“因为我的生活故事始终穿插在我从其中获得我的身份的那些共同体的故事中。我与生俱来就有一个过去；而自由个人主义试图将我自身与这个历史割断，也就是要扭曲我现在的各种关系。历史身份的拥有与社会身份的拥有是重合的。”[6]:280 不仅如此，自我的道德身份存在于自我生活其中的共同体中，即“自我必须在诸如家庭、邻里、城邦、部族等共同体中并且通过他在这些共同体中的成员资格去发现他的道德身份。”[6]:280

麦金太尔通过对“诸种对立的正义和互竞的合理性”作细致的历史考察，其用意无非是表明，从历史的观点来看，没有一种正义观念将是永恒的、普遍适用于一切时代的，既然如此，正在生长着并具有“霸权”地位的，但又存在致命痼疾的当代自由主义的正义理论与观念也必将是历史性的。麦金太尔称当代是一个“德性之后”的“黑暗时代”，而他的理论使命就在于为走出这个“黑暗时代”，为克服自由主义的困境寻找出路。

二、桑德尔对罗尔斯正义理论的驳斥

针对罗尔斯对正义首要性与普遍性的论述，桑德尔指出以罗尔斯为代表的新自由主义与康德式的自由主义一样，是一种“道义论的自由主义”[7]:1，“道义论的自由主义”首先是一种关于正义的理论，尤其是一种关于正义在诸道德理想和政治理想中具有首要性的理论。其核心思想如下：社会由多元个人组成，每一个人都有他自己的目的、利益和善观念，当社会为那些本身不预设任何特殊观念的原则所支配时，它就能得到最好的安排；证明这些规导性原则之正当合理性，首先不是因为它们符合权利（正当）概念，权利是一个既定的优先于和独立于善的道德范畴。

桑德尔指出，对于道义论自由主义正义的首要性可以从两个不同却又相关的方面来理解[7]:2-8：一是直接的道德意义上来理解，二是从基础意义上来理解。从道德意义上来看，正义之所以是首要的，在于正义的要求超过其他道德利益和政治利益，无论这些利益可能有多么迫切。按照这种观点，正义就不仅仅是诸种价值中的一种价值，可以随情况的变化来加以权衡和考量，而是所有社会美德中的最高美德，是一种在其他社会美德能够提出其要求之前所必须满足的美德要求。如果世界的幸福只能通过不正义的手段来促进，那么有可能以适当方式普遍推行的就不是幸福，而是正义。而且，当某个个体权利发生正义问题时，即使是普遍福利也不能僭越这些权利。从道德基础的立场来看：正义的首要性就等于说，道德法则的美德并不在于它促进某个假定为善的目标或目的这一事实。相反，它本身就是一个目的，且先于其他目的并对其他目的具有规导作用。道义论自由主义伦理赋予正义首要性的这两条线索是交织在一起的，正义的道德优先性是由于其基础的优先性而成为可能的和必然的。

但在桑德尔看来，罗尔斯关于正义首要性的主张不仅在理论上是站不住脚的，而且在实践上也是行不通的。他指出，正义不可能是社会制度的首要美德，正义是内在于善的。在桑德尔的代表作《自由主义与正义的局限》中，他对罗尔斯的观点进行的深入彻底的批判，在某种程度上说，《自由主义与正义的局限》整本书就是批判罗尔斯的正义理论的，下面就来进行具体分析。

1. 从“超验主体”（transcendental subject）到“无拘自我”（unencumbered self）——桑德尔对罗尔斯虚幻正义主体的反驳

在桑德尔看来，要使正义成为首要美德，我们就必须对某些东西有真实的把握。我们必定是以某种特殊方式与人类环境联系着的特殊创造物。但在他看来，无论是作为康德式的超验主体还是作为罗尔斯的根本不受约束的占有主体，都与我们的环境保持着某种距离。在这里，我们自己是独立的，独立于我们在任何时刻所可能具有的利益和情感纽带之外。[7]:175

第一，道义论的自我由于被剥夺了一切构成性的依附关系，更像是被解除行动权力的自我，而非自由解放的自我。他指出：“正如我们业已看到的，无论是权利，还是善，都不能纳入道义论所要求的那种唯意志论的推导之中。作为建构的行为主体，我们并没有真正建构什么；而作为选择的行为主体，我们也没有并真正选择什么。在无知之幕的背后，人们所进行的并不是达成一种契约或合同，而是看是否有某种发现；而在‘纯粹的偏好性选择中’，人们更多地是进行一种预先存在着的诸欲望（它们的价值无所区别）与最有效满足欲望之手段之间的匹配，而非一种目的的选择。对于原初状态的各派来说，一如对日常慎思合理性中的各派一样，自由解放的深刻在到来之前便已消失；至高无上的主体被抛入环境要求的汪洋大海。”[7]:178

道义论的独立自我本质已经被剥夺，它过于单薄，以至于难以获得其日常意义上的应得。因为应得的要求是以具有深厚构成的自我为先决前提的，唯有这样的自我才有能力占有日常意义上的价值，而道义论的自我却全然缺乏这种占有能力。罗尔斯不承认这一缺乏，相反，他却把各种权利资格建立在合法期

待的基础上。如果我们无法得其应得，至少我们还有资格要求社会制度应尊重它们所产生的各种期待。[7]:178

第二，罗尔斯论证正义理论的过程也就是自我被剥夺的过程。在桑德尔看来，罗尔斯对正义理论的论证方式是任意性的，他从天赋自由到机会公平，再到民主概念，他的这一论证过程同时是个人遭受剥夺的几个阶段。随着每一次转变，一个实质性的自我，充满特殊品性的深厚的自我，他们的特征也就被剥夺了，而这些特征对于个人的认同来说曾是根本性的。随着更多的特征被看做是任意给予的，这些特征被从预设的构成部分降级为自我的纯粹任意性。成为“我的东西”越多，“我”就越少，回想我最初的形式，自我最后的经验的构成要素却被剥光了，赤条条地成了无牵挂，成为超越其占有对象的“代理者”的条件。[7]:93

第三，罗尔斯的正义道德主体忽视了人的共性，是一种个人主义式的无拘道德主体，因此桑德尔呼吁对集体和社群价值的重视。他指出：“如果说功利主义未能认真对待我们的独特性，那么作为公平的正义就未能认真对待我们的共性。它把自我的界限当成先天地、一劳永逸地固定了的，它把我们的共性归之于善的一个方面，把善归之于仅仅是一种偶然，一种‘与道德标准不相关的’、任意的需要和意愿的产物。而一旦有了以这种方式打折扣的善的观念，权利的优先性似乎的确就是无懈可击的主张。”[16]:5-6“如果道义论伦理学未能挽回它自己的使人自由的诺言的声誉，它也未能合理地说明我们道德经验中某些不可或缺的方面。因为义务论坚持要把我们看成独立的自我，即我们的身份与我们的目的和所具有的属性无关。但我们是这个家庭的，或者社群的，或者民族的，或者人民的成员，是历史的承担者，是革命的儿女，是共和国的公民。像这样的忠诚超过了我偶然拥有的价值或‘在某一特定时刻具有的’目标。这些忠诚超出了我志愿承担的义务和我作为人而应有的‘天职’。这些忠诚让我得到的东西超过了正义所要求甚至所允许的，其原因不在于我的同意，而是因为那些或多或少持续的属性和承诺，在一定程度上，它们合在一起界定了我这个人。”[17]:7,10,318

通过以上分析，桑德尔指出，这样我们可以更清楚地了解罗尔斯的个人理论与其正义之首要性主张之间的关系：在罗尔斯看来，因为个人的价值和目的永远都是自我的属性，而不是自我的组成要素，所以，共同体的意义只是一个有序社会的属性而非组成要素。因为自我优先于其所坚持的目标，所以，由正义原则所界定的有序社会，也就优先于社会成员认可的那些目标——共同体的或其他的目的。正是在此意义上，正义才既是道德的，又是知识论的，也才能成为社会制度的首要美德。但桑德尔所分析的罗尔斯的个人观念既不能支持其正义理论，也不能合理地说明我们代理和自我反思的能力；以道义论所要求的方式来看，正义不可能是首要的，因为我们不能始终如一地将我们看做是道义论所要求的那种存在者。[7]:65

2. *原初状态与无知之幕以及在其中构建的正义原则不能证明正义之首要性*

首先，桑德尔指出，原初状态与无知之幕不能提供一个独立于其偶然要求和偶然目标的主体观念。他说，正义不可能在道义论意义上成为首要的，因为我们无法始终一贯地把我们自己视为道义伦理——无论是康德的还是罗尔斯的——要求我们成为的那种存在。[7]:14 正义的优先性首先意味着，这是一种道德的“必须”，是人类本质多样性和构成人类个体完整性的要求；其二，正义的优先性表示的是一种独立获得的优先性。而这种优先性是与自我对其目的的优先性联系在一起的。自我对其目的的优先性也有两层含义，一是道德上的“必须”，反映出应当珍视个体的自律，应当把人类个体看做是超出其所扮演的角色和其所追求的目的之外的有尊严者；另一种优先是一种知识论上的需要——一种可以独立界别的意义上的优先。但桑德尔指出，在自我问题上，我们需要的是一个独立于其偶然要求和偶然目标的主体观念，但罗尔斯的“原初状态与无知之幕”却并不能提供这种主体观念。罗尔斯的原初状态表述不仅在强意义上未能给出并支持罗尔斯企图开出的正义之首要性主张，而且从罗尔斯自己提出的直接的经验主义解释来看，原初状态也无法支持道义论主张。

罗尔斯的原初状态与无知之幕假设，保证了人们将在平等公正的条件下选择正义原则。他指出，正义原则产生于原初状态，可以被看做是一个包括三个步骤的程序：“要建立这些正当原则不需要仰赖某种善观念，因为，我们需要假定各方在原初状态中的动机。由于不允许这些假定危及正当概念的优先地位，善理论在正义原则中的论证几乎就不起什么作用。这种善的解释我称之为善的弱理论：它的目的在于保障论证正义原则所必需的首要善前提。一俟完成这一使命，一俟首要善得到解释，我们便可以自由地在进一步发展的善理论中使用正义原则，我把这种进一步发展的善理论称为善的强理论。”[8]:396 “关键在于，尽管公平的正义具有个人主义特征，正义的两个原则却不是建立在现有欲望和现存社会条件之上的。这样，我们可以得到一个正义社会基本结构的观念，以及与它相容的个人理想，它们可以成为评判制度和指导整个社会变革的标准。为了确定一个阿基米德点，我们无须求助于任何先验的原则或至善论的原则。通过假设某些普遍欲望（例如，对社会首要善的普遍欲望），并以我们在一个适度规定的最初状态中所得到的协议作为基础，我们能够从现存环境中获得必需的独立性。”[8]:263 以上就是罗尔斯得到正义两原则的程序。桑德尔对于此提出了质疑：原初状态是否真正独立于现存的各种需求和意欲呢？并且，原初状态太脱离人类环境，其描述的原始情境太过于抽象，以至于无法得出罗尔斯所期望的原则；或者，根本就不能得到任何决定性原则。这同时也说明，处于原初状态中的个人观念太形式化、太过抽象，离说明必要动机的偶然机缘太远。

在此基础上，桑德尔对罗尔斯的正义原则也进行了驳斥，这主要体现在以下几个方面：首先，罗尔斯将才能和特质的分配看成是公共所有物而不是个人的拥有，虽然通过“均赋”在一定程度上避免了修正社会和自然偶然性的任意性，但未能在应得和合法性期待之间加以区别。因为由我培养和实践一部分才能和我控制的所有物，而不是让它们处于蛰伏状态有利于多数人。社会通常是被安排用来为他们培养提供资源，以及为他们的实践提供刺激。当然，我对于我的那部分利益享有权利，当我在被指明对它们享有资格的情况下。无论如何，要强调的重要一点是，这些主张尊重的是由制度创造的那些合法性期待，（制度的设计是用于诱发我的努力），而不是一种原初的权利，或者因为我占有的特性而具有应得的声明。[7]:71-72

其次，罗尔斯认为，自然才能的分配最好被当做是“共同的”或“集体的”占有，以便可以在社会中作为整体予以分配。“事实上，差异原则代表了一种同意，它把自然才能作为共同财产的分配，人们分享这种分配的利益，不管它被证明是什么。”[8]:101 “正如我已经评说的，这两个原则都是一种承诺，将自然能力的分配作为一种集体财产，这样更多幸运的作用方式就仅限于那些损失较多的人。在这一点上，这两个原则是等同的。”[8]:179 对于罗尔斯将人的自然财产看做共同财产仅限分配的观点，桑德尔像诺齐克一样持否定态度，并且他指出，罗尔斯的这种观点会否定道义论的自由主义在强调个体之不可侵犯性人际区别时所确认的一切。而且，罗尔斯把天赋才能作为共同财产予以分配的理论会遇到一种二难选择：要么他不在自我与其占有本质属性之间做出区分，但如果他必须引出自我与其占有之间的区别，那么很快就会产生这样一个问题，在避免一种彻底情境化的主体时，罗尔斯又陷入一种彻底抽象化的主体。[7]:78-79

再次，差异原则不能解释正义的首要性。桑德尔指出：与道义论的观点相应，差异原则一开始就认为，我所拥有的财富仅仅是偶然属于我的。但是，它最后却又假定，这些财富因此成为共同财富，而社会对这些财富的实际结果具有一种优先的要求。这就既剥夺了道义论自我的权力，也否定了道义论自我的独立性。要么，我的前程只得由制度摆布，这些制度是出于"在先的和独立的社会目的"而建立起来的，而这些社会目的既可能与我自己的目的相吻合，也可能与我的目的相冲突；要么，我必须把我自己算作是某一社群的成员，而该社群部分却是由这些社会目的来规定的；在这两种情形的任何一种情形中，我都不再是不受构成性依附联系约束的自我。在这两方面，差异原则都与道义论谋划的自由抱负相矛盾。我们无法成为既把正义当做首要原则，又把差异原则当做正义原则的个人。[7]:178-179

3. 桑德尔对罗尔斯正义环境的诘难

正义的环境就是保证正义美德的条件，罗尔斯说，正义的环境既包括客观环境也包括主观环境。正义的客观环境包括诸如资源的适度稀缺之类的事实，而主观环境则有关合作主体，最重要的是要考虑这样一种事实：即每个主体都有着不同的利益和目的。对于此，罗尔斯这样概括到："概而言之，人们可以说，只要互无利益关涉的个人对适度稀缺条件下的社会利益划分提出了相互冲突的要求，就可以形成正义的环境。除非存在这些环境因素，否则就不会有任何适合于正义美德的机会；正如没有损害生命和肢体的危险，就不会有表现身体勇敢的机会一样。"[8]:128 也就是说，一旦缺乏罗尔斯所谓的正义环境之条件，正义美德将失效；如果没有这种事实，正义的美德甚至不可能为人们所欲求。

但在桑德尔看来，罗尔斯所称的正义的环境即正义美德之条件只是经验条件，因为罗尔斯声称："正义的基本原则正是依赖于人类社会的自然事实。这一依赖明确地显示在对原初状态的描述中：各方的决定是借助普遍的知识做出的。而且，原初状态的各种因素也预先假定了许多有关人类生活环境的事情……如果这些假设是真实的和充分普遍的，那么一切便井然有序，因为，若没有它们，整个理论设计就会毫无意义，空洞无物。”[8]:159-160 桑德尔指出：罗尔斯对原初状态的一种经验主义解释似乎与其道义论主张无关，因为如果正义因其美德而依赖于某种经验的先决条件，就很难说清如何能够无条件地坚持正义的优先性。至少在将正义美德的观点应用于社会制度的范围时，这种经验基础上的正义首要性观念就变得不真实了。

桑德尔指出：当我们考察原初状态的条件时，这种特殊的和经验主义的正义环境中的假设，似乎以不同的方式削弱了正义的首要性：当正义因为其美德依赖某种经验的在先条件时，正义的美德就不再是绝对的，就像真理之于理论；而仅仅是有条件的，如勇敢之于战场。而罗尔斯所采取的休谟式正义环境解释似乎与正义的特权地位并不相容。在桑德尔看来，在休谟那里，正义不可能是社会制度的首要美德（至少在范畴的意义上不是），在一些情况下，根本算不上美德。例如，在家庭中，爱的推行，使得正义很少参与其中，更不用说充当“首要美德”了。即使在一个正义盛行的社会里，正义也只是作为更高贵更高级美德的一种背景，只有在缺乏这种高贵的美德时，正义才得以存在。只要我们更广泛地培养互相关爱和扩充的爱，对“谨慎、嫉妒的正义美德”的需要就会减少其比例，人类就会更加完善。如果匮乏和自私被完全克服，那么，“正义就完全无用……在美德的范畴中，它绝不可能占有一席之地”，更不会有罗尔斯赋予其的那种首要地位。[7]:167-169

而且，并不是在所有的环境中，正义都是一种首要美德。例如，在理想化的家庭中，大部分关系是靠自发的情感来维系的，因此，呈现于其中的正义环境就相对处于较低程度。家庭成员很少吁求个人权利和公平决策的程序，这不是因为家庭存在着过分的不正义，而是因为一种宽厚的精神成了家庭的优先诉求，在这种宽厚的精神中，我很少要求自己的公平份额。这种宽厚也不必然含而不露，因为我从仁爱中得到的份额等于或多于我在正义的公平原则下所能得到的份额。我也可以得到更少。关键并不在于我要获得我在不同情况下可能得到的，不在于在这种获得中仅仅增加一些自发性，而是直接地在于，在家庭的生活之整个语境中，并不会出现我得到什么和我应是什么这类问题。[7]:41 如果正义的增长并不必然隐含着一种绝对的道德进步，那么，可以看到在某些情况下，正义并不是一种美德，而恰好与之相反。如果一个长期的亲密朋友出于一种设置的正义感而不断坚持要求计算、支付每一次共同负担之费用中所负担的恰当份额，或者拒绝接受任何恩施与惠赠，除非在最严重的抗议和窘迫状况下，那么我将不仅对这种锱铢必较感到不自在，而且在某种意义上可能开始困惑于自己是否误解我们的关系。在此程度上，仁慈的环境削弱了，而正义的环境则增长了。这就是由正义环境的主观因素的反思纬度所导致的后果。但是，正如我们已经看到的，这并不能保证在新的正义的情况下也是如此。既然在不适宜的环境中运用正义将导致联合体在道德品质方面的整体衰落，那么，在这种情况下，正义就不是一种美德，而是恰恰相反。[7]:124-136

4. 契约式论证亦不能证明正义的首要性——桑德尔对罗尔斯契约论的反驳

罗尔斯追随洛克、卢梭和康德，使其正义理论建立在社会契约论之上。其“指导性理念”是：正义原则是原初一致的目标，“因此，我们能想象到，那些介入社会合作中的人会以一种联合行动一道选择一些原则，这些原则分配了基本的权利和义务，确定了社会福利的分配”。在签订这种社会契约时，“某一个群体必须一劳永逸地确定何为公正，何为不公正”，他们选择的规则将“规导以后对各种社会制度的批评和改革”。[8]:11-13 因此，原初契约似乎是一种普遍的契约。桑德尔指出：对于罗尔斯来说，原初契约并不是一直能够实际存在的历史性契约，而仅仅是一种假设性契约。它的有效性不取决于公认的实际情形，而取决于认为他们可能会在这种必要的条件下达成一致的理念。他进一步指出，罗尔斯的这种契约不仅从来就不会发生，而且只能在那些从来就不曾存在过的人中间想象性地存在；也就是说，只能在那些犯了无知之幕所必需的健忘症的人中间才能发生。因此，罗尔斯的理论具有双重的假设性：它想象了从来就不会真的发生的事和永远不存在的人。[7]:105 因此，罗尔斯的这种建立在假设条件基础上的正义理论就不具有任何现实性，因而是虚幻的。

桑德尔继续说，既然原初契约不是一种普遍契约，而只是一种有可能存在却又从来未存在过的普遍契约。那么，它们就不能为它所产生的原则提供正当合理的证明，也不能证明它们作为正义原则的首要地位。对于此，罗纳德·德

沃金也曾指出："一种假设的契约不仅是一种苍白无力的契约形式，而且根本就不是一种契约。"[18]:17-18

而且在桑德尔看来，罗尔斯把其理论建立在契约之上，无非是想强调一种程序的优先性。他这种程序的优先性与正当对善的优先性、自我对其目的的优先性类似。程序优先性把正当合理证明和公平正义所需要的个人的理论联系起来了，并且在总体上向道义论谋划提出契约重要性的建议。由于自我优先于它规定的目的，所以，契约也就优先它产生的原则。但桑德尔指出，并非任何契约都优先于正义原则，正如我们已经看到的，实际契约不能精确地自我证明其正当合理性，因为它们处在必须被正义评价的实践和习俗之典型境遇中。同样，真实的人，一般被认为充满具体特征的人，并非严格地优先于他们的目的，而是嵌入各种价值、兴趣和欲望中并被它们所规定。[7]:120

桑德尔还指出：罗尔斯把正义原则建立在各方达成的原初契约基础之上时，他强调了假设契约和实际契约共同具备的选择性和多元性特征两个方面，但选择和多元并不足以产生正义。而且，罗尔斯对正义原则的解释是模糊不清、前后不一致的。开始，罗尔斯似乎主张的是"选择决定了正义原则"，在另一些地方，他认为似乎各方只得承认已经存在的原则。[7]:125,130,131

5. 正义内在于善——桑德尔对正义与善关系的说明

在桑德尔看来，正义的首要性本身不仅是一种有关正义的主张，而且也是一种关于正义与其归于善概念的那些美德之间的关系主张。但罗尔斯的善理论，尤其是关于他对共同体和行为主体的解释，不仅不是普遍可信的，而且也未能提供使正义论得以完善的解释。[7]:133,135

按照罗尔斯的观念，自我要么消解为一个完全空洞的主体，要么完全成为一个境遇性的主体。[7]:139 而在桑德尔看来，自我是受共同体关系所制约的，但罗尔斯对共同体的两种解释都是个人主义的。手段型解释之所以是个人主义的，因为合作主体被假定是受既定的自利动机支配的，社群的善只在于个人从追求其利己目的的合作中受益；情感型解释之所以是个人主义的，是因为他假设了合作主体的在先的个体性，主体的实际动机可能既包括仁慈的目的，也包括自私的目的。前一种解释中的共同体完全外在于包含于个人之中的目的和利益，后一种解释中的共同体在一定程度上内在于主体，因为这种共同体融进了参与合作图式的人们的情感中。但在桑德尔看来，罗尔斯对共同体的手段型解释和情感型解释都不能提供能够借之重新划分主体界限的方式，两者似乎都不能在不导致一种彻底情境化的主体情况下，放宽自我与他人之间的界限。因而，桑德尔提出一种构成型共同体，在他看来，共同体不止描述一种情感，还描述一种自我理解的方式，这种方式成为其主体身份的组成部分。[7]:149,150

桑德尔指出，在构成型共同体中，共同体对其成员来说是社群所描述的，不只是他们作为公民拥有什么，而且还有他们是什么；不是他们所选择的一种关系（如同在一个志愿组织中），而是他们发现的依附；不只是一种属性，而且还是他们身份的构成成分。罗尔斯的正义理论恰好需要这种构成性意义上的共同体观念，而这一点反过来又要求有一个认知意义上的行为主体概念，但罗尔斯的善理论对这两者都没有考虑，这就使他的正义理论或善理论面临着许多问题。[7]:151,162

在对罗尔斯的正义理论进行周密批驳之后，桑德尔阐发了自己对正义的认识。他指出正义并不具有优先性，也不是普遍适用的，而总是与善相关、内在于善的，权利以及界定权利的正义原则都必须建立在普遍的善之上，善优先于权利与正义原则。这是因为，“①把政治建立在权利（正当）之上意味着相信正义对我们的所有目的，我们对善的感知，都应当具有绝对的优先性；②接受正义原则优先于我们对善的感知意味着相信我们的认同可以先于善而确立。否则，我们对善的感知会进入我们对正义的感知。③由于我们的认同是由我们对善的感知构成的，所以正义不可能具有优先性”[19]:81。

三、从普遍到特殊，从一元到多元——沃尔泽对罗尔斯正义理论的批判

1. 正义的特殊性与多元性——沃尔泽对罗尔斯普遍主义的批评

沃尔泽把自己构建的正义理论称为“特殊主义”，以之与罗尔斯的普遍主义相对立。他批评罗尔斯的正义理论及构建正义理论的方式都是抽象的、虚幻的，脱离了具体的社会历史与文化环境。

首先，沃尔泽认为以罗尔斯为代表的自由主义政治哲学家在构建自己的理论时超越了文化特殊性与差异所构成的背景，其论证方式是普遍主义的。这种

普遍主义的论证方式他讽刺为“走出洞穴，离开城市，攀登山峰，为自己（而绝不是为普通的男男女女们）塑造一个客观的普遍的立场。于是，就可以在局外描述日常生活领域，这样，日常生活领域就失去了它特有的轮廓而呈现出一种一般形态”[20]:5。而沃尔泽认为自己的论证完全是“特殊主义的”，从没有脱离自己生活其中的社会环境[20]:5，即他自己是“站在洞穴里，站在城市里，站在地面上来描述”[20]:6。

其次，沃尔泽认为，正义是一种人为建构和解释的东西，它的构建途径是多样的，因而说正义只能从唯一的途径达成是令人怀疑的。这实际上是在批评罗尔斯在“原初状态”和“无知之幕”情境下构建的正义原则。不仅如此，沃尔泽还指出，正义原则本身在形式上就是多元的；“社会不同善应基于不同的理由、依据不同的程序、通过不同的机构来分配；并且，所有这些不同都来自对社会诸善本身的不同理解——历史和文化特殊主义的必然产物”[20]:4-5。

在沃尔泽看来，从柏拉图开始，自由主义哲学家就希望能够找到一种唯一的分配系统，当代自由主义者罗尔斯亦如此，这种系统通常被描述为“处于理想状态中的理性的男人们和女人们，如果他们被迫公正地进行选择，而又对他们自己的地位状态一无所知，并且被禁止发表一切排他性权利主张，那么面对一组抽象的善，他们将选择这种系统”[20]:3。“如果对知识和权利主张的限制设计恰当，且这些善是恰当限定的，那么，能够得出一个惟一的结论就有可能为真。理性的男人们和女人们，被不同形式限制着，将会选择一种，并且是惟一一种分配系统。但这个惟一的结论的力量却是不容易测量的。值得怀疑的是：同样是这些男人们和女人们，如果他们变成了普通人，有着对自己身份的牢固观念，手里有自己的善，陷入日常心事中，那么，他们是否还会反复重申他们的假设选择，或甚至声称这一选择是他们自己做出的。”[20]:4 从这里可以看出，沃尔泽是在批评罗尔斯构建正义的情境过于理想化，是在假定的条件下人们实现的无知选择，因而在现实中是行不通的。

沃尔泽认为，问题不在于人们是否会选择，问题在于历史、文化和成员资格的特殊性。这种特殊性决定了即便人们心存公正，一个政治共同体中成员的脑海里最可能浮现的问题也不是在如此这般普遍化了的条件下理性的个人将选择什么，毋宁说像我们这样的个人将选择什么，谁和我们所处的境地相同，谁分享一种文化并注定继续分享这一文化？并且，这个问题可以毫不困难地转化成这样的问题：我们在日常生活过程中已经做出了什么选择？我们所（真正）分享的是什么看法。[20]:4 而且，从历史发展的进程来看分配正义表现出了“大量不同的制度安排和意识形态”[20]:3 。但自由主义政治哲学家却“抵制历史的展示和表象世界，并寻找某种内在一致性：一个基本物品的简短列表，由此抽象出一种善：一套单一的分配标准或一套相互联系的分配标准；而哲学家自己则至少象征性地站在惟一的决定点上。”沃尔泽认为，自由主义哲学家“寻求一致性误解了分配正义的主题”。[20]:3

再次，沃尔泽批评罗尔斯所追求的正义过于单一和简单，沃尔泽则强调正义的多元性和复杂性，这种多元和复杂性主要表现在分配正义的内容、方式、机构和标准等方面。沃尔泽则认为，“分配的正义是一种丰富的思想，它在哲学反思所及范围内绘制了整个善的世界。每一个东西都不能被忽略，我们日常生活的每一个特点都需要仔细地审查。人类社会是一个分配的社会。”并且，“分配正义观念不仅与占有有关，也与是（being）和做（doing）有关；不仅与消费有关，也与生产有关；不仅与土地、资本以及个人财产有关，也与身份和地位有关”。[20]:1 具体说来，沃尔泽对罗尔斯的批判有以下几点。

第一，罗尔斯分配正义的内容过于简单。在沃尔泽看来，罗尔斯的分配内容主要是社会基本的善，诸如“权利和自由、权力和机会、收入和财富，并且，这些基本的善都要平等地分配，除非中的一种价值或所有价值的一种不平等分配合乎每一个人的利益”[13]:62 。而其他的基本善，像“健康和精力、理智和想象力都是自然所赋予的”，因而不在分配正义所探讨的范围之内。但在沃尔泽看来，不论是物质性的善，还是精神方面的善都应该涵盖在分配正义之中，他指出：“分配的内容包括成员资格、权力、荣誉、宗教权威、神恩、亲属关系与爱、知识、财富、身体安全、工作与休闲、奖励与惩罚以及一些更狭义和更实际的物品——食物、住所、衣服、交通、医疗、各种商品，还有人们收集的所有稀奇古怪的东西（名画、珍本书、盖有印戳的邮票等）。并且，物品的这种多样性与多样化的分配程序、机构和标准相匹配。”[20]:2

第二，罗尔斯分配的方式比较单一。在以罗尔斯为代表的自由主义者眼里，分配要通过市场机制来进行，货币是最好的分配媒介。但在沃尔泽看来，“货币确实是商品经济产生以来最为常见的交换媒介，但有一些东西是金钱买不到的，也从来不曾有过一个普遍适用的交换媒介。……综观历史，市场是分配社会物品的最为重要的机制之一，但它从来不是，今天在任何地方也不是，一个完善的分配系统”[20]:2。

第三，罗尔斯的分配机构是唯一的。在罗尔斯的分配正义中，分配的机构只有一个，即政府；分配的模式也只有一种，即政府的再分配。但在沃尔泽看来，“从来就不存在单一的一种控制所有分配的决定点或一套做出决策的机构。”即使“国家政权也不曾拥有如此强大的渗透力，以至于能够归制社会得以形成的所有分享、分割和交换模式。”因为，“事物总是从国家控制的缝隙中溜出来，产生出新的模式——家族网络、黑市、官僚同盟、秘密的政治和宗教组织。国家官员能够征收、征兵、配给、管制、任命、奖赏，但他们却不能虏获全部的物品，也不能自己去替代其他任何一个分配代理人。其他任何人也做不到这一点：现实中确实有市场‘政变’和垄断，但从来不曾有过一个完全成功的分配阴谋”。[20]:2

最后，罗尔斯分配的标准、原则相对简单。众所周知，罗尔斯的分配正义原则有两个，即“平等自由的原则和机会平等原则与差别原则的结合”[13]:6。其分配的标准主要是平等，即“所有的社会善，都要平等的分配”。但沃尔泽却认为，“从来不存在一个适用于所有分配的单一标准或一套相互联系的标准。功绩、资格、出身和血统、友谊、需求、自由交换、政治忠诚、民主决策等，每一个都有它的位置，都与许多别的标准不那么和谐地共存，并被竞争集团所利用，彼此之间混淆在一起。”[20]:2-3因为社会的善是多样化的，因此我们不应该去追求所谓的唯一的分配标准，没有一种标准能与多样化的社会善相符合。也就是说不同的领域，应该有不同的分配标准，当然，标准多了，在某种程度上等于没有标准，所以沃尔泽的这一立场很容易导致相对主义。

2. *社会善的多元性——沃尔泽对罗尔斯善的分配模式的驳斥*

沃尔泽指出，分配正义的核心问题是如何分配社会善的问题，因此，他提出了自己的“善的理论”（theory of goods）以区别于罗尔斯的“权利优先于善”的观点。沃尔泽认为，罗尔斯关于社会基本善的观念是抽象的、假定的，人们在实际上并不会选择和追求。因为罗尔斯宣称：“我假定，无论还要求什么，要求这些善总是合理的，因为它们是构造和实施一项合理计划一般所必须的。我假定处于原初状态的人们采取的是上述这样一种善观念，因而他们把欲望更大的自由和机会，欲望实现他们的目的更广泛的手段看作是自然而然的。”[13]:435

沃尔泽认为罗尔斯分配善的模式——人们向（别的）人们分配善——过于简单，并且它使我们过快地对人的本质和道德的能动作用做出夸大的武断结论。[20]:5因为这种模式的焦点既不关注生产者，也不关注消费者，而是集中在分配代理人（前一个“人们”）和善的接受者（后一个“人们”）身上。而且，在这种情况下，只关注特殊的、受限制的意义上的“我们”的利益。而没有关注我们的天性是什么？我们的权利是什么？我们需要、想要、应得的是什么？……诸如此类的问题。而对这些问题的回答就转化成被假定为控制着善运动的分配原则。[20]:5沃尔泽认为这个模式是罗尔斯的，但其实并不是罗尔斯的。第一，这个模式的分配主体是“人们”，罗尔斯的分配主体是国家；第二，这个模式描述的行为是“分配”，而这里的“分配”更像是一种施舍，罗尔斯所描述的行为是“再分配”，而“再分配”是国家的一种功能。[21]:284-285

在对罗尔斯善的分配模式进行批判之后，沃尔泽提出了他自认为比罗尔斯更为严谨、复杂的善的分配模式：人们构思和创造出物品，然后在他们自己当中进行分配。[20]:5在这种模式里，构思和创造先于分配，并控制分配。善并非只是出现在分配代理人手中，让他们随心所欲地处置或按某个原则来分发。相反，先是人们有善及其意义的观念，然后人们通过这一观念摹制出分配的观念。这样，就不是分配主体控制善，而是主体被所拥有的善所约束；不是主体分配善，而是善在人们中间分配自己。沃尔泽的这个模式实际上完全是诺齐克的。[21]:285

沃尔泽的这个模式从善的意义出发，关注生产、分配和消费整个过程，其目的在于提出一种不同于罗尔斯一元分配理论的多元分配正义理论，而多元分配理论以善的多元论为基础，为了达到上述目的，沃尔泽归结出了六个论点。

(1)“分配的正义所关注的所有善都是社会的善。它们不是也不能作为个人癖好来估价。”[20]:6对于沃尔泽而言，善与其说是物品本身，还不如说指它的意义。所有善都是社会的善，意味着每件东西的意义是社会的；而意义则是由某种文化所赋予的。只有生活在特定社会中的人们才能理解善的意义。因为，“一个离群索居的人几乎不能够理解善的含义并想出善可爱或令人厌恶的原因。而一旦人们聚群而居，个人旨在得到别的价值——包括比如说臭名昭著和怪癖等价值——而带着潜伏或颠覆性企图离开群体就是可能的”[20]:7。由于善的意义不是个人和主观自生，而是社会文化所赋予的，且是人们共享的，因而也是多元的，因为在不同的文化背景下，人们对于善的意义的理解也不同。

(2)“男人们和女人们因他们构想和创造的方式不同而呈现出具体的特征，然后他们占有并使用社会的善。”[20]:7对于什么是善及善的意义的理解是很难区分的，人们先是有了关于什么是善及善的意义的观念，然后才有善的分配的行为。人们首先与善（既包括物质的东西也包括精神的东西）之间有了某种关系的历史，决定了其男人和女人的身份，否则人们不会有关于如何进行善的给予、配给和交换的最初观念。沃尔泽强调善与人们之间不可分离的关系，使人联想到诺齐克的权利理论。[20]:286

(3)“不存在可想象的跨越全部精神和物质世界的惟一一组首要的或基本的善。或者说，这样一组善已被构想得如此抽象以至于它们对于思考特定的分配作用甚微。”[20]:8沃尔泽的这一论点显然是批评罗尔斯的，因为在沃尔泽看来，罗尔斯分配正义的内容过于简单且比较抽象。在原初状态中，处于无知之幕后面的人们唯一知道的是社会基本的善，诸如“权利和自由、权力和机会、收入和财富，并且，这些基本的善都要平等地分配，除非中的一种价值或所有价值的一种不平等分配合乎每一个人的利益”[13]:62。

沃尔泽认为，罗尔斯之所以把“权利和自由、权力和机会、收入和财富”等当做是社会的基本善，主要因为它们是人们的生活必需品。但在他看来，即使是必需品，也应该包括精神必需品和物质必需品，其范围是非常广的，等级管理也是非常不同的。例如，食物通常是人人都需要的必需品，但食物在不同的地方它承载的含义也不同。“面包就是生命的全部，基督的身体，安息日的象征，待客的方法等等。”[20]:8因而，只能想象在一个有限的意义上说某种善是首要的、基本的。“如果世界上有二十个人和刚好足够的面包来满足二十个人的需要，那么，‘面包就是生命的全部’的首要性就会产生一个充分的分配原则。但那是该原则能够发挥作用的惟一环境；而且即便在那里，我们也不能确定该原则是否有效发挥作用。”[20]:8因此，当把这些基本善及其抽象的分配原则付诸实践时就变得毫无意义了。

(4)“善的公平分配与否与善的社会意义密切相关。”[20]:9 因为，分配的标准和制度安排不是善本身所固有的，而是社会善所内在需要的。如果我们理解善是什么，它对那些将他看做是一种善的人意味着什么，那么，我们就能理解它应当怎样、由谁、为何原因来分配了。在沃尔泽看来，这既是一个合法化原则，也是一个决定性原则。[20]:8 也就是说，如果某种善的分配与其社会意义一致，则这种分配就是合法的，因而也是正义的，反之，则是不正义的。

(5)“社会意义具有历史性，因而，分配以及公正的和不公正的分配是随着时间的推移而变化的。”[20]:10 但沃尔泽也承认，有些善的分配是可以跨越时空界限的，例如“职务应当给予合格的候选人”这个观念。

(6)“意义清楚明白后，分配必须是自主的。”[20]:10 所谓分配是自主的，是指每一种社会善或一组善都构成了一个分配领域，在这个领域内部，只有某些标准和安排是合适的。例如，金钱在教会职务领域是不恰当的，而虔诚在市场领域毫无优势。但是，由于社会意义在任何社会都不是完全清楚明确的，而且一个分配领域中发生的事情会影响别的分配领域的事情，因此人们至多只能寻求分配的相对自主。在沃尔泽看来，尽管相对自主不是检验所有分配的唯一标准，但它与社会意义一样，仍然是一个根本原则。

虽然沃尔泽多次宣称自己不是一个相对主义者，“我并非在一些批评者所指责的那样宣扬某种道德相对主义……我‘为多元主义和平等辩’不带任何相对主义色彩”[20]:序言1-2 。但他对于正义原则的论证却显然具有文化相对主义的性质。沃尔泽论证说，追寻一种普遍的正义理论是走错了方向。根本就不存在一种外在于共同体的视野，根本没有办法跳出我们的历史和文化的正义。他断言，要明确正义的各种要求，唯一的办法就是弄清每个特定的共同体如何理解各种社会利益的价值。如果一个社会的运作方式吻合其成员就该社会独特的常规与制度所达成的共识，该社会就是正义的。因此，确定正义原则与其说更应该通过哲学论证，不如说更应该通过文化阐释。[11]:383 他的相对主义倾向表现在下述几方面。

首先，“所有的分配是否正义都与那些善的社会意义相关”[20]:9 这一观点具有相对主义的性质。因为，社会意义是相对的，一种善的社会意义在不同的文化中是不同的。某种善分配的社会意义在一种文化中可能根据的是知识，在另外一种文化可能根据的是金钱，而在第三中文化中可能根据的是人的出身和地位……

其次，沃尔泽有关善的意义论述也具有相对主义的性质。在沃尔泽看来，善的意义是社会文化所赋予的，来源于人们的共识。但是，在任何一种文化中，什么是善及善的意义是什么，人们很难取得共识。而且，如果说善的意义是由文化所决定的，那么它的意义就是相对的。善在一种文化内部，其意义可能是共享的。但是，在不同的文化中，善的意义则大相径庭。在一种文化里被认为是善的东西，在另外一种文化里则可能不被认为是善的；即使被认为是善的，其意义也是不同的。文化的特殊性决定了善的意义的相对性。[21]:286

再次，沃尔泽的多元善理论亦具有相对主义倾向。在沃尔泽的多元善理论中，处于核心地位的是“社会意义”。不论是罗尔斯的公平正义理论，还是诺齐克的权利正义理论，都暗含着某种优先的原则，前者是公平优先，后者是权利至上。对于沃尔泽而言，社会意义是优先的。沃尔泽的论证思路是这样的：“分配正义同被分配的善有关；而善的价值取决于它们在人们精神和物质生活中的位置，即社会意义；社会意义具有文化的特殊性，不同的文化对相同的善拥有不同的理解；从而，分配正义是相对于社会意义而言的。”[21]:289 “如果分配正义是相对于社会意义而言的，而社会意义又具有文化的特殊性，那么就会产生两方面的问题：一是如何评价跨文化的分配正义？二是如何看待同一文化背景下的分配正义？”“沃尔泽将社会意义与正义直接关联起来，会导致在正义问题上的相对主义；把社会意义应用于政治现实，会导致在现实政治问题上的保守主义。”[21]:289-290 正如史蒂芬·缪哈尔与亚当·斯威夫特所指出的那样，“无可质疑的是，在沃尔泽的观点中有一条十分明显的相对主义线索；‘正义与社会意义相关……存在着为无数由文化、宗教、政治安排、地理条件等等所决定的无数可能的生活。如果一个特定的社会的实质生活是在特定的方式下——也就是，以某种忠实于它的成员的共同理解的方式——度过的，这个社会就是正义的’。”[22]:159

究竟什么是“社会意义”呢？在马克思那里，实际上指的是社会意识，但“在每一个时代占统治地位的思想都是统治阶级的思想”[23]:98，即一个社会的主流思想。在当今资本主义社会，占主导地位的思想还是处于统治地位的资产阶级的思想，确切地说，是自由主义思想。因而，一方面，不存在沃尔泽所谓的共识，没有共识，也就没有任何社会意义；另一方面，沃尔泽表面上看起来是在对罗尔斯进行批判，但实际上二者仍然是一致的，区别在于他们从不同的侧面来为资本主义的分配正义理念辩护罢了。也就是说，“沃尔泽对于罗尔斯的批评没有使他必然具有反自由主义的本质，或者至少并没有使他必然敌视经典的自由主义政治理论的特定核心线索。……沃尔泽作为一个对于自由主义的社群主义批评家，决不完全拒绝自由主义和自由主义者的价值。”[22]:176-177 沃尔泽的多元正义论在众多层面都只是对自由主义的一种斧正或纠偏，他的正义理论只不过是在追求复合平等的过程中对自由主义的一种复归罢了。

总的看来，社群主义对罗尔斯正义理论的批评是清晰而准确的，而且，在对《正义论》一书的前提假定进行尤为透彻的分析，并提出一种对他们所代表的那种政治哲学的重要挑战方面，他们是功不可没的。社群主义所提出的挑战，值得迄今为止罗尔斯及其捍卫者们为此所做出了的及在更大程度上做出的回应。

第三节 社群主义的自由观、权利观与国家观

正如我们在前面分析自由主义的自由观、权利观一样，社群主义的自由观与其权利理论也是交织在一起的。虽然社群主义反对自由主义建立在个人主义之上的个人自由与权利，但这并不意味着他们不尊重个人的自由与权利，只不过他们对自由和权利提出了与自由主义不同的看法。在社群主义看来，自由主义把自己的理论奠基于个人主义之上，而忽略了个人自由与福祉只有在共同体中才有可能；在社群主义那里，个人自由与权利的实现离不开社群，换句话说，社群是实现个人自由与权利的前提条件，自由主义那种普遍的、脱离社会历史环境的、先验的未受社群制约和束缚的个人自由与权利只能是一种理论的虚构，在实际生活中是不能够实现的。

一、政治权利与积极自由

自由主义者所主张的权利一般都是道德权利，即人本来就应该享有的权利，如自由权、生命权和平等权等，其最终的合法性根据是自然法。这是一种应然

权利，不需要根据特定的成文法典来解释。按照这种道德权利说，个人行为的正当性不取决于国家的法律，而依据个人的道德判断。进而言之，某些个人权利虽然可能违反政府的法律，但也不能据此就否认这些权利的正当性或合法性。德沃金就指出：言论自由就是源于自然法的一种普遍道德权利，在任何时候都不能被剥夺。即使政府认为公民将要说的话对国家来说弊将大于利，但是如果政府阻止他们说话，那也是错误的。因为个人的自由和权利是不可侵犯的。[24]:81-82

针对自由主义的道德权利观点，社群主义者主张政治权利。在他们看来，个人在道德上正当的要求未必能够成为其政治权利，因此政治权利比道德权利更为重要。例如，“人人都有权参政”这是一个完全正当的道德要求，但至今它仍未成为个人的普遍权利，在历史上更是大多数人没有享受过这种个人权利。反之，个人普遍享受的某些权利也不见得在道德上是正当的。在社群主义看来，权利就是一种由法律规定的人与人之间的社会关系，是一种保护个人正当利益的制度安排，离开了一定的社会规则或法律规范，个人的正当行为就无法变成不受他人干涉的权利，所以，自由主义者所说的普遍的应然的权利缺乏说服力。[24]:82

针对自由主义关注消极自由的观点，社群主义则更加重视积极自由。如前所述，自由主义一般把自由分为消极自由和积极自由，所谓消极自由就是个人无须政府的作为而获得的自由，对于这些自由，政府无论如何也不得加以侵犯，它只能消极地不作为。对于这些消极自由，国家自己不但不能侵犯，反而有保护它们不受他人侵犯的义务。另一类自由则是积极自由，即需要国家和政府的作为个人才能获得的自由。自由主义基于个人主义的立场，强调自我免受制约的自由，因而强调个人的消极自由。社群主义则强调自我的构成性，即自我的社会实现的依赖性，强调成员资格是个人获得自由的前提条件。依据社群主义的思维逻辑，自我自由获得某些社会政治、经济和文化条件的能力，对个人自由的实现才是至关重要的。那些制约个人自由选择的社会条件只有通过社群的积极努力才能实现，所以积极自由比消极自由更加重要。社群主义还认为，在实现个人的自由方面，政府和国家等任一社群的有所作为比其无所作为要好得多，个人在与政府合作中所获得的自由要比通过其单独行动所实现的自由的意义也要大得多。

在社群主义看来，自由主义那种绝对的、不受约束的自由是不存在的。因为完全的自由是一种空洞的状态，是一种理论上的虚构。社群主义者泰勒就指出，自我的自由不是天生的，而必然是环境形成的。没有一切外部制约和约束而达到自由的自我是毫无个性的，从而也没有确定的目的。自我的目的隐藏在个人的理性和创造之中。正是现实环境规定我们的目的，塑造我们的理性，激发我们的创造性。自由的自决是受社会现实环境所制约的，它不可能在我们现实之外规定任何具体的内容。

对于自由主义的个人权利至上的观点，社群主义则倡导集体（社群）权利。新自由主义一般认为权利是个人的正当要求，而不是集体的属性，权利的主体只能是个体，而不能是集体。在他们看来，集体都是由个体构成的，离开了个人的权利就没有集体的权利，反之，只要实现了个人权利，集体成员的权利自然就得到了实现。与此不同，社群主义者承认个体的权利，但更加强调集体权利的存在。在社群主义者眼里，集体（社群）的权利要比个体的权利更为重要，而且个体的权利也只有在社群中才可能实现。根据他们的观点，社群是一个有机的整体，它不但具有共同的文化和传统，而且也具有统一的认同和情感。这样的社群本身就具备了某种生命有机体的性质，从而也就具备了作为权利主体所要求的基本条件，如独立的意志和行动能力，承担一定的义务，等等。在他们看来，社群权利不但有其主体条件，而且有其客观要求。社群的基本功能之一，是对其成员分配各种利益和资源，满足成员的物质需要和精神需要，若社群自身没有权利，它就不能实现这种功能。任何社群都有一个解决冲突、制定或解释规范、分配利益的权威当局，成员对这种权威的认可和服从是社群生活的前提条件之一，对任何权威的承认必定包涵着对该当局的权利的承认。[24]:83-84可见，社群主义在强调集体权利的时候，在一定程度上忽视了个体的权利。实际上，个体权利和集体权利是相互联系，不可分离的。一方面，个体权利要服从与集体权利，另一方面，集体权利也应尊重个体权利。而且，不论是个体权利还是集体权利，都是与一定义务的实现分不开的，因为权利总是与义务联系在一起的。

对于新自由主义的“权利优先于善”的观点，社群主义也进行了批驳。在社群主义看来，这种主张从根本上说是错误的。正确的观点是权利以及界定权利的正义原则都必须建立在普遍的善之上，善优先于权利与正义原则。二者的分歧并不在于是否应该尊重权利，而是应该尊重一种什么样的权利（道德权利还是政治权利？个人权利还是集体权利？）以及权利能否能以一种不以任何特殊的善的观念为先决前提的方式，而得到人们的认同和正当合理性的证明。争论的核心不在于个体的要求更重要还是共同体的要求更重要，而在于支配社会基本结构的正义原则是否能够对该社会公民所信奉的相互竞争的道德信条和宗教确信保持中立。换句话说，根本的问题是权利是否优先于善。对于前者我们刚刚已经谈论过，这里再看看后一方面的问题。在桑德尔看来，“权利问题无法完全与有关权利所保护的实践道德价值的实质性判断分离开来”[25]前言:7。权利不可能优先于善，而是善优先于正义和权利。正义是与善相关的，而不是独立于善之外的。正义与权利应从特殊共同体或传统中人们共同信奉或广泛分享的那些价值中汲取其道德力量，正义原则和权利及其证明取亦决于它们所服务的那些目的的道德或内在善。

麦金太尔通过对正义一词的词源学考证，指出在古希腊词语中表达或象征“正义”的词有两个，即“dike”和“themis”，而这两个词更能充分地显示出正义内涵的“人”的意味。“麦金太尔以其深厚的古典语言学考辩明示我们：‘dike’源于词根‘deikenumi’，后者指‘我表明’（I show）或‘我指明’（I indicate）；‘themis’源于词根‘tithemi’，指‘我提出’（I put）或‘我制定’（I lay down）。‘dike’是所标明者，‘themis’是所制定者。而且这些名词是与这些动词联系在一起的。所以我们现在所处的不是僵死的词源学，而是人们在大量日常谈话中借以预设宇宙秩序之本性的一种方式。‘正义’的词源学意义告诉我们，对正义的理解不只是对外部客观的秩序或规则的了解，而且更重要的是对其背后所隐含的人之主体内在因素的了解。正义的秩序是由人来制定并由人去践行的，它只是人‘借以预设宇宙秩序之本性的一种方式。’没有‘我’和‘人们’的内在基础，也就是说，没有人的正义美德或没有具备正义美德的人，正义的秩序和规则就只能是一纸空文。”[5]译者序言:15-16

但自由主义的政治哲学追寻康德，以人的权利为核心，主张“权利优先于善。”在自由主义那里，“人的权利的正当合理性及其社会保障是第一位的，人的生活的正当与人的善生活或人的道德目的不仅被人为地分割开来，而且成了两个不可通约的领域。由是，'规则成了道德生活的首要概念'，而人的美德却被忽略，成了某种'按照相应道德原则而行动的欲望'或'按照基本正当原则而行动的强烈而通常是有效的欲望'"[5]译者序言:9。但在麦金太尔看来，"无论道德规则多么周全，如果人们不具备良好的道德品格或美德，也不可能对人的行为发生作用，更不用说成为人的行为规范了"[5]译者序言:9。他指出，"美德与法律还有另一种至关重要的联系，因为只有那些拥有正义美德的人才有可能知道如何运用法律。"也就是说，并不是权利或法则优先于善，而是先要有具备美德或善品德的人，然后才会遵循这些规则，因而不是"权利优先于善"，而是相反。

二、社群主义的"强国家"理论及对自由主义国家中立原则的批评

国家观是社群主义理论的重要组成部分，在国家问题上，几乎每一个社群主义者都有所论及，相对于新自由主义者在国家观问题上的"弱国家"与国家中立的观点，社群主义则主张一种"强国家"理论，并且主张国家对经济生活进行干预、调节，鼓励公民参与政治生活。

在社群主义先驱亚里士多德那里，国家（城邦）是人民谋求"至高无上的善"的组织，是具有共同利益的人们的"共同体"，是人们为实现完美生活而建立的社团，是为全社会谋求福利的组织，这是一种早期的国家至上论。亚里士多德认为国家统治的目的在于实现最高的"善业"，即使全城邦的人都过上优良的生活。而且，亚氏把国家的起源归于人的需要。亚里士多德认为，首先人有过好生活的天然要求，人的另一个天性只做最适合自己的事。由于人的天性存在差异，就有了分工，分工的维持需要合作。为了过好共同生活，人们必须组成共同体，这就是国家。其次，人天生有合群的性情，"人类在本性上应该是一个政治动物"[26]:30。自然赋予人类的目的是过优良的生活，而单独的个人连自足的生活都无法保障，更不要说过优良的生活。所以个体只有以其自己的身份参与城邦的生活时，才能达到优良的生活。"人类自然是趋向于城邦生活的动物"[26]:7，离开城邦，个人无法独立生活。亚里士多德这种国家至上的观点显然与当代自由主义国家中立立场是截然对立的。

当代社群主义者从亚里士多德那里汲取理论资源，对于自由主义的“国家中立”立场从以下两个方面进行了批驳。[24]:106-107

第一，社群主义认为自由主义的国家中立原则很难达到公共的善，很难实现公共利益。在社群主义看来，公民的美德和善是促进公共利益的基础，但公民的美德不是生来就拥有的，也不是自发地产生的，而是社会地形成的，是通过教育而获得的。公民的美德与其价值观是分不开的，一个具有美德的人必须知道什么是善的，什么是恶的，什么是值得尊敬的，什么是不值得做的。唯有国家才能引导公民确立正确的价值观，也唯有国家才能承担起对公民进行美德教育的责任。如果国家在这些方面保持中立而无所作为，让公民完全自发地作为，结果只能是损害社会的公共利益。所以，社群主义者说：为了社群的公共的善，必须拒绝中立原则；为了国家的“公益政治”，必须放弃自由主义的“中立政治”（politics of neutral concern）。

第二，自由主义的国家中立原则有害于民主政治的合法性。社群主义认为，基于中立原则建立起来的自由主义的政治制度必定不能维持其合法性，从而不能维护自由的文化。社群主义的代表人物之一泰勒指出，国家中立原则对民主政治的合法性有两大损害：首先，由于过分强调保护个人自由，以至于不鼓励某些更好的生活方式。自由的个人只有在一定的社会中才能维持其认同，他不可能只顾自己的选择而不顾他人的选择。个人的自由选择是多种多样的，这种自由选择的多样性恰恰只有在对它的价值具有共识的社会中才可能达到。其次，西方的民主制度正在经历合法性危机，产生这种危机的原因是福利国家正在对公民提出越来越多的要求，而公民却看不到国家在其中应起的核心作用。由于强调个人权利，每个人的自由选择常常独立于社会的“共同生活方式”，国家对此采取放任的不干预政策，从而使个人日益缺乏对公共利益的认同，公民不愿承担应当承担的义务，反而把国家为了推行福利国家而不得不建立的公正的自由民主秩序，当做是对其的非法要求。因此，没有任何论证能够使某个人以中立的态度对待世界、洞察道德本体，这种态度或者是取自“科学”的要求，或者沦为病理学的结果。[12]:11

在社群主义者看来，公民对国家事务的关心，对政治生活的积极参与，既是公民的应有职责，也是公民的美德。所以，与新自由主义者对政治生活的冷漠态度相反，他们倡导公民积极参与社会的公民生活，并且尽可能地扩展政治参与的范围。社群主义者认为，鼓励公民积极参与政治生活对于公民个人来说具有十分重要的意义：[24]:108-110

其一，公民的政治参与是实现自我价值的重要途径。社群主义者一直坚持把追逐公共利益当做是公民的一种美德，并把积极的实践当做实现美德的基本途径。在他们看来，国家的政治关系最大多数人的利益，是最重要的公共活动。丹尼尔·贝尔就指出：没有人怀疑国家都有其自己的政治目的，国家有权要求公民服从其政治目的，公民则有义务去实现国家的政治目的。每个公民都应当时刻关心国家的命运，在国家需要的时候，为了维护民族和国家的核心价值，甚至不惜去冒生命危险。在社群主义者眼里，这种对国家政治利益的奉献，显然是最高尚的美德，应当受到最高的褒扬。

其二，积极的政治参与是实现个人权利的基础。社群主义者实质上是把政治权利界定为个人参与政治决策的权利，因而把个人广泛的政治参与当做是民主政治的基础。正如沃尔则指出："如果所有群体的所有成员都分享政治权力的话，不同的男人和女人全体最可能得到尊重。"[20]:381 与新自由主义不同，他们从不认为个人的自由平等权利是天赋的秉性，而认为是社会过程的产物，是人们奋斗的结果，政治参与则是争取和扩大个人权利的最有效途径。沃尔泽和米勒都指出，最基本的个人权利不是别的，正是个人的成员资格和公民资格，没有积极的政治参与，这种成员资格和公民资格就不能真正实现，从而个人也就无法享受到充分的权利。

其三，个人积极的政治参与是防止专制集权的根本途径。社群主义认为，专制独裁经常发生在人们远离政治、对政治漠不关心的情况下。所以，使人们脱离公共争论和公共活动，就为专制独裁创造了基本的条件，没有公民积极而广泛的政治参与，就谈不上真正的民主政治。公民的参与不仅是政治领域防止专制集权的根本手段，在经济领域也是防止垄断和压迫的有效途径。据此，社群主义者也竭力提倡经济民主。沃尔泽在《正义诸领域——为多元主义与平等一辩》中特别强调，共同承担民主决策的责任不仅适用于公共政治领域，也适用于工厂和公司等领域。[20]:391-395

在经济领域，社群主义非常重视国家的作用，对此，戴维·米勒从以下五

个方面做出了详细的论述。[20]:111-112

第一，国家对经济的保护作用，即保护个人及其资源和利益不受外部的侵夺。分配给个人的自由、机会、物质资源等并不是没有威胁的，国家必须保护它们的安全。在米勒看来，保护职能的价值是不言而喻的。如果我们认为某种利益的分配是正当的，那么我们就有责任保护它免遭非自愿的分配。如果公民认识到他们所享有的利益受到国家的保护，并觉得安全，他们就会制定长远的计划，从而取得更多的诸如自由和资源等利益。

第二，国家的分配职能，即按照公正的分配原则对资源进行分配和再分配。广义地说，这一职能涉及两个方面。一方面涉及市场的正义，包括调节资本的进出、管制市场的过分投机、制定对个人和企业的适当的税收政策。另一方面也包括各种福利国家和收入再分配计划。米勒认为，这两种形式的分配有时是互补的，有时则是相互冲突的，国家应当设法避免其冲突。

第三，国家对经济的管理职能，即调节经济是满足效率的标准。这一职能包括许许多多的具体任务，其中有：控制需求膨胀，使劳动力和资本都能充分发挥作用；运用反托拉斯法和创办新公司等手段，确保特殊行业的竞争性；经营某些不宜竞争的行业；引导投资，以使新的资本产生最大的效用；提供生产和消费信息，使生产者和消费者做出更有效的选择；制定培训计划，使人们能不断更新知识和技能，以适应新的工作。

第四，国家提供公共物品的职能。由于市场不会自发地提供公共品，所以就需要由国家来提供。这不仅是因为实际的功用，而且也是对公民，同样也是对其利益的尊重。国家应当提供的公共利益，包括协作性的工作关系、公民资格、娱乐设施、公共交通、保护环境等。国家必须满足公民对这些公共利益的要求，并决定供应的范围和程度。不同的公共利益之间，以及公共利益与私人消费之间不免会有矛盾，国家的主要目标就是使各种需求保持最好的平衡。

第五，国家还必须履行自我再生产的职能。米勒说，这一职能常被忽视，但却极为重要。从最基本的层面上说，这意味着国家的正式制度机制，必须保证正当有效的政治参与；从更高的层面上说，国家应当提供免费有用的政治信息，使公民自由参与大众传播媒介的讨论；从最高的层面上说，国家应当维持公民必备的文化条件，例如，运用有效的教育体制，使成年公民有能力理解参与政治对话的重要性。此外，国家还必须保持自己的公正，必须在其自己的管理权限与各种利益团体的权限之间划定界线。

在社群主义看来，自由主义者没有认识到人是天生的社会存在者。自由主义则认为：社会是建立在人为的社会契约之上的，因此，就需要通过国家权利把天生的非社会的人凝结成社会。但在某种意义上相反的说法才是对的：自由主义者相信，人们会自然地形成和加入到社会关系与社会组织之中，正是在其中人们才懂得什么是善以及如何追求它。这种共同背景并不需要国家来提供，而国家反而有可能扭曲集体慎思和文化发展正常进程。似乎是社群主义才认为，如果没有国家主动地把个人联结在一起评价和追求善，个人就会陷入原子般的孤立。[11]:462

可见，社群主义与新自由主义在国家问题上的争论焦点集中在国家职能的看法上，即应该是强化国际职能还是弱化国家职能？新自由主义要求对国家职能进行弱化，即尽可能地限制国家的作用和公共政治生活的范围，同时扩大个人的私生活范围；相反，社群主义则要求强化国家的职能，认为一个缺少公共利益的社会即使再公正，也不是一个好社会；而只有国家所代表的公共政治生活才能促进公共利益的实现，所以为了国家和社群的利益甚至可以牺牲个人的利益。双方的观点都从某一个侧面反映了当代资本资本主义社会的病症，但又都具有片面性。因为过分强调国家政府在社会生活中的中立，会延误许多严重社会问题的解决，如贫富的两极分化、生态环境的恶化等，尤其当今人类社会所面临的全球问题的解决更需要世界各国与政府之间的合作与努力；但是，如果国家以公共利益的名义侵犯个人的自由与权利，实施专制和独裁，甚至对其他个人与组织对个人自由与权利的侵犯熟视无睹，又何来公民的自由与权利呢？[27]可见，新自由主义和社群主义在某种程度上都犯了片面性的错误，只有马克思主义正确的论述了国家的阶级本质，并正确阐明了国家的本质与职能。

社群主义不仅对自由主义在国家观上的中立立场进行了批判，而且对自由主义在考察社会善的时候所持的中立观点也进行了驳斥。

麦金太尔把现代自由主义称为学院派，并且在自由主义那里，“合理性要求人们首先抛弃自己一直习惯于借以理解我们的责任和我们的利益之社会关系的特殊性中抽离出来。……只有这样做，人们才能达到一种真正的中立和公平，并以此一方式，达到普遍的观点，摆脱可能会影响我们的那种派性、偏颇和片面性。而且，惟有如此，我们才能合理地估价各种相互竞争的正义解释”[5]:4。但是，自由主义对正义的普遍性和中立解释却是以一种特殊的党派性正义解释为前提假设的，即“自由主义是以个体主义为前提假设的，他的明显中立性不过是一种表象，而它的、存在于一种社会意义上的非现实存在才会合法达到的那些原则中的理想合理性概念，忽略了无法逃避的历史性和社会性情景关联特点，而这是任何实质性的合理性原则——无论是理论合理性原则，还是实践合理性原则——都必定具有的”[5]:5。

麦金太尔指出，自由主义者承诺的方式，其中没有压倒一切的善，也就是说在自由主义者看来，不存在社群主义所主张的共同善，善都是中立的。在自由主义者眼里，“承认一系列的善，伴随承认一系列独立划分的领域，其中每个领域内都有所求之善，即政治的、经济的、家庭的、艺术的、体育的、科学的善”。因此，“自由主义者的规范是典型地按照它不同种类的评价（每种评价都相互独立）在这些不同类型的社会环境中实施的规范。它具有如此的多样性，以至于不可能有一种包揽一切的善秩序。因此，要想训练进入自由社会秩序的文化，就意味着典型地变为这样一种人：对他来说，要追求各种各样的善才显得正常，而每种善都有适宜它自己的范围，不存在包揽一切的善来给生活提供整齐划一的统一性”。

麦金太尔指出，“自由主义的秩序是每种立场都可在其中提出其主张却在公共秩序框架内行不通的前提，因为没有压倒一切的人类之善理论可以成为合理的。”[5]:449 但是，“自由主义压倒一切的善，恰恰就只是自由主义的社会和政治秩序得以延续的支撑物。”这样，“自由主义起初时摒弃有关压倒一切之善的理论主张，事实上自己正好开始体现这种理论了。更有甚者，自由主义不能提供令人不得不信服的、赞成其人类善观念的论证（除了求助于已集体假设的那套理论之外）。自由主义理论化的出发点，在各种人类善概念之间从来就不是中立的；它们永远是自由主义的出发点。而自由主义内部关于自由主义正义的根本原则论战的无结论性增强了人们的这一看法：即我们最好把自由主义理解为，它根本不是一种试图发现一种不依赖传统的合理性的尝试，而是把它理解为它本身只是一种历史上已经发展的、而且还在发展着的一套社会制度与活动形式，就是说，把它理解为一种传统的声音。就像其他传统一样，自由主义有它那套权威的文本以及对其阐释的争论。也像其他传统一样，自由主义通过一种特殊的等级制而在社会中表达自己。”[5]:451-452

麦金太尔认为共同善是在社群中形成的，没有所谓中立的善。他指出：“关于社会的共同善，在自由主义无关系、无背景的独立个体的境遇中没有可能存在。共同善概念形成和实现的基础不在于道德规范的系统周全，更不在于罗尔斯精心设计的‘无知之幕’等概念支撑下的契约达成，而在于人们对自身传统和历史联系的认同，在于具有善品格和正义美德的个人对道德共同体的理解、认同、确信和忠诚。”[5]译者序言:21

小 结

社群主义采取整体主义、历史主义和特殊主义的方法论对自由主义进行了较为深入的批判，并取得了一些积极的、建设性的理论成果，表面上看来，二者似乎针锋相对。但如果用马克思主义的唯物史观进行分析可以看到，社群主义思潮仍然是一种自由主义的翻版，仍然是资产阶级意识形态的反映。从某种程度上来看，社群主义可以被称为后自由主义。

首先，社群主义与新自由主义一样，都产生于资本主义社会，二者在本质上都是资产阶级意识形态的反映。马克思、恩格斯指出：“统治阶级的思想在每一个时代都是占统治地位的思想。这就是说，一个阶级是社会上占统治地位的物质力量，同时也就是社会上占统治地位的精神力量。支配着物质生产资料的阶级，同时也支配着精神生产资料，因此，那些没有精神生产资料的人的思想，一般是隶属于这个阶级的。占统治地位的思想不过是占统治地位的物质关系在观念上的表现，不过是以思想的形式表现出来的占统治地位的物质关系；因而，这就是那些使某一个阶级成为统治阶级的关系在观念上的表现，因而这也就是这个阶级的统治的思想。此外，构成统治阶级的各个人也都具有意识，因而他们也会思维；既然他们作为一个阶级进行统治，并且决定着某一历史时代的整个面貌，那么不言而喻，他们在这个历史时代的一切领域中也会这样做，就是说，他们还作为思维着的人，作为思想的生产者进行统治，思想是一个时代的占统治地位的思想。”[23]:98-99 在当今资本主义发达国家，占统治地位的是垄断资产阶级，因而产生其中的自由主义和社群主义思想在本质上都是为垄断资产阶级服务的政治思想，只是其外表不同而已。虽然新自由主义和社群主义思潮在论述其具体理论主张时采取的方法有所不同，其具体理论内容也有所差异，但其根本阶级属性具有同一性。虽然他们在如何维护垄断资本集团利益的方式上存在“差异”，但在维护整个资产阶级社会的稳定这个目标上却是“大同”的。因此，也就不奇怪有学者把社群主义称为后自由主义了。

其次，社群主义采取不同的方法论对自由主义的批判只是某种形式的补充与纠偏，而不是要真正代替自由主义。而且，从当代西方社会的现实来看，自由主义确实需要社群主义不时地加以纠正，例如我们前面提到的西方社会日益个体化的倾向就需要社群公共利益理论加以纠正。但是，社群主义与自由主义对当代西方自由民主社会的基本价值所持的态度是相同的，他们都认为自由、正义、权利等都是现代西方社会所不可缺失的。所以说，社群主义应当被视为是对自由主义的一种补充，而不是要取代他们。社群主义对自由主义提出的挑战仍然是在自由主义思想缔造的宪政框架和意识形态前提下进行的，在当今西方资本主义社会，政治哲学的主流话语依然是自由主义。

由此可见，社群主义并没有从根本上超越自由主义。社群主义的方法论的确具有一定的合理性，但其局限性也是在所难免的，采用这样的方法也是不可能对政治哲学的基本问题进行科学阐释的。只有马克思主义的唯物史观从根本上超越了社群主义和自由主义，在唯物史观的指导下才能对政治哲学的基本问题作出科学的、准确的解释。

参考文献

[1] Seidman S. Liberalism and the Origins of European Social Theory. California：University of California Press，1983

[2] Gutmann A. Communitarian Critics of Liberalism. Philosophy and public affairs，1985，4 (3)

[3] 亚当·斯威夫特．政治哲学导论．萧韶译．南京：江苏人民出版社，2006

[4] 顾肃．当代自由主义对社群主义理论挑战的回应．哲学动态，2002，(11)

[5] 阿拉斯戴尔·麦金太尔．谁之正义？何种合理性？万俊人等译．北京：当代中国出

版社，1996

[6] 阿拉斯戴尔·麦金太尔．追寻美德．宋继杰译．南京：译林出版社，2003

[7] Sandel M J. Liberalism and the limits of Justice. Cambridge：Cambridge University Press，1998

[8] Rawls J. A Theory of Justice. Cambridge：Harvard University Press，1971

[9] Taylor C. Atomism. In：Taylor C. Philosophy and the Human Sciences：Philosophical Papers. Vol II. Cambridge：Cambridge University Press，1985

[10] 袁久红．正义与历史实践——当代西方自由主义正义理论批判．南京：东南大学出版社，2002

[11] 威尔·金里卡．当代政治哲学．刘莘译．上海：上海三联书店，2004

[12] 查尔斯·泰勒．自我的根源：现代认同的形成．韩震等译．南京：译林出版社，2001

[13] 约翰·罗尔斯．正义论．何怀宏等译．北京：中国社会科学出版社，1988

[14] 亚里士多德．尼各马科伦理学．北京：中国社会出版社，1999

[15] MacIntyre A. After Virtue. Notre Dame Ind：University of Notre Dame Press，1984

[16] Sandel M J. Liberalism and Its Critics. New York：New York University Press，1984

[17] Michael W. Spheres of Justice. Oxford：Blackwell Press，1985

[18] Dworkin R. Taking Rights Seriously. Cambridge：Oxford University Press，1977

[19] 俞可平．从权利政治学到公益政治学．载：刘军宁，王焱．自由与社群．VoL 4．北京：生活·读书·新知三联书店，1998

[20] 迈克尔·沃尔泽．正义诸领域：为多元主义与平等一辩．褚松燕译．南京：译林出版社，2002

[21] 姚大志．何谓正义：当代西方政治哲学研究．北京：人民出版社，2007

[22] 史蒂芬·缪哈尔，亚当·斯威夫特．自由主义者与社群主义者．孙晓春译．长春：吉林人民出版社，2007

[23] 马克思，恩格斯．马克思恩格斯选集．第1卷．中共中央马克思恩格斯列宁斯大林著作编译局编译．北京：人民出版社，1995

[24] 俞可平．社群主义．北京：中国社会科学出版社，1998

[25] 迈克尔·桑德尔．自由主义与正义的局限．万俊人译．南京：译林出版社，2001

[26] 亚里士多德．政治学．北京：商务印书馆，1996

[27] 丁东红．异军突起的社群主义．学习时报，2004-04-26

第四章 自由人联合体——唯物史观对社群主义方法论的超越

社群主义和新自由主义都是以个人与社群的关系为中心来建立各自的整个政治哲学理论体系的，前者认为个人是生活在社群之中的，后者认为个人先于社会而存在。在马克思主义唯物史观看来，无论什么时候，人总是生活在一定的社会（社群）中，每一种社会组织形式都是以人们之间相互交往的社会关系为基础的。离开了人与人之间的相互交往关系，就无所谓的社会、社群和共同体了。因此，自由主义的抽象的个人是不存在的。虽然社群主义采取整体主义、历史主义和特殊主义的方法论对崇尚个人至上的新自由主义的个人主义、普遍主义和非历史主义理论做出了一定程度的合理批判，指出自我（个人）脱离不了情感纽带、社群关系等制约，在一定程度上认识到了自由、正义与权利的社会历史性，但与马克思主义唯物史观相比，它们的自我仍然没有认识到隐藏在这些表象之后的物质生产实践关系，因而社群主义的自我仍然是抽象的，而且社群主义的"社群"也只是一种虚幻的共同体；社群主义的自由观、权利观和正义观也仍然是虚幻的、不能实现的。只有马克思主义从"现实的个人"出发，利用科学的方法——历史唯物主义的基本方法在个人与社会（社群、群体、共同体）的互动关系中正确揭示了个人的社会本质以及个人与社会的密切联系，并且对自由、正义与权利等政治哲学的基本问题进行了科学地阐释。

自由主义与社群主义争论的核心论题——自我与社群的关系在马克思主义看来实际上指的是个人与社会的关系。唯物史观认为，对待个人和社会关系的正确态度是发展自己个性，争取自身解放的时候，不妨碍他人的自由，并把个人的解放和自由作为一切人的解放和自由的条件。换句话说，个人的自由和解放只有在争取群体与社会的自由和解放中才能得到实现。马克思主义指出，只有共产主义社会才能实现人和自然、个人和社会、个体与类之间的和谐发展，实现人类的全面解放。

以罗尔斯和诺齐克为代表的当代自由主义理论从现实的生活矛盾出发，追求个人权利的神圣不可侵犯这一价值目的，并以个人为本位确立其理论的重心；而以麦金太尔等为代表的社群主义为了挽救资本主义社会个人主义带来的现代性危机，重新确立社群的价值和共同善（commonm goods）的范式，他们以社群为本位确立其理论的重心；二者的理论都走向了一个极端从而把个人与社会对立起来，因而都没能合理地解决好个人与社会之间的矛盾，两者的理论都有失于片面。而马克思主义则以历史唯物主义和辩证唯物主义为基础，以阶级分析方法和历史分析方法为指导，以个人和社会关系的互动为前提，从现实的个人出发，把政治哲学的基本问题纳入到历史境域中去探讨，从而正确揭示了自由、正义、权利与国家的本质，科学地阐明了政治哲学的基本问题，并指出："自由人联合体"即共产主义社会才是人类的最终诉求。至此，马克思主义的唯物史观从根本上完成了对社群主义方法论的超越。

第一节　"现实的个人"与"真实共同体"——唯物史观对自由主义的个人主义和社群主义的抽象整体主义的扬弃

在马克思主义看来，自由主义思想家研究问题的出发点是一种抽象的、孤立的、超社会的"自然人"，也就是说他们是以一种抽象的人性论作为其理论前提的。因而他们不可能正确的解释个人与社会的关系，也不可能正确地阐明自由、权利和正义的本质。马克思认为，这种以抽象的人性论为前提的哲学思想，在理论上是一种"鲁滨逊故事的错觉"，在实践中便会以个人主义立场来阐述其政治哲学理论。而马克思主义则以"现实的个人"为出发点构建其政治哲学的基本理论。

马克思、恩格斯早就对自由主义把抽象的人性论作为解决政治哲学基本问题（正义、自由、权利等）的理论前提的唯心史观进行了批判。在马克思、恩格斯看来，对这些问题的解释，必须从"现实的前提出发，而且一刻也不离开这种前提。它的前提是人，但不是处在某种幻想的与世隔绝、离群索居状态的人，而是处在一定条件下进行生产的现实的、可以通过经验观察到的发展过程中的人”[1]:73。马克思主义正是从现实的、生活在一定社会关系中的人出发，来研究、解释正义、权利等问题的，从而使政治哲学的理论前提有了坚实的载体——现实的个人。

社群主义的抽象整体主义虽然在一定程度上强调了“自我”对社群的依赖，然而，但它并未完全正确地把握个人与社会、自我与传统的真实关系。它与自由主义一样片面地看待了这种联系，区别只在于二者抓住了不同的方面。相对于自由主义的个人主义完全以个人为本位，轻视社会存在的意义而言，社群主义的整体主义则完全以社会（社群）整体为本位，漠视个人的价值，把社群传统看成是脱离了个人而存在的抽象整体。唯物史观认为，一方面个人的本性是自由自觉的，但另一方面个人又是生活在真实共同体之中的，是受社会关系所制约和影响的。正是在对个人与社会互动关系科学把握的基础上，唯物史观完成了对自由主义的个人主义与社群主义的抽象整体主义的批判。

一、现实的个人——唯物史观对自由主义的个人主义立场的批评

任何一种理论都有其研究的出发点，马克思主义唯物史观也不例外。马克思指出，解释问题的前提不能是虚构的，虚构的前提什么问题也不能够解释。“我们现在必须弄清楚私有制，贪欲和劳动、资本、地产三者的分离之间，交换和竞争之间，人的价值和人的贬值之间，垄断和竞争等等之间，这全部异化和货币制度之间的本质关系。但不要像国民经济学家那样，当他想说明什么的时候，总是置身于一种虚构的原始状态。这样的原始状态什么问题也说明不了。”[2]:51 “由此可见，事情是这样的：以一定的方式进行生产活动的一定的个人，发生一定的社会关系和政治关系。经验的观察在任何情况下都应当根据经验来揭示社会结构和政治结构同生产的联系，而不应当带有任何神秘和思辨的色彩。社会结构和国家总是从一定的个人的生活过程中产生的。但是，这里所说的个人不是他们自己或别人想象中的那种个人，而是现实中的个人，也就是说，这些个人是从事活动的，进行物质生产的，因而是在一定的物质的、不受

他们任意支配的界限、前提和条件下活动着的。”[1]:71-72 从马克思主义角度看，从以罗尔斯为代表的新自由主义那种原初状态和无知之幕之中构建出的抽象、虚幻的个人出发，是不可能解决任何问题的，解决问题的出发点在于“现实的个人”。对于自由主义主义抽象、虚幻的个人及个人主义立场，马克思主义的唯物史观从各个方面进行了批驳，并论述了“现实的人”的基本特征。

1. 现实的个人的社会性

在唯物史观那里，人的现实本质表现为人的社会属性，人的实践活动是社会性的活动，因而自由主义那种不受社会关系制约的无拘无束的虚幻个人是不存在的。

马克思主义认为，人只有结成一定的社会关系，构成能够同自然力量相抗衡的社会力量，才能进行改造自然的活动，才能有劳动生产活动。因此，社会是人的独特的存在形式，人的本质就只能是一种社会性的存在本质。离开社会关系，尽管人有生命机体，也并不能成为完整的、真正的人。人只有在生活在一定的社会关系中才能成为完全意义上的人。人的自然属性以扬弃了的形式包含在人的社会本质之中，人的意识属性也只是人的社会本质的表现，人是因为获得了社会本质才具有意识的属性的。人是一个什么样的人，即人具有什么样的现实本质，完全是由人所处的社会关系规定的。马克思说：“人的本质并不是单个人所固有的抽象物。在其现实性上，它是一切社会关系的总和。”[1]:60 发现人的社会本质是马克思在人类思想史上的伟大贡献，他把人理解为现实的活生生的具体的人，从而彻底克服了自由主义对人本质的抽象说明。

在唯物史观看来，自由主义那种离开社会关系制约的纯粹抽象的个人，是从来就不存在的。任何人类个体，实际上都是属于一定的社会形式、处于一定的社会关系之中的。人总是生活在一定社会关系之中，总是一定社会关系的总和。以社会主义市场经济为基础的和谐有序的社会关系，本身就是现代中国人的存在形式。“脱离了社会秩序就没有人的存在，人只能通过社会秩序来发展自己的个性，并且随着社会的发展而发展。”[3]:275

对于自由主义所宣扬的那种无牵无挂、不受约束的个人，马克思对之进行了最为透彻的批判。与个人主义的抽象个人相反，在马克思看来，“人不是抽象的蛰居于世界之外的存在物，人就是人的世界，就是国家，社会。”[1]:1 在马克思看来，被亚当·斯密和大卫·李嘉图当做出发点的单个的孤立的猎人和渔夫，属于“18世纪的缺乏想象力的虚构”。同样，自由主义者卢梭通过契约来建立天上独立的主体之间的关系和联系的“社会契约论”，统统都是“错觉，是美学上大大小小的鲁滨逊故事所造成的假象”。这倒是对于16世纪以来就进行准备，而在18世纪大踏步走向成熟的“市民社会”的预感。在这个自由竞争的社会里，单个的人表现为摆脱了自然联系等，而在过去的历史时代，自然联系等使他成为一定的狭隘人群的附属物。这种18世纪的个人，一方面是封建社会形式解体的产物，另一方面是16世纪以来新兴生产力的产物，而在18世纪的预言家看来，这种个人不是历史的结果，而是历史的起点。因为，按照他们关于人类天性的看法，合乎自然的个人并不是从历史中产生的，而是由自然造成的。这样的错觉是到现在为止的每个新时代所具有的。斯图尔特在许多方面同18世纪对立并作为贵族比较多地站在历史基础上，从而避免了这种局限性。[4]:1-2

个人的社会性问题是一个古老的话题，中国古代的思想家也有所论及。在某种意义上看来，中国传统文化思想既关注个人自身的价值，又重视社会对个人的影响。一方面，个人的“正心、诚意、格物、致知、修身”是“齐家、治国、平天下”的基础，而“内圣外王”“天人合一”也是个人生存的最高境界。就此而言，个人既是中国文化传统的出发点，又是中国文化传统的最终归宿。但在另一方面，与西方个人主义传统不同的是，中国传统强调个人在社会生活中所扮演的角色的重要性，强调个人与他人、集体和社会之间的关联。个人的价值是通过其为他人、集体和社会尽职尽责而体现出来的，家庭和国家是个人生命意义的寄托。因此，“中国社会思想的显著特征之一是强调个人义务甚于强调个人权利和个人对社会的特权。不要问社会能为你做点什么，而要问你能为社会做点什么——这是真正的中国精神”。

可见，中国传统文化思想对个人赖以存在和发展的集体的强调与马克思主义的唯物史观是基本吻合的，在强调个人的社会性方面，他们具有某种程度的一致性。马克思主义自产生之日起就对个人予以高度的重视，相信“全部人类历史的第一个前提无疑是有生命的个人的存在”[1]:67。但马克思主义所说的个人不是那种抽象的、孤立的个人，而是从事物质资料的生产活动和其他物质性的交往活动，处于一定社会关系中的人。在马克思主义看来，这种社会关系的总和就是人的本质。

马克思主义从来就不侈谈任何抽象的个人问题，而是基于历史现实的基础，将人与社会视为统一不可分割的现实联系。一方面，它既指出了"现实的人"和人的生活（衣、食、住、行）是人类社会产生的第一前提；另一方面，它又科学地揭示出"人的本质"在其现实性上"是一切社会关系的总和"。也就是说，历史上绝不存在任何脱离社会、超于社会关系的个人，人的孤立存在只可能存在于逻辑的思维抽象之中，对于"社会"也是如此。因此，社会与个人在作为价值实体存在的本原特性上是和它们的客观历史存在一样不可分割地联系在一起的。

不仅个人是生活在社会关系之中的，而且个人利益也是与社会整体利益分离不开的。马克思主义在多个地方指出："人的本质是人的真正的社会联系，所以人在积极实现自己本质的过程中创造、生产人的社会联系、社会本质。"[5]:24 "人的本质不是单个人所固有的抽象物，在其现实性上，它是一切社会关系的总和。"[1]:60 社会的细胞当然是众多的个人，但不是抽象的、孤立的单个人的简单集合，而是通过一定的社会关系组织起来的。在个人与社会的关系中一定的社会关系把众多个人联结起来，不同社会关系中个体有不同的性质，是社会关系规定着个体的质，社会关系才是组成社会的更为基本的单位。所以，马克思主义并不否认个人利益，但是不承认脱离一定经济、社会关系的抽象的、孤立的私人利益。马克思说："各个人的出发点总是他们自己，不过当然是处于既有的历史条件和关系范围之内的自己，而不是玄想家们所理解的'纯粹的'个人。"[1]:119

人是类存在物，而且是一个合群的动物。马克思主义指出："人是类存在物，不仅因为人在实践上和理论上都把类——他自身的类以及其他物的类——当作自己的对象；而且因为——这只是同一种事物的另一种说法——人把自身当作现有的、有生命的类来对待，因为人把自身当作普遍的因而也是自由的存在物来对待。"[2]:56 "我们已经看到，在被积极扬弃的私有财产的前提下，人如何生产人——他自己和别人，直接体现他的个性的对象如何是他自己为别人的存在，同时是这个别人的存在，而且也是这个别人为他的存在。但是，同样，无论是劳动的材料还是作为主体的人，都既是运动的结果，又是运动的出发点

(并且二者必须是这个出发点，私有财产的历史必然性就在于此。)因此，社会性质是整个运动的普遍性质；正像社会本身生产作为人的人一样，社会也是由人生产的。活动和享受，无论就其内容或就其存在方式来说，都是社会的活动和社会的享受。自然界的人的本质只有对社会的人来说才是存在的；因为只有在社会中，自然界对人来说才是人与人联系的纽带，才是他为别人的存在和别人为他的存在，只有在社会中，自然界才是人自己的人的存在的基础。才是人的现实的生活要素。只有在社会中，人的自然的存在对他来说才是自己的人的存在，并且自然界对他来说才成为人。因此，社会是人同自然界的完成了的本质的统一，是自然界的真正复活，是人的实现了的自然主义和自然界的实现了的人道主义。”[2]:82-83

马克思还指出：“我们越往前追溯历史，个人，从而也就是进行生产的个人，就越表现为不独立，从属于一个更大的整体；最初还是十分自然地在家庭和扩大成为氏族的家庭中；后来是在由氏族间的冲突和融合而产生的各种形式的公社中。只有到18世纪，在‘市民社会’中，社会联合的各种形式，对个人说来，才表现为只是达到他私人目的的手段，才表现为外在的必然性。但是，产生这种孤立个人的观点的时代，正是迄今为止最发达的社会关系（从这个观点来看是一般关系）的时代。人是最名副其实的政治动物，不仅是一种合群的动物，而且是只有在社会中才能独立的动物。孤立的个人在社会之外进行生产——这是罕见的事，在已经内在地具有社会力量的文明人偶然落荒时，可能会发生这种事情——就像许多个人不在一起生活和彼此交谈而竟有语言的发展一样，是不可思议的。”[4]:2也就说，人只有在一定的社会关系中结合成一定的社会共同体，才能进行改造自然和社会的活动。单个的人在自然界面前是无能为力的，单个的人只可能作为自然界的奴隶，而不可能作为自然界的主人。

个人所从事的活动亦具有社会性，个人意识是社会意识（类意识）的一种存在形式。对此，马克思指出：“甚至当我从事科学之类的活动，即从事一种我只在很少情况下才能同别人进行直接联系的活动的时候，我也是社会的，因为我是作为人活动的。不仅我的活动所需的材料——甚至思想家用来进行活动的语言——是作为社会的产品给予我的，而且我本身的存在是社会的活动；因此，我从自身所做出的东西，是我从自身为社会做出的，并且意识到我自己是社会存在物。”[2]:84-85不仅如此，而且“我的普遍意识不过是以现实共同体、社会存在物为生动形式的那个东西的理论形式，而在今天，普遍意识是现实生活的抽象，并且作为这样的抽象是与现实生活相敌对的。因此，我的普遍意识的活动——作为一种活动——也是我作为社会存在物的理论存在。”“作为类意识，人确证自己的现实的社会生活，并且只有是在思维中复现自己的现实存在；反之，类存在则在类意识中确证自己，并且在自己的普遍性中作为思维着的存在物自为地存在着。”[2]:84

虽然个人具有社会性，受社会关系所制约，不是自由主义所描绘的“抽象的、虚幻的个人”，但同时，个人也不是像社群主义设想的那样，是和社会截然对立的。因此，我们应当避免把“社会”当做抽象的共同体与个体对立起来，个体是社会存在物。个体的生命表现，即使不采取共同的、与他人一起完成的生命表现这种直接形式，也是社会生活的表现和确证。人的个体生活和类生活不是各不相同的，尽管个体生活的存在方式是——必然是——类生活的较为特殊的或者较为普遍的方式，而类生活是较为特殊的或者较为普遍的个体生活。在马克思主义看来，人既是个体又是总体。因此，人是一个特殊的个体，并且正是他的特殊性使他成为一个个体，成为一个现实的、单个的社会存在物，同样，他也是总体，观念的总体，被思考和被感知的社会的自为的主体存在，正如他在现实中既作为对社会存在的直观和现实享受而存在，又作为人的生命表现的总体一样。[2]:84

2. 现实的个人的历史性

唯物史观认为，不仅个人是生活在社会之中的，而且个人的活动、本质及其生活其中的社会都是随着历史的发展而不断变化的，亦即具有社会历史性。现实的个人都是从事物质生产活动的人，而物质生产活动则是具体的、历史的、变化发展的，这就决定了人的本质和社会也必然是具体的、历史的和变化发展的。也就是说，人和社会都是一种历史性的存在。而且，从本质上看，也只有人及其社会才是历史性的存在。

现实的人的本质是历史的、全面的，随着生产力与生产关系的矛盾运动的不断发展，人的本质及其内容也将不断发生变化并向前发展。自由主义那种抽象的、一成不变的人性只能是理论上的虚构。马克思指出：“为了人并且通过人对人的本质和人的生命、对象性的人和人的作品的感性占有，不应当仅仅被理解为直接的、片面的享受，不应当仅仅被理解为占有、拥有。人以一种全面的方式，就是说作为一个总体的人，占有自己的全面的本质。”[2]:85

自由主义那种先天就有的、永恒不变的人性是不存在的。世界上一切事物和现象都是永恒地运动、变化和发展的，人和人的本质也如此。马克思主义唯物史观从现实的个人出发，在历史过程中去把握人的本质。对此，马克思、恩格斯早就指出："德国哲学从天国降到人间；和它完全相反，这里我们是从人间升到天国。这就是说，我们不是从人们所说的、所设想出来的、想象的东西出发，也不是从口头说的，思考出来的、设想出来的、想象出来的人出发，去理解有血有肉的人。我们的出发点是从事实际活动的人，而且从他们的现实过程还可以描绘出这一生活过程在意识形态上的反射和反响的发展。甚至人们头脑中的模糊幻象也是他们的可以通过经验来确认的、与物质前提相联系的物质生活过程的必然升华物。因此，道德、宗教、形而上学和其他意识形态，以及与他们相适应的意识形态便不在保留独立性的外观了。它们没有历史，没有发展，而发展着的自己的物质生产和物质交往的人们，在改变自己的这个现实的同时也改变着自己的思维和思维的产物。不是意识决定生活，而是生活决定意识。前一种考察方法从意识出发，把意识看做是有生命的个人。后一种符合现实生活的考察方法则从现实的、有生命的个人本身出发，把意识仅仅看做是他们的意识。”[1]:73

马克思主义考察人的本质的前提是人，“但不是处在某种虚幻的离群索居和固定不变状态的人，而是处在现实的、可以通过经验观察到的、在一定条件下进行发展过程中的人。只要描绘出这个能动的生活过程，历史就不再像那些活动本身还是抽象的经验论者所认为的那样，是一些僵死的事实的汇集，也不再像唯心主义者所认为的那样，是想象的主体的想象活动”[1]:73。人类的社会实践是一刻不停地进行着、发展着，人和自然界的关系以及人们相互之间的关系都在实践过程中不断地改变着、发展着；相应地，人的本性、人的本质也不可能凝固不变，而总是随着人类历史的向前发展而不断地变化发展的。人的实践不同，人的社会关系不同，人的本质也就不同。正如马克思所说：“不管是人们的‘内在本性’，或者是人们对这种本性的‘意识’，即他们的‘理性’，向来都是

历史的产物。”[6]:567 “整个历史无非是人性的不断改变而已。”[7]:174

3. 现实的个人的实践性

在自由主义者看来，人是一种理性的存在，所以人能够自由选择，自由地追求正义、平等与权利。马克思主义唯物史观认为，自由主义的看法的确具有一定的合理性，但人不仅仅是一种理性的存在，而且也是一种感性的存在，更为重要的是，人的本质是感性与理性统一基础上的实践特性。

实践活动是人与动物区别的根本标志之一。马克思主义指出：“我们所要谈的前提不是任意提出的，不是教条，而是一些只有在想象中才能撇开的现实前提。这是一些现实的个人，是他们的活动和他们的物质生活条件，包括他们已有的和由他们自己的活动创造出来的物质生活条件。因此，这些前提可以用纯粹经验的方法来确认。”“全部人类历史的第一前提无疑是有生命的个人的存在。因此，第一个需要确认的事实就是这些个人的肉体组织以及由此产生的个人对自然的关系。当然，我们在这里既不能深入研究人们自身的生理特性，也不能深入研究人们所处的各种自然条件——物质条件、山岳水文地理条件、气候条件以及其他条件。任何历史记载都应当从这些自然基础以及它们在历史进程中由于人的活动而发生的变更出发。可以根据意识、宗教或随便别的什么来区别人和动物。一当人开始生产自己的生活资料的时候，这一步是由他们的肉体组织所决定的，人本身就开始把自己和动物区别开来。人们生产自己的生活资料，同时间接地生产着自己的物质生活本身。”[1]:66-67 也就是说，一旦人们开始从事物质生产活动时，人和动物的区别就显现了。

现实的人的意识也是在实践中形成的。马克思、恩格斯指出：“思想、观念、意识的生产最初是直接与人们的物质活动，与人们的物质交往，与现实生活的语言交织在一起的。人们的想象、思维、精神交往在这里还是人们物质行动的直接产物。表现在某一民族的政治、法律、道德、宗教、形而上学等的语言中的精神生产也是这样。人们是自己的观念、思想等等的生产者，但这里说的人们是现实的、从事活动的人们，他们受自己的生产力和与之相适应的交往的一定发展——直到交往的最遥远的形态——所制约。意识在任何时候只能是被意识到了的存在，而人们的存在就是他们的现实生活过程。”[1]:72 脱离了人们的物质生产活动是不可能产生人们的意识的。

人的本质是由人们所从事的物质生产活动所决定的。“人们用以生产自己的生活资料的方式，首先取决于他们已有的和需要再生产的生活资料本身的特性。这种生产方式不应当只从它是个人肉体存在的再生产这方面加以考察。它在更大程度上是个人的一定的活动方式，是他们表现自己生活的一定方式、是他们的一定的生活方式。个人怎样表现自己生活，他们自己就是怎样。因此，他们是什么样的，这同他们的生产是一致的——既和他们生产什么一致，又和他们怎样生产一致。因而，个人是什么样的，这取决于他们进行生产的物质条件。”[1]:66-67

马克思主义认为，人的自然属性和社会属性都是在劳动实践中形成、丰富和发展起来的。离开了劳动实践，不仅不能理解人的社会属性，连人的自然属性也难以说明。“因为不仅是五官感觉，而且所谓的精神感觉、实践感觉（意志、爱等等）——总之，人的感觉、感觉的人类性——都只是由于相应的对象的存在，由于存在着人化了的自然界，才产生出来的。五官感觉的形成是以往全部世界史的产物。囿于粗陋的实际需要的感觉只具有有限的意义。”[2]:87而社会本身是人们交互作用的产物，又是个人活动借以实现的必然形式，现实的人是不能脱离社会而孤立存在的，“为了进行生产，人们相互之间便发生一定的联系和关系；只有在这些社会联系和社会关系的范围内，才会有他们对自然界的影响，才会有生产”[1]:344。所以，人作为社会存在物的本质，只能是人的社会本质，即人的社会联系、社会关系。马克思指出：“因为人的本质是人的真正的社会联系，所以人在积极实现自己本质的过程中创造、生产人的社会联系、社会本质，而社会本质不是一种同单个人相对立的抽象的一般的力量，而是每一个单个人的本质，是他自己的活动，他自己的生活，他自己的享受，他自己的财富。”[5]:24

从马克思主义唯物史观的视角来看，“现实的个人”不仅仅是一种感性的存在，也不仅仅是一种理性的存在，从其现实性上说，人是一种包含理性在内的感性活动的存在，即实践的存在。实践是人特有的生存方式。人在实践活动中把自己从动物界区分出来，创造出了人之为人的一切本质特性。由此，唯物史观对人的社会性、历史性与实践性的阐释从根本上超越了自由主义的抽象的、虚幻的个人。

二、真实共同体——唯物史观对社群主义的抽象整体主义的反驳

马克思主义唯物史观从现实的个人出发，指出人的特性在于其社会性、历史性与实践性。在个人与社会的关系上，马克思主义指出现实的个人构成社会，但在社会形成之后，人又要受社会关系的制约。个人不可能离开共同体（社会）而存在，但这种共同体也不是一般意义上的共同体，而是真实的共同体。在虚假共同体中，个人是不可能获得自由与权利的。马克思指出："在过去的种种冒充的共同体中，如在国家（剥削阶级国家）等等中，个人自由只对那些在统治阶级范围内发展的个人来说是存在的，他们之所以有个人自由，只是因为他们是这一阶级的个人。从前各个人联合而成的虚假的共同体，总是相对于各个人而独立的；由于这种共同体是一个阶级反对另一个阶级的联合，因此对于被统治的阶级来说，他不仅是完全虚幻的共同体，而且是新桎梏。"[1]:119 只有在真正的共同体的条件下，各个人处在自己的联合中并通过这种联合获得自己的自由。也就是说，在马克思主义看来，在社群主义那种忽视个人特性与价值的虚假"社群"中，人们是不可能获得真正的自由、正义与权利的，因而这种社群在现实中也是不存在的。

早在19世纪中期，马克思就曾对资本主义社会这一虚幻共同体进行了批判，他指出："共同体只是劳动的共同体以及由共同的资本——作为普遍的资本家的共同体所支付的工资的平等的共同性。关系的两个方面被提高到想象的普遍性；劳动是为每个人设定的天职，而资本是共同体工人的普遍性和力量。"[2]:80 也就是说，在资本主义社会，资本家组成的共同体（即资本主义国家）对于工人来说是一种剥削镇压的工具，在这样的共同体中，工人是丝毫没有自由和权利而言的。既然这种共同体是虚幻的，它又为何会产生呢？在马克思看来，虚假共同体产生的主要原因在于公共利益与个人利益的矛盾，我们说社群主义的"社群"之所以是一个虚假的"共同体"也在于它未能很好地顾及个人的利益，它只是片面地强调了社群的利益。当然，之所以会存在这种矛盾，其根本原因在于资本主义生产资料私有制性质并未改变。马克思、恩格斯说："正是由于私人利益和公共利益之间的这种矛盾，公共利益才采取国家这种与实际的单个利

益和共同利益相脱离的独立形式，同时表现为虚幻的共同体，……”[1]:84 在私有制社会中，“个人利益总是违反个人的意志而发展为阶级利益，发展为共同利益，后者脱离单独的个人而获得独立性，并在独立化过程中取得普遍利益的形式，作为普遍利益又与真正的个人发生矛盾”[6]:273。如果“共同利益”是同各个个人所追求的自己的特殊利益相对立的、“异己的”，那么这种“共同利益”实际上也就不是真正的共同利益了。由此可见，社群主义所追求的公共利益显然也是一种虚假的共同体的利益，因为它忽视或不重视个人的利益。

马克思认为，就集体与个人的关系而言，有两种不同性质的联合体。一种联合体是对于各个个人而独立的，它要求个人发展服从这一联合体，个人是集体制约下的部分、要素、配件，这种集体是“虚假的集体”，是牺牲个人发展的异化的集体。另外一种集体是“真实的集体”，“在真正的共同体条件下，各个人在自己的联合中并通过这种联合获得自己的自由”[1]:118。那么又如何判断共同体是虚幻的还是真实的呢？马克思主义指出，在判断共同体是否具有虚幻性质时，要把现实的人的利益是否实现当做基本价值尺度和理论出发点的。如果共同体对于现实的人来说是异己的、对立的、矛盾的，那么这个共同体就是虚幻的。反之，则是真实的共同体。马克思主义所追求的正是那种既维护社会整体利益又兼顾个体合法利益的真实共同体。

对于“真实的集体”，马克思在《德意志意识形态》中有一段经典的论述：“只有在集体中，个人才能获得全面发展其才能的手段，也就是说，只有在集体中才可能有个人自由。……从前各个个人所结成的那种虚构的集体，总是作为某种独立的东西而使自己与各个个人对立起来；由于这种集体是一个阶级反对另一个阶级的联合，因此对于被支配的阶级说来，它不仅是完全虚幻的集体，而且是新的桎梏。在真实的集体的条件下，各个个人在自己的联合中并通过这种联合获得自由。”[6]:84 “虚构的集体”如果消解，克服了它对于个人的异己性、外在独立性，则成为“真实的集体”。“真实的集体”，就是各个个人“自己的联合”（而不是出于某种外力强制的联合），并在这种联合中各个个人能够获得全面自由的发展。可见，马克思主义所追求的共同体是那种既注重社会整体利益，又重视个人利益而且最终能够实现人的全面而自由发展的共同体。

与社群主义所强调的社群相比，马克思主义所追求的真实共同体更具有合理性和现实性，因为它是建立在对个人与社会关系的正确认识基础之上的。在马克思主义看来，一方面，个人是社会的主体。因为一方面社会是由个人构成的，人们的“合力”是社会发展的动力；在另一方面，个人又是社会的客体。即人是社会发展的产物，人类社会一经产生，个人便要接受社会客观规律的制约，遵从社会规律发展的客观要求。只有在对个人与社会关系的正确认识基础之上，才能构建一种真实的共同体。从社群主义的抽象整体主义出发，只会抹杀个人的个性，束缚个人的自由，不能够真正实现人的自由而全面的发展。

第二节 唯物史观视野下的自由、正义与权利

早在19世纪中叶，马克思主义经典作家在分析和批判早期思想家关于人的自由与权利的理论和主张的同时，就以辩证唯物主义和历史唯物主义的观点与方法，阐明了自己的自由观与权利理论。虽然我们已经步入了21世纪，但是，马克思主义关于人的自由、权利和社会公正的思想，仍具有不朽的理论魅力和现实价值，以这些思想作为参照系，仍能够揭示出当代自由主义与社群主义思潮合理性与局限性之所在。

从某方面来看，社群主义对自由主义的批评确实与马克思主义有异曲同工、不谋而合之处。但由于社群主义的政治哲学思想同样只是在资本主义社会内部来谈论的，并没有触动资本主义私有制的性质，其目的仍在于为资本主义制度的合理性辩护。因此，社群主义像自由主义一样不能够正确的说明正义、自由与权利的本质，其思想实质上仍然是一种自由主义。

在唯物史观看来，把握自由、正义和权利的正确前提是正确认识个人与社会的关系。只有从“现实的个人”出发，在个人与社会的互动中才能真正理解自由、正义与权利的本质。自由主义坚持个人主义立场从虚幻的个人出发，寻找抽象的、普遍的自由、正义与权利是行不通的，而社群主义从抽象的整体主义出发由于片面地强调了虚幻社群的利益，也不能正确解决政治哲学的基本问题。自由主义和社群主义虽然从不同的方面阐述了自由观、权利理论和正义理论，但由于他们都未能真正揭示人的本质，因而也不能正确阐述自由、正义与权利的本质。马克思主义经典作家在详细地考察了人类社会历史过程，深入地

研究、总结和批判了早期思想家关于人的自由和权利理论的基础上，基于历史唯物主义的方法和立场通过他们的革命实践并结合当时的社会现实逐渐形成了自己的自由观、权利理论和正义理论。

一、唯物史观视野下的自由观

自由主义把孤立的、抽象的人作为政治哲学基本问题的理论前提，实际上也就是从个人出发，以个人为中心和本位，离开人的社会关系去理解“人”与人的正义、自由和权利。马克思主义经典作家批判了自由主义的这种以个人为本位的自由观，指出了这种自由观在实践中的矛盾与错误。在马克思主义唯物史观看来，既然人的本质是一切社会关系的总和，那么人只能在一定的社会和集体中才能独立；人的自由与权利的获得一刻也不能离开社会和社会关系的制约，任何外在于社会（社群、共同体）、独立于社会的自由与权利都是不存在的。因此，马克思主义权利观强调社会集体的权利高于个人权利。没有集体，个人自由就不可能实现；离开集体的权利，个人自由与权利便无从谈起。因为“只有在共同体中，个人才能获得全面发展其才能的手段，也就是说，只有在共同体中才有可能有个人自由”[1]:119。

从马克思主义政治哲学思想形成过程来看，马克思和恩格斯从来没有忽视个人的自由问题，他们只是从更高的社会形态将未来的社会论证为“每个人的自由发展是一切人的自由发展的条件”[1]:294。与自由主义和社群主义不同的是，马克思主义所探讨的自由是个体自由与群体自由（个人自由与社群自由）的统一。人是社会的人，社会是人的社会。然而，在漫长的人类追求自由的历史进程中，个人自由与群体自由并非总是和谐一致；相反，直到今天，历史的辩证法一再向我们展示的总是某一范围内的人的某一方面的自由，或是前资本主义社会中特权阶级的政治自由，或是资本主义社会资产阶级的经济自由与政治平等，而生活于社会底层的大众却一直处在经济不自由政治不平等的境遇之中。马克思对此深恶痛绝，并对此进行了严厉的批评，在《资本论》中，马克思这样精辟的分析道：“劳动力的买和卖是在流通领域或商品交换领域的界限以内进行的，这个领域，确实是天赋人权的真正乐园。那里占统治地位的是自由、平等、所有权和边沁。自由！因为商品例如劳动力的买者和卖者，只取决于自己的自由意志。他们是作为自由的、在法律上平等的人缔结契约的。契约是他们意志借以得到共同的法律表现的最后结果。平等！因为他们彼此只是作为商品的所有者发生关系，用等价物交换等价物。所有权！因为他们都只支配自己的东西。边沁！因为双方都只顾自己。使他们连在一起并发生关系的唯一力量，是他们的利己心，是他们的特殊利益，是他们的私人利益。正因为人人只顾自己，谁也不管别人，所以大家都是在事物的预定的和谐下，或者说，在全能的神的保佑下，完成着互惠互利、共同有益、全体有利的事业。”[8]:199 资本主义的自由平等只是在流通流域和交换领域，但是一旦进入生产领域，我们就可以看到，“在这一过程的背后，在深处，进行的完全是不同的另一些过程，在这些过程中个人之间表面上的平等和自由就消失了”[9]:200 。马克思指出：“表现为最初行为的等价物交换，已经变得仅仅在表面上是交换，因为，第一，用来交换劳动力的那部分资本本身只是不付等价物而占有的别人劳动产品的一部分；第二，这部分资本不仅必须由它的生产者即工人来补偿，而且在补偿时还要加上新的剩余额。这样一来，资本家和工人之间的交换关系，仅仅成为属于流通过程的一种表面现象，成为一种与内容本身无关的并只能使它神秘化的形式。劳动力的不断买卖是形式。其内容则是，资本家用他总是不付等价物而占有的别人的已经物化的劳动的一部分，来不断再换取更大量的别人的活劳动。”[8]:640 由此可见，资本主义社会的主流意识形态——自由主义所谓的“自由”和“平等”只是表象，在这些表象之下掩盖的是事实上的不平等与不自由。

马克思通过对人类社会发展的历史探究，天才地发现了个人与社会之间的关系将经历一个由在原始初级水平上的个人与社会的同一，发展到个人获得相对独立并在一定意义上与社会相对立，再进一步发展为社会发展与人的“自由个性”发展辩证统一的过程。这一过程同时也就是人与自然、人与社会、人与人之间矛盾的真正和解，是人向自身、向社会的人的复归，是人对自身本质力量的真正完全占有，因而也是个人自由与人类整体自由的全面实现。马克思在社会发展与人的发展结合的意义上将这一过程完整地表述为社会三形态理论：“人的依赖关系（起初完全是自然发生的），是最初的社会形态，在这种形态下，人的生产能力只是在狭窄的范围内和孤立的地点上发展着。以物的依赖性为基础的人的独立性，是第二大形态，在这种形态下，才形成普遍的社会物质交换，全面的关系，多方面的需求以及全面的能力的体系。建立在个人全面发展和他们共同的社会生产能力成为他们的社会财富这一基础上的自由个性，是第三个阶段。第二个阶段为第三个阶段创造条件。”[9]:104

在马克思主义看来，人的自由而全面的发展才是人的自由的彻底实现。马克思在《资本论》中反复指出，未来的共产主义社会是“以每个人的全面而自由的发展为基本原则的社会形式”，它以“造就全面发展的人”为最终目的。恩格斯在晚年所著的《家庭、私有制和国家的起源》这部重要著作中，非常欣赏摩尔根评价文明时代的一段话，并引用其作为全书的结尾，而这部著作的最后那句话充分体现了恩格斯对未来社会的人的真正自由的向往和信心：“管理上的民主，社会中的博爱，权利的平等，普及的教育，将揭开社会的下一个更高的阶段，经验、理智和科学正在不断向这个方向努力。这将是古代氏族的自由、平等和博爱的复活，但却是在更高形式上的复活。”[10]:179

二、唯物史观视野下的正义理论

在马克思主义看来，不论是自由主义还是社群主义，在对自由、正义、权利等的解释中都未能以一种科学的历史观作为指导，而马克思主义在对政治哲学的基本问题进行阐述时却是以科学的历史观——唯物史观为基础的。在《德意志意识形态》中，马克思、恩格斯指出：“这种历史观就在于从直接的物质生产出发阐述现实的生产过程，把同这种生产方式相联系的、它所生产的交往形式即各自不同阶段上的市民社会理解为整个历史的基础，从市民社会作为国家的活劳动描述市民社会，同时从市民社会出发阐明意识的所有各种不同理论的产物和形式，如宗教、哲学道德等等，而且追溯它们产生的过程。这样当然也能够完整地描述事物（因而也能够描述事物的这些不同方面之间的相互作用）。这种历史观和唯心主义历史观不同，他不是在每个时代中寻找某种范畴，而是始终站在现实历史的基础上，不是从观念出发来解释实践，而是从物质实践出发来解释观念的形成。”[1]:92 “人们在自己生活的社会生产中发生的一定的、必然的、不以他们的意志为转移的关系，即同他们的物质生产力的一定发展阶段相适应的生产关系。这些产生关系的总和构成社会的经济结构，既有法律的和政治的上层建筑建立其上并有一定的社会意识形态与之相适应的现实基础。物质生活的生产方式制约着整个社会生活、政治生活和精神生活的过程。"[4]:32 马克思主义是从社会物质生产实践出发来解释正义观念的形成。

唯物史观认为，公正是人类社会的崇高境界，是社会主义和共产主义的首要价值所在。马克思、恩格斯指出："真正的自由和真正的平等只有在共产主义制度下才可能实现；而这样的制度是正义所要求的。"[11]:582 他们还认为，公正应当成为工人阶级最为重要的价值观念。1871 年，马克思在为国际工人协会起草的"共同章程"中明确地指出："加入协会的一切团体和个人，承认真理、正义和道德是他们彼此间和对一切人的关系的基础，而不分肤色、信仰或民族；……"[4]:610

但究竟怎样来理解正义这一理念呢？基于历史唯物主义的立场，马克思主义指出，人们的正义观念是社会物质生产发展到一定阶段才出现的，是人们法律观念与道德观念的反映，在本质上反映的是人们之间的现实经济关系，正义或公正"始终只是现存经济关系的或者反映其保守方面、或者反映其革命方面的观念化的神圣化的表现"。[12]:212 对于此，恩格斯这样分析道："在社会发展的某个阶段，产生了这样一种需要：把每天重复着的产品生产、分配和交换用一个共同规则约束起来，借以使人们服从生产和交换的共同条件。这个规则首先表现为习惯，不久便产生了法律。随着法律的产生，就必然产生出以维护法律为职责的机关——公共权力，即国家。随着社会的进一步发展，法律进一步发展为或多或少广泛的立法。这种方式越复杂，它的表现形式也就越远离社会日常经济生活条件所借以表现的方式。立法就显得好像是一个独立的因素，这个因素似乎不是从经济关系中，而是从自身的内在根据中，可以说'意志概念'中，获得它存在的理由和继续发展的根据。人们忘记他们的法起源于他们的经济生活条件，正如他们忘记他们起源于动物界一样。随着立法进一步发展为复杂和广泛的整体，出现了新的社会分工的必要性：一个职业法学家阶层形成起来了，同时也就产生了法学。法学在其进一步发展中把各民族和各时代的法的体系互相加以比较，不是把它们视为该相应经济关系的反映，而是把它们视为自身包含自我根据的体系。比较是以共同点为前提的：法学家把所有这些法的体系中的多少相同的东西称为自然法，这样便有了共同点。而衡量什么算自然法和什么不算自然法的尺度，则是法本身的最抽象的表现，即公平。"[12]:211

不仅如此，在马克思主义看来，不仅人们的正义观念是社会物质生产发展到一定阶段的产物，是由社会物质生产所决定的；同样，公平分配的正义原则本质上也是由物质生产所决定的。不论是新自由主义罗尔斯的“分配正义”原则还是诺齐克的“持有正义”原则，它们都忽视了物质生产这一根本性的因素。社群主义的正义原则亦不例外，他们虽然意识到人们的正义观念具有历史性，但是他们对历史的理解却是错误的。他们把历史仅仅归结为传统、情感与道德实践，而忽视了隐藏在这些关系背后的物质产生方式。恩格斯指出：“一个社会的分配总是同这个社会的物质生产条件相联系，这如此合乎事理，以至经常在人民的本能上反映出来。当一种生产方式处在自身发展的上升阶段的时候，甚至在和这种生产方式相适应的分配方式下吃了亏的那些人也会欢迎这种生产方式。大工业兴起时期的英国工人就是如此。不仅如此，当这种生产方式对于社会还是正常的时候，满足于这种分配的情绪，总的来说，会占支配的地位；那时即使发出了抗议，也只是从统治阶级自身中发出来的（圣西门、傅里叶、欧文），而在被剥削的群众中恰恰得不到任何响应。只有当这种生产方式已经走完自身的没落阶段的颇大一段行程时，当它多半已经过时的时候，当它的存在条件大部分已经消失而它的后继者已经在敲门的时候——只有在这个时候，这种越来越不平等的分配，才被认为是非正义的。”[12]:492

在马克思主义看来，对自由主义理论和实践的批判都不应该从抽象的原则和“虚幻的个人”出发，而应该遵循历史唯物主义的基本方法论和政治经济学的基本原理，否则在理论上便要迷失方向，在实践上与事无用。对此，恩格斯指出：诉诸永恒正义、道德的做法，“在科学上丝毫不能把我们推向前进；道义上的愤怒，无论多么入情入理，经济科学总不能把它看作是证据，而只能看作象征。相反地，经济科学的任务在于：证明现在开始显露出来的社会弊端是现有生产方式的必然结果，同时也是这一生产方式快要瓦解的征兆，并且在正在瓦解的经济运动形式内部发现未来的、能够清除这些弊端的、新的生产组织和交换组织的因素。愤怒的诗人，在描写这些弊端或者抨击那些统治阶级否认或美化这些弊端的和谐派的时候，愤怒是适得其反的，可是愤怒在每一个这样的场合下能证明的东西是多少，这从下面的事实中就可以清楚地看到：到现在为止的全部历史中的每一个时代，都能为这种愤怒找到足够的材料”[12]:492。也就是说，对自由主义理论的批判，应该建立在科学的分析之上，这样才能真正认识自由主义的弊端，而像社群主义那样诉诸抽象的“自我、实践与善”是不可能解决自由主义的弊病的。

马克思主义经典作家对正义都曾从唯物史观的角度作了详细的论述：早在1845年2月，恩格斯在爱北斐特的演说中就指出：“我们……应当认真地和公正地处理社会问题……应当尽一切努力使现代的奴隶得到与人相称的地位。”[13]:625,626在1864年，马克思在《国际工人协会成立宣言》中就指出，工人阶级的解放要求工人进行兄弟般的合作，要“努力使私人关系间应该遵循的那种简单的道德和正义的准则成为各民族之间的关系中的至高无上的准则”[4]:607。在1871年为国际工人协会起草的《共同章程》中，马克思在列述条款之前首先写道：“加入协会的一切团体和个人，承认真理、正义和道德是他们彼此间和对一切人的关系的基础，不分肤色、信仰或民族。”[4]:610 1881年5月1日，恩格斯为伦敦《劳动旗帜报》写了一篇社论，题目就是“做一天公平的工作，得一天公平的工资”。在文章的开头，恩格斯写道：“这句话，成了近50年来英国工人运动的口号。在1824年废除臭名昭著的结社法以后工联兴起的时期，这个口号曾经有过卓越的贡献，在光荣革命的宪章运动时期，当英国工人走在欧洲工人阶级前列的时候，这个口号曾经有过更大的贡献。”[14]:273在1893年《共产党宣言》意大利文版序言中，恩格斯曾说：“《宣言》十分公正地评价了资本主义在先前所起过的作用。”[1]:269也就是说，在对一种社会制度、社会思潮的价值做评判时，必须要有公正的准则。列宁继承了马克思、恩格斯的思想，亦认识到了正义的重要性。在1917年，列宁特别提出了正义对于战斗的无产阶级的历史意义。他说，的确，对于资本主义来讲，“这个‘社会’讲到‘正义’这个词，自己并不相信，而且习惯于把它当作一句空话，并不赋予它任何内容”，但是“在半无产者群众看来，在被战争弄得破产，弄得痛苦不堪，弄得疲惫已极的大多数城乡小资产阶级来说，这不是空话，而是最尖锐、最迫切、最重大的问题，是关系到会不会饿死，能不能取得一片面包的问题”[15]:322,323。

在马克思主义唯物史观看来，公正或正义都是具体的、历史的，因此对公正或正义的任何解释都必须纳入到人类具体社会历史实践之中，自由主义那种抽象的普遍的正义原则是不存在的。而且，人们的正义观念是随着社会历史的发展而不断改变的，恩格斯指出：“希腊人和罗马人的公平认为奴隶制是公平的；1789 年资产者的公平要求废除封建制度，因为据说它不公平。在普鲁士的容克看来，甚至可怜的行政区域条例也是对永恒公平的破坏。所以，关于永恒公平的观念不仅因时因地而变，甚至也因人而异，这种东西正如米尔柏林正确说过的那样，‘一个人有一个人的理解’。”[12]:212 正义或公正总是意味着某种平等，而“平等的观念，无论以资产阶级的形式出现，还是以无产阶级的形式出现，本身都是一种历史的产物，这一观念的形成，需要一定的历史条件，而这种历史条件本身又以长期的以往的历史为前提。所以，这样的平等观念说它是什么都行，就不能说它是永恒的真理”[12]:448 。

马克思主义在历史唯物主义历史观的基础上对正义的重要性作了论述，并通过批判资本主义私有制的非正义性来阐明自己的正义理论。从洛克、休谟、到当代的诺齐克和罗尔斯为代表的自由主义正义理论都在不同的程度上论证了私有制的合理性。与之根本不同的是，马克思主义的正义理论要致力于阐明的是资本对劳动的统治的不合理性、非正义性。在《共产党宣言》中，马克思、恩格斯旗帜鲜明地指出：“现代的资产阶级私有制是建立在阶级对立、建立在一些人对另一些人的剥削上面的产品生产和占有的最后的而又最完备的表现。从这个意义上说，共产党人可以把自己的理论概括为一句话：消灭私有制。”[1]:286 在马克思看来，生产资料的私有制是资本主义社会剥削、压迫、物化、奴役等种种非正义现象的根源，而统治劳动的“资本”本身又是以雇佣劳动为前提，其“实质在于活劳动是替积累起来的劳动充当保存并增加其交换价值的手段”[1]:346 ，因而是不公正的。对于此，列宁也指出，社会主义首先就是要“消灭私人占有生产资料这一‘不公平’现象”[16]:195 。

由马克思主义唯物史观的上述论述可以看到，不论是自由主义、个人主义、普遍主义和非历史主义正义理念，还是社群主义的整体主义、历史主义与特殊主义正义观，他们所承认的正义只是资本主义内部的资产阶级的正义，是建立在生产资料私有制基础之上的，这与马克思主义唯物史观有着本质的区别。马克思主义看来，资本主义所谓的“正义”只是资本的“正义”，是资本家的“正义”。而马克思、恩格斯所追求的公平正义应当是人类社会的理想之一，即在高度发达的经济基础之上消灭一切非正义的社会现象，追求全人类的彻底解放的正义，是“自由人联合体”的正义，而不仅仅是个人之正义，更不是某一“社群”或共同体的正义。

三、唯物史观视野下的权利观

在马克思主义唯物史观看来，权利是社会的产物，是具体的、历史的，“决不能超出社会的经济结构以及由经济结构制约的社会的文化的发展”[12]:305。权利是统治阶级的利益和意志在宪法和法律中的体现，是维护统治的需要。所以，权利是社会关系的一种，反映着在特定的社会经济基础上，由公共权力确定并制约公共权力的社会成员获取自身利益的特定资格和社会尊重这种资格的义务的统一。它在本质上反映着社会利益的分配关系，即单个成员利益与全体成员的共同利益之间的关系，成员个体正是从这种关系中来争取和实现自己的利益。换句话说，权利是人们基于自身的利益向公共权力提出主张，并通过公共权力来确认和保障的作为和不作为的自由，而这些自由是与行为者——人所处的共同体联系在一起的，由此也构成了特定时期与这种关系相关的共享观念和文化，并随着社会的发展而发展变化。

而且权利与义务是不可分离的，那种脱离义务的抽象权利是不存在的，但在社会主义社会以前的人类社会的“史前社会”里，权利与义务都是分离的，马克思主义指出：权利是和义务分不开的，权利与义务是一个统一体。

权利，总是处于一定的社会历史条件下的人（主体）的权利，即在一定社会群体关系中生活的人的权利，抽象的、脱离社会关系制约的权利是不存在的。在个人—社会群体关系中，个人权利的获得或个人享有某项权利，既是个人为发展与完善自己所需要的权利的实现，对自身价值的一种确证，又是社会对他所获得的权利的一种肯定。个人在行使自己的权利时，必然要顾及自己所处群体的利益、关系，要考虑自己的权利行为是否会被社会群体所承认？对社会群体是有利还是有害？这种思考或顾虑（不管是有意识的还是无意识的）实际上就是对他人、集体的一种义务观念。[17]:59 自由主义那种超越社会与国家之上的抽象个人所具有的不受约束的权利是不存在的，社群主义那种片面强调社群利益的政治权利也是不现实的，而且权利总是与义务相联系在一起的。

在存在剥削阶级的社会中，权利和义务却是分开的。由于阶级对立和阶级压迫，所以，“对一些人是好事的，对另一些人必然是坏事，一个阶级的任何新的解放，必然是对另一阶级的新的压迫”[10]:178。对一个阶级是“权利”，对另一个阶级必然是“义务”。正如恩格斯指出的，在文化社会中，权利与义务两者之间的“区别和对立连最愚蠢的人都能看得出来，因为它几乎把一切权利赋予一个阶级，另一方面却几乎把一切义务推给另一个阶级”[10]:178。在自由主义者那里，权利和义务也是分裂的，社群主义虽然在某种程度上看到了权利与义务不可分离，但他们没有从社会的经济根源和阶级根源去分析，因而也不可能从根本上解决权利与义务的分裂问题。马克思指出：“没有无义务的权利，也没有无权利的义务”[4]:610。离开义务的权利，只能是阶级的特权；离开权利的义务，只能是压迫和奴役。只有权利与义务的统一，才是一种科学的权利理论。

在唯物史观中，权利与义务的关系，实质上反映的是人们在社会中的地位及其相互关系。在原始社会，由于生产力水平极其低下，人与人之间不存在统治和奴役的关系，所以，“在氏族内部，权利和义务之间还没有任何区别；参加公共事物，实行血族复仇或为此接受赎罪，究竟是权利还是义务这种问题……是不存在的”[10]:159。在原始社会的人看来，“这种问题正如吃饭、睡觉、打猎究竟是权利还是义务的问题一样荒谬”[10]:159。也就是说，在原始社会，人们的权利义务和义务观念是交织在一起、没有绝对分开的，人们把承担某种义务看做是在行使自己的权利，同时也把行使某种权利看做是自己应尽的义务。权利没有为某些人或部门所专有，义务没有同权利分离开来成为某些人或部门所承担的负担。

原始社会这种权利和义务不分的状态到了阶级社会已经完全发生了改变，在阶级社会由于人们对生产资料的占有不同，在社会政治、经济生活中的地位不同，权利与义务也就随之发生了分离。正如恩格斯所说：“如果说在野蛮人中间，像我们已经看到的那样，不大能够区别权利和义务，那么文明时代却使这两者之间的区别和对立连最愚蠢的人都能看得出来，因为它几乎把一切权利赋予一个阶级，另一方面却几乎把一切义务推给另一个阶级。”[7]:178在奴隶社会，奴隶主占有生产资料和奴隶，奴隶是奴隶主会说话的工具，在奴隶主眼里只有他们自己才能称之为人，奴隶和牲口一样，只不过是为奴隶主增加财富的工具。所以，马克思说：“劳动者在这里只是会说话的工具，牲畜是会发声的工具，无生命的劳动工具是无声的工具，它们之间的区别就在于此。”[18]:222 在这里，奴隶连做人的资格都没有，还谈得上什么权利而言？一切的权利都只属于奴隶主，因此在这里，奴隶的义务和奴隶主的权利正是直接对立的。

在封建社会，权利与义务依然是分离并且对立的，即人的权利异化为神权、君权和等级特权。对此，马克思主义经典作家曾作了深入透彻的分析，而且提出了独到的见解。马克思说：“中世纪的精神可以表述如下：市民社会的等级和政治意义上的等级是同一的，因为市民社会就是政治社会，因为市民社会的有机原则就是国家原则。”[11]:334 又说：“在中世纪，财产、商业、社会团体和每一个人都有政治性质；在这里，国家的物质内容是由国家的形式所规定的。在这里，一切私人领域都有政治性质，或者都是政治领域；换句话说，政治也是私人领域的特性。在中世纪，政治制度就是私人财产的制度，但这只是因为私有财产的制度就是政治制度。在中世纪，人民的生活和国家的生活是同一的。在这里，人是国家的真正原则，但这是不自由的人。所以这是不自由的民主制，是完成了的异化。”[11]:284 对于马克思的以上论述我们可以从两个方面来进行分析。

第一，封建社会是一个高度政治性的社会，在这种社会中，至高无上的“君权”支配一切，人是“不自由的人”。所谓“政治性”的社会，就是说，在该社会中“行政权力支配社会”。封建的“政治”是典型的君主专制政治。在封建社会中，封建专制的政治权力统治着一切社会领域，支配着一切社会关系。政治的魔爪渗入社会生活的每一个角落，因而，社会的每一个要素、每一种社会团体，乃至社会的每一个“人”均处于专制政治的统治与严格控制之下，均具有“政治”性质。这样，在封建社会中，一方面，包括农奴在内的一切人在成为社会成员的同时也就成了国家的成员，这就是说，人民的生活与国家的生活是“同一”的，人成了“国家的原则”；另一方面，由于封建的“国家”是君主专制国家，所以，在此种国家中，一切人均没有独立的私人生活领域（因为“一切私人领域都有政治性质”）和自由活动的余地，均丧失了自己的独立意志和主权，处于君主专制权力的压迫和奴役之下。只有国王才是“体现私人对国家关系的唯一的私人”，是“包含着国家本身的抽象的人”。[11]:294 因此，在这里，人是“不自由的人”，人民“无非是一种非人民”。也就是说，在这里，“实际上发生作用的不是人，而是人的异化。唯一发生作用的人，即国王，是与众不同的存在物”[11]:433-434。正是在这一意义上，马克思说：“君主政体的原则总的说来就是轻视人、蔑视人，使人不成其为人。”[11]:411封建君主专制其实质就是君权至上，无视个人权利。

第二，在“市民社会就是政治社会”“市民社会直接地具有政治性质”[11]:441的封建社会中，人与人之间根本谈不上“民主、自由、平等”的权利，到处存在的只是“等级”和“特权”。用恩格斯的话来说，封建社会“建立了空前复杂的社会和政治等级制度，从而在几个世纪内消除了一切平等观念”[6]:143。在封建社会，市民社会是按照私人占有财产的原则组织起来的，而在那里，市民社会与政治国家是直接同一的，因此，“私有财产的制度就是政治制度”。这就是说，在封建社会，个人（私人）在社会中是否占有财产（主要是土地）以及占有多少财产这种人与人之间的“特殊的”经济关系，直接表现为人与人之间在国家中的“一般”的关系；个人在经济生活中的地位，直接意味着个人在政治国家中的地位。因为“市民生活的要素，如财产、家庭、劳动方式，已经以领主权、等级和同业工会的形式升为国家生活的要素。它们以这种形式……确定了个人的政治地位”，从而使个人在市民社会中的特殊关系变成了其和人民生活的“普遍个人关系；使个人的特定的市民活动和特定的市民地位具有普遍性质”[11]:441。所以，以私人对财产占有的差别为基础的市民社会的等级差别，就会直接表现为政治国家中的等级特权（政治上的不平等）。而且，由于封建社会本质上是“政治”社会，所以，等级差别的本质意义是“政治不平等”。一句话，等级在封建社会本质上是“政治等级”。“这些等级有一定严格限定的特权。”[11]:160

总之，在封建社会，由于市民社会与政治国家的直接同一，所以，一方面，市民社会的等级差别（私人对财产占有的差别）在本质上表现为“政治等级”和“特权”；另一方面，“政治等级”和“特权”也采取了“私有财产”的形式。正如马克思所说：“在中世纪，权利、自由和社会存在的每一种形式都表现为特权”，都表现为隶属一定等级的特殊权利，而且“这些特权都以私有财产的形式表现出来”。[11]:381各类型的商业和工业是各种特殊的同业工会的私有财产；宫廷官职和审判权是各个特殊等级的私有财产；各个省是个别的诸侯等的私有财产；掌握国家大事的权利等是统治者的私有财产；精神是僧侣的私有财产；国家的主权是皇帝的私有财产，如此等等。一言以蔽之，“私有财产是特权即例外的类存在”[11]:303。因为，在这里“国家利益成为一种同其他私人目的相对立的特殊的私人目的”。皇帝这个私人既是封建社会中最大的地主、最大的私有财产占有者（所谓“普天之下莫非王土”），又是封建国家中拥有至高无上权力和特权的最高统治者（所谓“率土之滨莫非王臣”），因而国家实际上是皇帝的私有财产（所谓“朕即国家”）。用马克思的话来说，“在封建制度中正好显示出王权就是私有财产的权力”。[11]:381同样，其他政治“特权”也是一定“私人”或“私人等级”的私有财产，是“私有财产的政治意义”或“政治意义即普遍意义下的私有财产”。[11]:380

值得注意的是，在封建社会，这些政治的“特权”也像私有财产一样是“世袭的”，特定的社会地位和特定的社会职能都是由某个“私人”或“私人等级”世袭的。某些个人的肉体的出生就直接注定了“他的社会权利”，自然界就像生出眼睛和鼻子一样“直接生出王公贵族”。马克思称这种世袭的等级特权为“动物的世界观”。因为“由于出生，某些个人同国家要直接结合在一起，这就跟动物生来就有它的地位、性情、生活方式等等一样”[11]:376。在这里，“国家在自己的要职中获得了一种动物的现实”[11]:376。因此，王公贵族及其特权的秘密就是“动物学”。[11]:377因为等级特权不仅建立在社会内部的分裂之上，而且还“使人脱离自己的普遍本质，把人变成直接受本身的规定性所摆布的动物”。正是在这一意义上，马克思说：“中世纪是人类史上的动物时期，是人类动物学。”[11]:346

资产阶级在推翻封建地主阶级的统治之后，建立了资产阶级专政。与封建社会中的农民相比，资本主义社会中的无产阶级无疑获得了更多的自由权与平等权，但由于生产资料掌握在资产阶级手中，因此资产阶级所宣扬的“私有财产神圣不可侵犯”“人人生而平等”等口号就只能是虚伪的、欺骗性的。由于没有任何的生产资料，因此无产阶级便“自由”得一无所有。

首先，马克思主义认为私有财产这项权利无非是资产阶级对财产占有的特权。在市民社会中，人的主权表现为人对财产的所有权。市民社会成员即“私人”的主权就是私有财产权。资产阶级在初期宣扬的“私有财产神圣不可侵犯”实际上就是私人的财产占有权不可侵犯。马克思曾说过：“私有财产的真正基础，即占有，是一个事实，是不可解释的事实，而不是权利。只是由于社会赋予实际占有以法律的规定，实际占有才具有合法占有的性质，才具有私有财产的性质”[11]:382。

其次，自由权利实际上只是资本和资本所有者的自由。马克思指出，自由这项权利在市民社会中是“利己主义的人的自由”，由此，“承认这种自由，无非是承认构成这种人的生活内容的精神要素和物质要素的不可阻挡的运动。”[11]:442这里的“物质要素”是指资产、资本、金钱等；“精神要素”则是指宗教信仰、言论、出版等。

既然在资本主义社会中，资产阶级占有一切财产、资本，占有一切生产资料，而无产阶级一无所有；那么，财产自由对无产阶级来说是一无所有的自由和出卖劳动力的“自由”，因而只是遭受被剥削和被奴役的义务；而“对于小资产者和小农来说就变成了失去财产的自由”[12]:722，逐渐陷入贫困化，承受被剥削的义务。所以，在这里，自由的并不是个人，而是资本。“只不过是让资本能充分地自由活动罢了。”[1]:227什么是“资本的自由”呢？这就是资本所有者即资本家之间的竞争自由、“贸易自由、买卖自由”[1]:288。而所谓人身、出版、言论、结社等自由，在资本主义社会中也是很有限的、虚伪的，也只是“在一般的词句中标榜自由，在附带的条件中废除自由”[1]:598。它们和宗教自由一样，都不过是资产阶级之间的自由竞争在这些领域里的反映而已。

可见，在资本主义社会中，“自由”这项“天赋权利”并不是要把人从“私有财产”和“宗教信仰”中彻底解放出来，从而使人真正摆脱“世俗桎梏”和“宗教桎梏”，获得真正的自由；相反，它恰恰是要通过将“财产自由”和“宗教自由”神圣化和永恒化为“天赋权利”，从而更加巧妙地也是一劳永逸地束缚住广大劳动人民的思想和行动。马克思指出，在这里，“人并没有从宗教中解放出来，他反而取得了宗教自由。他并没有从财产中解放出来，反而获得了财产自由”[11]:442。而“财产自由”和“宗教自由”实质上是无产阶级在物质和精神上受资产阶级任意宰割的自由。

再次，资本主义上的平等实际上是资产阶级剥削无产阶级的平等。在市民社会中，“平等”的权利是以社会分裂为两大阶级以及它们对财产的不平等占有为前提的。这就是说，它是以资产阶级占有一切生产资料和财产，而无产阶级一无所有这种“不平等”为前提的。因此，在这两大阶级之间根本谈不上“平等”。那么这种“平等”权利究竟指的是什么呢？用恩格斯的话来说，就是“商品所有者的平等”。它一方面是商品所有者之间进行交换的平等，即等价交换；另一方面是资产阶级竞争者之间机会的平等。[12]:446-447一句话，“平等”这项权利实际上就是资产阶级之间对无产阶级进行剥削的平等。

就权利而言，恩格斯说：“权利的公平和平等，是十八、十九世纪的资产者打算在封建制的不公平、不平等和特权的废墟上建立他们的社会大厦的基石。”[19]:210马克思在《论犹太人问题》中也指出：“所谓人权，……无非是市民社会的成员的权利，即脱离人的本质和共同体的利己主义的人的权利。”“任何一种所谓人权都没有超出作为市民社会的成员的人，即作为封闭于自身、私人利益、私人任性、同时脱离社会整体的个人的人。”[11]:437,439自由、生命与财产权并不像自由主义者所认为的那样，是天赋的，神圣不可侵犯的，就其现实性而言，恩格斯指出，在资本主义社会“被宣布为最主要的人权之一的是资产阶级的所有权”[20]:20。马克思则进一步指出：“平等地剥削劳动力，是资本的首要的人权”[18]:324。列宁也曾指出：“任何一个读过马克思著作的人，甚至任何一个只要读过一本叙述马克思学说的通俗读物的人都会知道：马克思恰恰是把他一生的很大一部分时间、很大一部分写作和很大一部分科学研究用来嘲笑自由、平等、多数人的意志，嘲笑把这一切说得天花乱坠的各种边沁分子，用来证明这些词句掩盖着被用来压迫劳动群众的商品所有者的自由、资本的自由”[21]:810。列宁指出：“我们很清楚，全世界的资本担负过创造自由的任务，它推翻了封建的奴隶制，创造了资产阶级的自由，我们很清楚，这是一个有世界历史意义的进步。我们声明，我们根本反对资本主义，既反对共和制资本主义，又反对民主制资本主义，也反对自由资本主义；当然，我们知道，它一定会打着自由的旗号来反对我们。因此我们回答了它。我们认为必须在自己的纲领中给予回答：任何自由，如果它同劳动摆脱资本压迫的利益相抵触，那就是骗人的东西”[21]:811。同样，“平等如果同劳动摆脱资本压迫的利益相抵触，那就是骗人的东西”[21]:816。也就是说，“如果不把平等理解为消灭阶级，平等就是一句空话”。

在马克思主义看来，只有消灭私有制，广大劳动人民真正享有各种权利，权利与义务才真正由分离走向统一。如果不废除资本主义的私有制，不废除资本主义的雇佣劳动制度，就不可能有真正的正义、自由与权利。而以自由、正义与权利等作为其基本原则的自由主义理论，本质上看来是一种为资产阶级辩护的虚假的意识形态。

早在1843年底和1844年初，马克思就在《黑格尔法哲学批判》的导言中明确指出，无产阶级唯一实现可能的解放是从宣布人本身是人的最高本质这个理论出发的解放，这种解放只能求助于人权。马克思说：无产阶级“不要求享有任何一种特殊权利，因为它的痛苦不是特殊的无权，而是一般无权，它不能再求助于历史权利，而只能求助于人权”[1]:15。在1864年起草的、1866年经代表大会批准的《国际工人协会共同章程》中，马克思明确地指出：人的普遍的、平等的权利是工人阶级努力争取的伟大目标。他说：“工人阶级的解放应该由工人阶级自己去争取；工人阶级的解放斗争不是要争取阶级特权和垄断权，而是要争取平等的权利和义务，并消灭任何阶级统治。”[4]:609

而且，马克思主义所追求的权利是彻底的、真正的人的权利，这种权利不再是阶级的特权，而是一切人按其本性而应当享有的权利。在《反杜林论》中，恩格斯非常清楚地表述了这种观点，他指出：“一切人，作为人来说，都有某些共同点，在这些共同点所及的范围内，他们是平等的，这样的观念自然是非常古老的。但是现代的平等要求是与此完全不同的；这种平等要求更应当是，从人的这种共同性中，从人就他们是人而言的这种平等中，引申出这样的要求：一切人，或至少是一个国家的一切公民，或一个社会的一切成员，都应当有平等的政治地位和社会地位。”[12]:444

第三节　马克思主义的国家理论

在马克思主义看来，国家是阶级社会的政治组织和权力机关，它在阶级社会的社会发展中起着极为重要的作用，是关系全部政治生活和政治斗争的根本问题。科学地认识国家，阐明国家的起源、本质和发展趋势，对于分析、把握马克思主义政治哲学思想具有重要意义。在此基础上，也能更好地利用马克思主义唯物史观的基本观点对自由主义、社群主义的国家观进行批判性分析。

一、马克思主义经典作家在国家问题上的基本观点

国家作为人类历史发展到一定阶段的必然产物，马克思主义经典作家早就

对之进行了深刻分析，归纳起来，他们关于国家的基本观点有如下几点。

第一，国家作为一种政治上层建筑，不是从来就有的，它是一定经济基础的产物，是当人类社会发展到一定历史阶段并产生了阶级以后才出现的。它是一个历史的、阶级的范畴。在论及这一问题时，恩格斯曾明确指出："国家决不是从外部强加于社会的一种力量"[10]:170，国家也"并不是从来就有的。曾经有过不需要国家，而且根本不知国家和国家权力为何物的社会。在经济发展一定阶段而必然使社会分裂而成为必要了"[10]:174。由此可见，国家这个社会组织，并不是以往思想家所说的某种社会联合体，也不是一般的社会组织，而是一个与社会经济发展和阶级联系在一起的阶级社会特有的阶级组织。

第二，"国家是阶级矛盾不可调和的产物和表现"[22]:176，但它一经产生，就有"缓和冲突"的作用。恩格斯、列宁都认为，国家的出现只有在这个社会陷入不可解决的自我矛盾和分裂为经济利益上不可调和的对立面时才有可能。它的出现不是为了激化原有的阶级矛盾，而是为了缓和这种矛盾和冲突，并建立起一种"秩序"，把冲突抑制在"秩序"的范围之内，不致因过"度"而使自己和社会遭到毁灭；同时，这种"秩序"的建立不是为了取消阶级冲突，而只是限制它，这种缓和性的限制，就是调和。这也就是说，国家产生以后，阶级矛盾从无国家时代的后期不可调和的状态进入到有国家时代强有力限制下的可调和的状态。由此不难看出，国家是为了调和阶级矛盾而产生的。

第三，"国家是剥削被压迫阶级的工具"[22]:180，是实现统治阶级意志的机关。如上所言，国家是一个阶级组织，但它不是某个社会一个阶级或几个阶级所共有的阶级组织，而"是最强大的、在经济上占统治地位的阶级的国家，这个阶级借助于国家而在政治上也成为占统治地位的阶级，因而获得了镇压和剥削被压迫阶级的新手段"[10]:172。虽然这个组织只属于居统治地位的那个特殊阶级，但它又代表着整个社会，使统治阶级整个社会的意志得以实现。因为它除了用暴力把被剥削阶级控制在当时的生产方式所决定的那些条件下之外，它同时也是维持社会秩序、生产秩序和生活秩序，管理社会公共事务的社会公共权力。正因如此，国家往往表现为整个社会的正式代表。但不能由此否认国家是剥削被压迫阶级的工具。正如恩格斯所指出的："国家是整个社会的正确代表，是社会在一个有形的组织中的集中表现，但是，说国家是这样的，这仅仅是说，它是当时独自代表整个社会的那个阶级的国家；在古代是占有奴隶的公民的国家，在中世纪是封建贵族的国家，在我们的时代是资产阶级的国家”[12]:755。

第四，“国家是一个阶级对另一个阶级施用暴力的机关或者机器。”[22]:321 国家既然是经济上占统治地位的阶级用来镇压敌对阶级的工具，那么，它就不可能是为全体社会成员谋求“至高无上的善”的福利组织，不可能是什么“仁慈”的东西。国家的基本特征之一在于它是一种暴力，是一个强力组织，是一个庞大复杂的、有组织、有系统的施用暴力的机器。恩格斯在分析这种特殊“力量”时，认为构成国家的那种“力量”即从社会中产生但又居于社会上而且日益同社会相脱离的力，“不仅有武装的人，而且还有物质的附属物，如监狱和各种强制机构”[10]:171。依据恩格斯的这一思想，列宁更明确指出：“常备军和警察是国家权力的主要强力工具”[22]:178，“国家是特殊的强力组织，是用来镇压某一个阶级的暴力组织。”[22]:190 国家本身之所以成为暴力组织，常备军和警察之所以成为国家的主要部分，这是由国家的本质及其职能决定的。不凭借暴力，统治阶级便不足以镇压被压迫阶级的反抗，没有军队便没有统治阶级的一切。

二、国家的起源、本质与发展趋势的唯物史观审视

在国家的起源问题上，唯物史观和自由主义是截然不同的：在自由主义看来，国家的产生是依据人们相互约定，共同协商缔结契约的结果。自由主义思想家认为，人类进入政治社会之前，生活在直接的自然状态中，受自然法支配，后来根据理性要求订立契约而进入政治社会——国家，因此，国家的产生是制定契约的结果。从伊壁鸠鲁到霍布斯、洛克、卢梭以及康德，直至当代自由主义的代表人物罗尔斯与诺齐克都一直秉承契约论传统。罗尔斯的“原初状态”与“无知之幕”和诺齐克所描述的“最弱意义上的国家”的产生过程都流露出了契约论的印记。

而在马克思、恩格斯看来，国家的产生是社会发展到一定阶段的产物。国家的产生不是外部力量强加于社会的结果，而是社会内部矛盾发展的产物，是经济发展到一定阶段而必然使社会分裂为阶级的产物。在《家庭、私有制和国家的起源》一书中，恩格斯全面考察了私有制、阶级和国家的产生过程，指出

国家是在氏族社会瓦解过程中，在私有制产生以后，社会分裂为阶级的基础上形成的。在详细阐述了雅典国家、罗马国家和德意志国家产生的三种形式之后，恩格斯对国家的起源做了精辟的概括："国家决不是从外面强加于社会的一个力量。国家也并非如黑格尔所断定的是什么'伦理观念的现实'或'理性的形象和现实'。国家是社会发展到一定阶段上的产物；国家是社会陷入自身不可解决的矛盾中并分裂为不可调和的对立方面而又无力摆脱这种对立情势的表现。为了使这些对立面，这些彼此经济利益冲突的阶级，不致在无谓的斗争中互相消灭而使社会同归于尽，于是一种表面上凌驾于社会之上的力量，这种力量应当缓和冲突，使这些冲突不致超出'秩序'范围以外的力量，就成为必需的了。这种从社会中产生但又自居于社会之上并且日益同社会相异化的力量，便是国家。"[10]:170 "国家不是自古就有的。曾经有过不必要国家，而且根本就不知道国家和国家政权为何物的社会。在经济发展到一定阶段而必然使社会分裂为阶级时，国家就因这种分裂而成为必要的了。"[10]:174 在强调阶级是国家产生中的一个必经环节时，列宁也指出："在社会分裂为阶级以前国家是不存在的。但是随着社会阶级划分的发生和巩固，随着阶级社会的产生，国家也产生和巩固起来。"[23]:47

社群主义同自由主义一样，也没有认识到国家的真正起源。虽然相对于自由主义强调国家中立的立场而言，社群主义看到了国家在社会、政治、经济生活中的重要作用，但他们与自由主义一样，都是在资本主义社会内部谈论国家。既没有从经济基础即物质生产层面，也没有用阶级分析的方法进行分析，并且他们的分析立场都是为了维护资本主义社会的稳定，为了资产阶级的利益。因而，社群主义与自由主义都未能揭示国家的本质。

而马克思主义则以辩证唯物主义历史观为指导，从社会基本矛盾的斗争出发来观察和研究国家，从而科学地揭示了国家的本质。"国家无非是一个阶级镇压另一个阶级的机器。"[12]:13 "国家是一个阶级对另一个阶级使用暴力的机关或机器。"[22]:321 "国家是维护一个阶级对另一个阶级的统治的机器""国家是一个阶级压迫另一个阶级的机器，是使一切被支配的阶级受一个阶级控制的机器。"[23]:48,49

历史唯物主义认为，必须从国家与经济基础的相互关系上去把握国家的本质。马克思向唯物史观的转变，就是从对黑格尔的唯心主义哲学的批判并建立唯物主义的国家观开始的。马克思后来在回顾这一段历史时说：对黑格尔法哲学的研究，“得出这样一个结果：法的关系正像国家的形式一样，既不能从它们本身来理解，也不能从所谓人类精神的一般发展来理解，相反，它们根源于物质的生活关系，这种物质的生活关系的总和，黑格尔按照十八世纪的英国人和法国人的先例，称之为‘市民社会’”[12]:32。因此是经济关系决定国家，而不是相反。在马克思主义看来，国家是物质生活关系中占统治地位的特殊阶级实现其阶级意志的机关。恩格斯指出：“国家是整个社会的正式代表，是社会在一个有形的组织中的集中表现，但是，说国家是这样的，这仅仅是说，它是当时独自代表整个社会的那个阶级的国家。”[12]:755 而所谓独自代表整个社会的那个阶级，就是占统治地位的阶级。政治是经济的集中表现，经济上的统治必然要求政治上的统治地位。所以“是最强大的、在经济上占统治地位的阶级的国家，这个阶级借助于国家而在政治上也成为占统治地位的阶级，因而获得了镇压和剥削被压迫阶级的新手段”[10]:172。国家既然是统治阶级用来镇压被统治阶级的机器，它就不可能是“仁慈”的东西，因而它也是一种暴力的机器。“任何国家都意味着使用暴力”“专政就是社会上一部分人对整个社会实行统治，而且是直接用暴力来统治。”[15]:409-410 在阶级对立社会里，任何统治阶级要实现其政治统治，强迫被统治阶级服从自己的意志，离开了暴力是不行的。正如毛泽东指出：“军队、警察、法庭等国家机器，是阶级压迫阶级的工具。对于敌对的阶级，它是压迫的工具，它是暴力，并不是什么‘仁慈’的东西。”[7]:1463

在马克思主义看来，显然国家不是中立的，它对各类利益主体不会一视同仁。因此，自由主义所宣称的国家中立是不存在的。比如，资产阶级国家就是维护在经济上占主导地位的资产阶级利益的，它所渲染的人人自由平等，只是对于占统治的资产阶级的成员才是如此，对于其他社会成员而言，则只是一种抽象的、不真实的东西。马克思就曾揭露了资本主义国家的这一性质。马克思指出：“实际上国家不外是资产者为了在国内外互相保障自己的财产和利益所必然要采取的一种组织形式。”[24]:69 资产阶级思想家总是把国家说成是社会全体成员的共同利益的体现，然而，从实质上讲，资产阶级国家所代表的是经济上占主导地位的资产阶级的共同利益。这种共同利益即是他们共同的生存条件——

作为资本的私有财产，它通过对雇佣劳动的剥削而增殖。这表明，资产阶级国家是以不同的利益集团之间实际的不平等而维系的表面平等的政治组织，它以阶级地位的不平等为现实基础，并维护这一基础。因此，资产阶级国家虽然摧毁了封建的等级制，在法律上确立了人人自由平等的权利。然而，资产阶级国家却并未改变国家的阶级实质，并未改变阶级利益集团的等级划分的实质，只是将封建主对农民的剥削变成了资本对雇佣工人的剥削。资本主义社会的“阶级问题是事实上的集体等级制。因此，阶级问题也就是在表面平等的社会中存在着实际的集体不平等的问题”[25]:135。所以，资产阶级国家并不是凌驾于不同利益主体之上的社会共同利益的代表，而只是经济上居于主导地位的资产阶级共同利益的代表。在当代，为了维护有利于资本发展的社会秩序，缓和阶级矛盾，它也可以向劳动阶级做出一定的妥协，但是，这是极其有限的，是以资本的根本利益不受损害为前提的。因此，在资本主义社会，对于劳动者来说，他们在政治上的自由、平等权利只是形式上的，这是由他们不平等的经济地位决定的。在资本主义社会，作为主观劳动条件的劳动者同作为客观劳动条件的生产资料是相分离的，由于劳动者丧失了现实的劳动条件，也就丧失了现实生活的内容，成了抽象的人。这种经济地位决定了他们在政治上的自由、平等也是抽象的，缺乏实际内容的。真正操纵着国家权力的是那些具有经济实力的财团、公司和个人。所以，在资本主义社会中，对劳动者来说，国家是一种虚幻的集体，异己的力量。

在当今资本主义社会，国家的职能相对于资本主义早期已经有了很大的改变，它不仅仅只是为统治阶级某私利，同时它也具有一些对公共事物的管理职能，并且随着社会的发展和进步，国家管理社会公共事务的职能呈现不断发展和扩大的趋势。正是如此，社群主义对自由主义的国家中立立场进行了批判，他们在一定程度上看到了国家在社会生活中的作用。但是，我们也要注意到当今资本主义社会生产资料的私有制性质仍然没有改变。因此，国家的本质并没有改变。但社群主义与自由主义一样，同样未能认识到这一点，这就是马克思主义超越社群主义之所在。

人类发展到今天，国家已经经历了几千年的历史了。今天，人类正处在一个历史大转变的时期，在全球化浪潮的影响下，国家的职能也正在经历历史性的变革。国家管理公共事务的职能将由不断加强而走向逐步消亡，当国家完全失去任何职能的时候，国家也就消亡了。正如国家在一定历史条件下必然产生一样，在另一种历史条件下，即国家赖以产生和存在的基础消失时，国家的消亡也是必然的。当然，我们要注意到，国家的消亡将是一个漫长的过程，正如列宁所说："我们只能谈国家消亡的必然性，同时着重指出这个过程是长期的，它的长短将取决于共产主义高级阶段的发展速度。至于消亡的日期或消亡的具体形式问题，只能作为悬案，因为现在还没有可供解决这些问题的材料。"

三、"自由人联合体"——马克思主义政治哲学的最终归宿

马克思、恩格斯在《共产党宣言》中宣布："代替那存在着阶级和阶级对立的资产阶级旧社会的，将是这样一个联合体，在那里每个人的自由发展是一切人的自由发展的条件。"在我们看来，"自由人联合体"才是真正的理想的人类社群。

但"自由人联合体"即共产主义社会的实现是一个漫长的、艰难的过程。在《哥达纲领批判》中，马克思把共产主义社会分成两个阶段，在共产主义社会的第一阶段实行"按劳分配"的原则，即"每一个生产者，在做了各项扣除以后，从社会领回的，正好是他给予社会的。他给予社会的，就是他个人的劳动量"[12]:304。但是，"在共产主义社会的第一阶段还不能做到公平和平等，因为富裕的程度还会不同，而不同就是不公平。但是人剥削人已经不可能了，因为已经不能把工厂、机器、土地等生产资料攫为己有了"。也就是说共产主义社会第一阶段"只能消灭私人享有生产资料这一'不公平'现象，却不能立即消灭另一个不公平现象：'按劳动'（而不是按需要）分配消费品"。在马克思看来，真正的"自由人联合体"只有到共产主义社会的高级阶段才有可能实现，"在共产主义社会高级阶段，在迫使个人奴隶般服从分工的情形已经消灭，从而脑力劳动和体力劳动的对立也随之消失之后；在劳动已经不仅仅是谋生的手段，而且本身成为生活的第一需要之后；在随着个人的全面发展，他们的生产力也增长起来，而集体财富的一切源泉都充分涌流之后，——只有在那个时候，才能完全超出资产阶级权利的狭隘眼界，社会才能在自己的旗帜上写上：各尽所能，

按需分配!”[12]:305,306

只有在社会主义、共产主义实现生产资料公有制，基本上消灭阶级以后，个人和社会的关系才能得到和谐发展。恩格斯说：“一旦社会占有了生产资料，商品生产就将被消除，而产品对生产者的统治也将随之消除。社会生产内部的无政府状态将为有计划的自觉的组织所代替。个体生存斗争停止了。于是，人在一定意义上才最终脱离了动物界，从动物的生存条件进入到真正人的生存条件。……人们第一次成为自然界的自觉和真正的主人，因为他们已经成为自身的社会结合的主人了。……至今一直统治着历史的客观的异己的力量，现在处于人们自己的控制之下了。只是从这时起，人们才完全自觉地自己创造自己的历史；只是从这时起，由人们使之起作用的社会原因才大部分并且越来越多地达到他们所预期的结果。这是人类从必然王国进入自由王国的飞跃。”[12]:634 “随着社会生产的无政府状态的消失，国家的政治权威也将消失。人终将成为自己的社会结合的主人，从而也就成为自然界的主人，成为自己本身的主人——自由的人。”[10]:275

也只有在共产主义社会实现之时，个体的个性才能和社会性和谐地统一起来，每个人的自由发展成为一切人自由发展的前提条件。共产主义社会消灭了社会进步的对抗性质，在历史上第一次使得所有的人，特别是直接创造物质财富的人，都能够积极参与并组织社会关系和对自然界的关系，生产者第一次成为自己的社会关系的真正创造者，而社会也真正变成了“自由人的联合体”。到那时候，马克思、恩格斯所描绘的那幅图景即“任何人都没有特殊的活动范围，而是都可以在任何部门内发展，社会调节着整个生产，因而使人有可能随自己的兴趣今天干这事，明天干那事，上午打猎，下午捕鱼，傍晚从事畜牧，晚饭后从事批判，这样就不会使我老是一个猎人、渔夫、牧人或批判者”[1]:85，就将真实地展现在人们面前。不言而喻，扬弃了私有财产并通过人实现了对人的本质的真正占有的共产主义才是个人与社会整体关系的和谐统一，“因此它是人向自身、向社会的（即人的）人的复归，这种复归是完全的、自觉的而且保存了以往发展的全部财富的。这种共产主义，作为完成了自然主义，等于人道主义，而作为完成了的人道主义，等于自然主义，它是人和自然界之间、人和人之间的矛盾的真正解决，是存在和本质、对象化和自我确证、自由和必然、个体和类之间的斗争的真正解决”[5]:120。

只有在共产主义社会，在国家消亡之后，人与人之间、个人与社会之间、个人与群体之间的矛盾才会彻底消除，个体与群体之间才会达到真正的和谐统一。人们也才会获得真正的自由与权利，社会公正才能真正地实现。目前，个人与社会之间、个人与集体之间、个人与国家之间仍然存在着诸多的矛盾冲突，因此，真正的个人与社会关系的和谐仅仅是一种理想，但它为我们指明了奋斗的方向。马克思曾经说：“资产阶级像用魔法一样唤醒了沉睡在社会劳动中的生产力，在不到 100 年的时间里创造出的生产力比过去一切世代还要大、还要多。”[1]:277 我们也完全有理由相信，社会主义在未来的 100 年里创造的生产力比现在资本主义创造的生产力还要多、还要大，到那个时候，生产力高度发展，社会物质充分拥有，劳动成为需要，“各尽所能，按需分配”，人类社会将会达到真正的和谐。“每个人的自由发展将是一切人的自由发展的条件”联合体也就实现了。“自由人联合体”才是我们所追求的真正理想的、实现社会正义的社群，在“自由人联合体”之中，个体将获得真正的自由与权利，成为一个自由而全面发展的人。

第四节　唯物史观对社群主义方法论的超越及其当代价值

社群主义与自由主义是当代西方政治哲学的两大主流派别，从 20 世纪 80 年代以来至今，这两种思潮的交锋一直未间断。这两种思潮在争鸣、交锋、批判、反批判的过程中共同推动着西方政治哲学的向前发展。从方法论上来看，社群主义确实对新自由主义进行了较为深入的批判，并提出了一些富有建设性的见解。但与马克思主义唯物史观相比，社群主义的方法论去不可避免地带有自身的局限性。

一、唯物史观超越社群主义方法论的具体体现

唯物史观是马克思主义诞生的重要标志，尤其是马克思主义哲学实现革命性变革的关键。唯物史观揭示了人类社会发展的客观规律，正确论述了社会存

在与社会意识的辩证关系，体现了科学性与价值性的高度统一。因而，唯物史观能够从根本上超越社群主义的方法论。当然，这种超越是多方面的，既有理论层面的，也有实践层面的。具体说来，唯物史观对社群主义方法论的超越主要体现在以下几个方面。

首先，社群主义与自由主义争论的核心问题未能超出唯物史观的视阈。

众所周知，个人与社群的关系问题是社群主义和自由主义争论的中心问题，也是二者构建其理论体系的基石。唯物史观不仅正确揭示了人的本质，而且正确论述了个人与社会的关系。马克思指出，个人的本质既不是像自由主义描述的那样无拘无束，也不是社群主义描述的那样是社会的附属物。个人的本质是有其物质生活方式所决定的，“个人怎样表现自己的生活，他们自己就是怎样。因此，他们是什么样的，这同他们的生产是一致的——既和他们生产什么一致，又和他们怎样生产一致。因此，个人是什么样的，这取决于他们进行的物质条件”[1]:67-68。在物质生产过程中，人们必然要结成这样或那样的社会关系，因此，人的本质在其现实性上，是一切社会关系的总和。个人与社群的关系问题，在马克思主义那里实际上指的是个人与社会的关系，对于此，马克思、恩格斯有非常多的论述，马克思有两句名言：“全部人类历史的第一个前提无疑是有生命的个人的存在。”[1]:67“人的本质不是单个人所固有的抽象物，在其现实性上，它是一切社会关系的总和。”[1]:56而共产主义就是要解放全人类，使人真正成为全面发展的新人。在《共产党宣言》中，马克思、恩格斯指出：“代替那存在着阶级和阶级对立的资产阶级旧社会的，将是这样一个联合体，在那里，每个人的自由发展是一切人的自由发展的条件。”[1]:294

从马克思、恩格斯的上述论述中可以看到，社群主义的整体主义方法论的确具有其合理性的方面，但与唯物史观相比又不可避免地带有自身的局限性。社群主义的整体主义方法论强调社群或社会对个人或自我的优先性及其对自由主义的个人主义的有力批判，的确有其积极意义。因为，个人是社会的人，是社会关系的产物，任何个人都不能独立于社会之外，任何自我都有其社会规定性。但社群主义同自由主义一样并未完全正确地把握个人与社会的关系，它们也犯了片面性的错误。与自由主义片面强调个人自由及其权利不同，社群主义则片面地强调社群及社群共同善的重要性，把社会看成是脱离个人而存在的抽象整体，是一种错误的整体论。社群主义认识到离开了社会的个人不叫人，但没有个人的社会又能叫社会吗？只有唯物史观正确揭示出，一方面社会是由单个的个人组成的；另一方面，个人又离不开社会，受制于社会关系的制约。人是一切社会关系的总和，不能脱离社会而存在，社会也不是离开个人的抽象整体，社会是人为的社会，为人的社会。不仅如此，围绕个人与社群关系问题展开的政治哲学的其他问题之争也依然没有超出马克思主义的问题域——如对自由、权利、正义与平等问题的探讨。

社群主义对社群整体价值与利益的强调在客观上亦表现了与马克思主义集体主义理论主张大致相同的方向，但社群主义显然不能等同于集体主义。这是因为，首先，二者赖以生存的经济基础不同，社群主义根植于资本主义私有制，因而它是为资产阶级的统治服务的，而集体主义是建立在社会主义公有制经济基础之上的，它是为社会主义制度服务的；其次，二者所代表的意识形态截然不同，社群主义是资产阶级意识形态的反映，而集体主义则是社会主义意识形态的反映；其三，二者的目的是不同的，社群主义的最终目标是改良资本主义制度，把资本主义制度当做人类最美好的制度，而集体主义的最终目标是实现共产主义社会。

社群主义的这一努力在客观上并未根本超出资本主义的价值观范围，但也是不自觉地遵循了唯物史观的发展规律。西方社会的个人主义在过去一直被作为整合其他价值理想的核心价值观，现在社群主义试图改变西方价值观之坐标，替代个人主义而作为新的整合之中心，表现出资本主义在其发展面临重重矛盾与困境时努力寻找新的出路的尝试。依据唯物史观所揭示的社会形态演进的趋势与方向来看，资本主义社会的最终发展方向是社会主义，虽然现实中的社会主义的具体形态并不完全能够预示资本主义的未来发展方向，但资本主义试图克服其深刻的内在矛盾（如个人与社会的冲突）并从中走出来，其根本出路却必然是走向社会主义的。其实，无论是资本主义社会还是社会主义社会，都必定遵循一些共同的客观社会发展规律，这种规律决定着社会从低级向高级阶段发展着。

其次，在分析哲学占主导地位的当代英美哲学中，社群主义采取一种历史主义的方法对以罗尔斯为代表的自由主义理论进行批判是值得肯定的（麦金太尔就指出，分析哲学或现象哲学使得现实世界中道德思想和道德实践处于一种无序状态[26]:3)，但社群主义的历史主义方法论也仍然不可能超越唯物史观。

社群主义对历史的强调与尊重与马克思、恩格斯的思想有相似之处。马克思、恩格斯的公正思想中处处都体现出一种历史的精神，马克思在谈论法律时曾经指出："法律应该是社会共同的、由一定物质生产方式所产生的利益和需要的表现，而不是单个的个人恣意横行。……它们不可避免地要随着生活条件的变化而变化。"[27]:292 恩格斯也指出："人们往往忘记他们的法起源于他们的经济生活条件，正如他们忘记他们自己起源于动物界一样。……法学家把所有这些法学体系中的多少相同的东西统称为自然法。而衡量什么算自然法和什么不算自然法的尺度，则是法本身最抽象的表现，即公平。于是，从此以后，在法学家和盲目相信他们的人们眼中，法的发展就只不过是使获得法的表现的人类生活状态一再接近于公平理想，即接近于永恒公平。而这个公平则始终只是现存经济关系或者反映其保守方面、或者反映其革命方面的观念化的神圣化的表现。希腊人和罗马人的公平认为奴隶制度是公平的；1789 年资产者的公平要求废除封建制度，因为据说它不公平。"[12]:211-212 由此可见，在强调公正（正义）的历史性上，社群主义和唯物史观确实具有某种相同之处，他们不约而同地将批判的矛头指向了罗尔斯在无知之幕中构建起来的永恒的、普遍的正义原则；而且，社群主义与马克思主义一样，在某种程度上意识到公正需要历史的依据，一旦缺少历史精神与历史依据的支撑，正义只是虚幻的正义，只是"无拘自我"的正义，而不是"现实的个人"之正义。

但是，我们也必须看到，社群主义的历史主义方法论仅仅是在认识论上或者说仅仅通过哲学论证来弥补自由主义和个人主义的局限，而没有在理论上和实践上就已经解决了自由主义和个人主义理论所要解决的问题；有些问题似乎在认识上解决了，但仔细看看，就会发现也仅仅是通过概念的界定而完成的。如果我们把社群主义这种哲学层面的论证拿到现实生活中来看，显得就更加空洞和苍白无力了。而且，社群主义的"历史"与唯物史观的历史有着本质的不同。在社群主义那里，历史只是指的是"传统、文化、情感纽带、社会意义"等(如麦金太尔、沃尔泽的论述)，而在马克思主义唯物史观看来，这些都只是表象。真正的历史是物质生产实践活动，真正对政治哲学理念及基本理论起决定作用的是建立在物质生产资料基础之上的生产资料的所有制性质。由于社群主义认识不到这一点，因而与唯物史观相比，他们的历史主义方法论就显得不那么“历史”了。因此，社群主义的理论与自由主义一样，都是不可能实现的、虚幻的。

再次，社群主义采取特殊主义的方法论对自由主义的普遍伦理观念尤其是正义理理进行批评，的确具有一定的合理性，在一定程度上认识到了伦理道德的特殊性与具体性，但未能正确揭示伦理道德观念特殊性与普遍性的统一。

在唯物史观看来，伦理观念的特殊性与普遍性是互相依存、不可分割的。一方面，伦理观念的实际内容和形式是随着社会历史条件的变化而变化的，在不同的社会形态，即使在同一社会形态的不同发展阶段其内容也不尽相同，因为“人们自觉地或不自觉地，归根到底总是从他们阶级地位所依据的实际关系中——从他们进行生产和交换的经济关系中，获得自己的伦理观念”[12]:434；另一方面，伦理道德作为人类所追求的有利于全体社会成员的幸福、自由和发展的价值目标亦具有其普遍性，也就是说对于不同的道德应该有共同的东西，但共同并不代表着永恒。所以，自由主义所追求的“普世伦理、永恒正义”只是一种幻象。

社群主义采取特殊主义的方法论对自由主义、普遍主义的批判不自觉地吸收了唯物史观的思想。在《反杜林论》中，恩格斯就曾指出：“我们拒绝想把任何道德教条当作永恒的、终极的、从此不变的伦理规律强加于我们的一切无理要求，这种要求的借口是，道德世界也有凌驾于历史和民族差别之上的不变原则。相反地，我们断定，一切以往的道德论归根结底都是当时的社会经济状况的产物。而社会直到现在是在阶级对立中运动的，所以道德始终是阶级的道德；它或者为统治阶级的统治和利益辩护，或者当被压迫阶级变得足够强大时，代表被压迫者对这个统治的反抗和他们的未来利益。……但是我们还没有越出阶级的道德。只有在不仅消灭了阶级对立，而且在实际生活中也忘却了这种对立的社会发展阶段上，超越阶级对立和超越这种对立的回忆的、真正人的道德才成为可能。”[12]:435

最后，利用唯物史观的社会存在与决定社会意识、经济基础与上层建筑的理论来分析，我们可以看到，虽然社群主义采取不同的方法论对自由主义进行了较为深入透彻的批驳，表面上看二者针锋相对，但在阶级实质上是一致的。

唯物史观认为："统治阶级的思想在每一个时代都是占统治地位的思想。这就是说，一个阶级是社会上占统治地位的物质力量，同时也就是社会上占统治地位的精神力量。支配着物质生产资料的阶级，同时也支配着精神生产资料，因此，那些没有精神生产资料的人的思想，一般地是隶属于这个阶级的。占统治地位的思想不过是占统治地位的物质关系在观念上的表现，不过是以思想的形式表现出来的占统治地位的物质关系；因而，这就是那些使某一个阶级成为统治阶级的关系在观念上的表现，因而这也就是这个阶级的统治的思想。此外，构成统治阶级的各个人也都具有意识，因而他们也会思维；既然他们作为一个阶级进行统治，并且决定着某一历史时代的整个面貌，那么不言而喻，他们在这个历史时代的一切领域中也会这样做，就是说，他们还作为思维着的人，作为思想的生产者进行统治，思想是一个时代的占统治地位的思想。"[1]:98-99

在当今资本主义发达国家，占统治地位的是垄断资产阶级，因而产生其中的自由主义和社群主义思想在本质上都是为垄断资产阶级服务的政治思想，只是其外表不同而已。正如马克思指出的那样："人们自觉或不自觉地都是从他们所处的经济地位吸取自己的道德观念的。"无论是新自由主义还是社群主义，其基本理论都没有摆脱资本主义私有制的禁锢，从本质上而言，两者都还是资本主义自由主义理论。虽然他们的政治哲学思想在某些具体内容上有差异，但其根本阶级属性具有同一性。虽然他们在如何维护垄断资本集团利益的方式上存在"差异"，但在维护整个资产阶级社会的稳定这个目标上却是"大同"的。虽然社群主义在不同层面上对自由主义提出了批评，但在其基本内容与主张里面都包含有自由主义思想的成分。首先，社群主义对自由主义的批判只是某种形式的补充与纠偏，而不是要真正代替自由主义。其次，从当代西方社会的现实来看，自由主义确实需要社群主义不时地加以纠正，但是，社群主义与自由主义对当代西方自由民主社会的基本价值所持的态度是相同的，他们都认为自由、正义、权利等都是现代西方社会所不可缺失的。所以说，社群主义应当被视为是对自由主义的一种补充，而不是要取代他们。社群主义对自由主义提出的挑战仍然是在自由主义思想缔造的宪政框架和意识形态前提下进行的，因此，也就不奇怪有学者把社群主义称为后自由主义了。

我们知道，早在19世纪，马克思就对资本主义的主流意识形态——自由主义进行了批判，当代社群主义对自由主义的批判的确具有一定的合理性，但未能超越马克思。因为马克思的批判是建立在唯物史观的基础之上的，而社群主义的方法论却存在诸多的不足，因而不可能解决当代资本主义社会所面临的困境。如果比较马克思主义与社群主义对自由主义的批判，我们可以得出这样的结论：马克思主义着眼于对资本主义宏观状况的批判，因此表现为一种“宏大叙事”，而社群主义着眼于对资本主义微观领域的分析，因此热衷于“小型叙事”；马克思主义着眼于对资本主义经济基础和社会制度的批判，其目的在于从根本上推翻资本主义制度，而社群主义则是对新自由主义这一资产阶级理论形态进行批判，而较少涉及这种理论形态赖以滋生的经济基础，尤其是其所有制关系，这是一种在不触及资本主义根本制度前提下对新自由主义的批判，从这里也可以看出社群主义与新自由主义在本质上是一致的。在一定意义上，社群主义看到了资本主义自由理论会带来贫富差距拉大、阶级矛盾激化的危险，但却不能找到正确解决问题的方法；而马克思主义理论不仅看到了资本主义社会的矛盾，而且指出了解决这一矛盾的正确方法——进行社会革命。马克思指出：“共产主义对我们来说不是应当确立的状况，不是现实与之相适应的理想，我们所称为共产主义的是那种消灭现存状况的现实的运动。”[1]:87 人类美好的社会——共产主义的建立，只有靠无产阶级社会革命，而不能靠资产阶级的改良。因此，只有用社会主义代替资本主义，人类才会有光明的前途。

综上可见，马克思主义唯物史观以个人和社会关系的互动为前提，以辩证唯物主义和历史唯物主义为基础，以阶级分析方法和历史分析方法为指导，把政治哲学的基本问题纳入到历史境域中去探讨，从而从根本上超越了社群主义的方法论。

二、唯物史观的当代价值

唯物史观的发现不仅实现了马克思主义哲学的革命性变革，而且为整个马克思主义科学体系的创立奠定了牢固的世界观和历史观的基础。正如恩格斯所说：“不仅对于经济学，而且对于一切历史科学（凡不是自然科学的科学都是历史科学）都是一个具有革命意义的发现。”[4]:38 作为马克思主义哲学的重要组成部分，唯物史观也是时代精神的精华，同马克思主义一样，具有与时俱进的理论品质。时至今日，马克思主义唯物史观依然具有重要的理论和实践价值，唯物史观对于观察、分析和解决当今重大理论实践问题依然具有指导性的意义，在新的历史条件下仍然凸现出强有力的解释力、批判力和说服力，在当代仍然是不可超越的。

首先，唯物史观提出了截至当代仍然未能解决的问题——人的全面发展问题，这是科学发展观的核心——以人为本的理论源头。

唯物史观认为，社会发展是一个合乎规律的客观过程，是社会发展与人的发展从对抗走向统一的历史过程。人们有意识有目的的活动所形成的和导致的却是一种不以任何人的意志和愿望为转移的客观进程，人类社会迄今为止的历史，就是这样一个合规律性与合目的性相对抗的过程；这种历史进程直到消灭了以阶级对抗为基础的社会形式以后才开始具有一种全新的性质，即人类社会发展将以合规律性与合目的性相统一的姿态走向自由王国。社会发展的这种对抗性是生产力有所发展但又不充分的表现和结果。社会发展是社会的自我更新，是解放包含在旧社会母体中的新社会因素的历史运动，是人类不断从自然压迫和社会压迫中解放出来的实践过程，是人类从物种和社会关系两方面持续进行的双重提升。唯物史观论证了社会发展的必然性，指明了社会发展的基本方向就在于实现人的自由而全面的发展，以人为本。

在马克思和恩格斯看来，随着以阶级对抗为基础的人类史前史的结束，人类的历史才真正开始了，社会发展的最终意义从此才能得到全面显现和落实。恩格斯说："只是从这时起，人们才完全自觉地自己创造自己的历史；只是从这时起，由人们使之起作用的社会原因才大部分并且越来越多地达到他们所预期的结果。这是人类从必然王国进入自由王国的飞跃。"[12]:634 在马克思看来，"自由王国只是在由必需和外在目的规定要做的劳动终止的地方才开始；因而按照事物的本性来说，它存在于真正物质生产领域的彼岸"[27]:926。在物质生产领域的彼岸，"作为目的本身的人类能力的发展，真正的自由王国，就开始了"[28]:927。共产主义社会就是以人的自由而全面发展为根本目的的社会形式。唯物辩证法彻底否定和消解了一切事物包括人类认识和社会状态的终极性质，"推翻了一切关于最终的绝对真理和与之相应的绝对的人类状态的观念"[10]:217。

在《共产党宣言》中马克思、恩格斯指出："代替那存在阶级和阶级对立的资产阶级旧社会的，将是这样一个联合体，在那里，每个人的自由发展是一切人的自由发展的条件。"[29]:189

可见，马克思主义唯物史观将人本身的自由而全面的发展视为人类社会发展的最终归宿，这为我们今天进行中国特色社会主义建设指明了方向，即"要始终把实现好、维护好、发展好最广大人民的根本利益作为党和国家一切工作的出发点和落脚点，尊重人民主体地位，发挥人民首创精神，保障人民各项权益，走共同富裕道路，促进人的全面发展，做到发展为了人民、发展依靠人民、发展成果由人民共享"。

其次，唯物史观为建设社会主义生态文明提供了理论指导。

建设社会主义生态文明是党的十七大提出的重要战略任务，也是中国共产党在深刻总结历史经验、科学分析当前形势基础上的重大理论创新。"生态文明"是党在新时期提出的一个全新理念，是对构建社会主义和谐社会理念的又一升华，它对于社会主义和谐社会的构建有着重要的意义。当前，建设与社会主义和谐社会相适应的生态文明提出了新的要求和挑战，也给我们带来了新的思考和探索机遇。

建设社会主义生态文明，即要实现人与自然之间的和谐，这是唯物史观关于社会实践活动中主客体统一思想的充分体现。在人类改造外部世界的社会实践活动中，人作为实践的主体，自然界作为实践的对象，即客体，二者应该是统一的。一方面，人类在改造外部世界的活动中，必须以自然界作为实践活动的基础；另一方面，主体（人类）在改造客体的过程中要遵守客观规律，保护好自然界，否则自身便会遭受报复。早在一百多年前，恩格斯曾就人类向大自然无休止的索取和掠夺发出沉重的警告："我们不要过分陶醉于我们人类对自然界的胜利，对于每一次这样的胜利，自然界都对我们进行报复，每一次胜利，起初确实取得了我们预期的结果，但是往后和再往后却发生完全不同的、出乎意料的影响，常常把最初的结果又消除了。"[10]:383 在人类的当代实践中，由于人类破坏自然而带来的生态危机更加证实了恩格斯预言的真理性。因此，在构建社会主义和谐社会的过程中，在发展经济的时候尤其要注重保护环境，建设社会主义生态文明。

对于人与自然的应然和谐状态，马克思有过一段精辟的论述："共产主义，作为完成了的自然主义，等于人道主义；而作为完成了的人道主义，等于自然主义。它是人和自然界之间、人和人之间的矛盾的真正解决，是存在和本质、对象化和自我确证、自由和必然、个体和类之间的斗争的真正解决。"[2]:81 马克思的话为我们指明了前进的方向，我们相信，随着"人类与大自然和谐相处"的观念逐渐深入人心，生态文明将会在很大程度上实现，我们的社会也一定会变得越来越和谐。

再次，唯物史观为分析当代世界的发展趋势提供了科学的理论和方法。[30]:97 在当代，经济全球化已经成为不可逆的客观趋势，但如果不具备历史唯物主义的世界历史眼光，摒弃唯物史观的社会基本矛盾的理论，就无法理解经济全球化出现的历史必然性及其内在矛盾。马克思、恩格斯在《德意志意识形态》和《共产党宣言》中关于人类历史向世界历史的转变与资本主义社会化生产所必然具有的资本扩张趋势的论断，为我们观察当今的全球化提供了基本的理论依据和方法。

经济全球化的特征虽在今天表现得更加充分和明显，但早在 160 年前已经初露端倪，并为马克思和恩格斯所洞察：在《共产党宣言》中，马克思、恩格斯就指出："资产阶级，由于开拓了世界市场，使一切国家的生产和消费都成为世界性的了。不管发动派怎样惋惜，资产阶级还是挖掉了工业脚下的民族基础。古老的民族工业被消灭了，并且每天都还在被消灭。它们被新的工业排挤掉了，新的工业的建立已经成为一切文明民族的生命攸关的问题；这些工业所加工的，已经不是本地的原料，而是来自极其遥远的地区的原料；它们的产品不仅供本国消费，而且同时供世界各国消费。…… 过去那种地方和民族的自给自足和闭关自守状态，被各民族的各方面的互相往来和各方面的互相依赖所代替了。物质的生产是如此，精神的生产也是如此。民族的片面性和局限性日益成为不可能，于是有许多民族的和地方的文学形成了一种世界的文学。"[31]:38-39 在《德意志意识形态》中马克思和恩格斯也指出，只有生产力的这种普遍发展，"人们之间的普遍交往才能建立起来"，于是，才可能出现世界历史性的人与人的丰富交往关系。这是因为，"各个相互影响的活动范围在这个发展过程中越是扩大，各民族的原始闭关自守状态由于日益完善的生产方式、交往以及因交往而自然形成的不同民族之间的分工消灭得越是彻底，历史也就越是成为世界历史”。

马克思和恩格斯的“世界市场”和“世界历史”概念与现在的“经济全球化”具有同质的内涵。因此，马克思分析世界历史进程的方法对我们今天认识全球化问题具有特别重要的启示意义。世界市场的出现不是偶然的，马克思、恩格斯在《共产党宣言》中深刻分析了世界市场形成和发展的必然性，指出正是“不断扩大产品销路的需要，驱使资产阶级奔走于全球各地。它必须到处落户，到处创业，到处建立联系”。正是社会生产力的发展使得本国原有的生产关系不再能够容纳现实的生产力，进而导致了生产关系领域的扩张和变革。可见，全球化的发展恰是唯物史观基本原理——生产力与生产关系的矛盾是推动社会发展的基本动力的深刻体现。唯物史观告诉我们，由资产阶级开始并由其主导的经济全球化具有快速发展和不停变革的特征，为此，我们必须对我国社会主义生产关系进行适时的调整，以适应我国社会生产力不断发展和国际经济形势不断变化的需要。提高国家创新能力，培育国家创新，只有这样才能在世界经济的竞争中占据有利的位置。

最后，唯物史观有利于辩证分析当代社会上存在的各种社会思潮，坚定社会主义与共产主义信念。

在当代，尤其是在西方，从 20 世纪 70 年代以来，各种社会思潮风起云涌，在一定程度上对马克思主义提出了挑战。特别是社群主义、“后马克思主义”、民主社会主义、生态社会主义等左翼社会思潮在苏联解体、东欧剧变以后就宣布社会主义制度已彻底失败，马克思主义已经过时，只有他们的思想才是真正适合于当今世界发展的思想。当然，在一定程度上，这些社会思潮看到了当今资本主义社会存在的种种问题与矛盾，也在一定程度上对资本主义进行了批判。但无论如何，这些思潮在本质上都是一致的，都主张对现存资本主义制度进行社会改良，都认为资本主义制度是人类历史上最美好的制度，是人类历史发展的终结。

对待这些社会思潮，我们必须坚持以马克思主义的基本立场、观点和方法进行深入的辩证性分析，既要看到其中合理的因素，又要对其反动的一面给予批判。产生于资本主义社会的这些左翼社会思潮，不管其外表如何，其最终都是为资本主义制度所服务的，都是在为资本主义的合理性辩护的，因为经济基础决定上层建筑。正如马克思所说："法的关系和国家形式一样，既不能从它们本身来理解，也不能从所谓人类精神的一般发展来理解，相反，它们根源于社会的物质生活关系……物质生活的生产方式制约着整个社会生活、政治生活和精神活动的过程。不是人们的意识决定人们的存在，相反，是人们的社会存在决定人们的意识。"[31]:97

同时我们也应该看到，在苏联解体、东欧剧变以后，社会主义在全世界范围内遭受了重大挫折，这是一个客观的事实。但这并未能改变社会主义必然代替资本主义的客观历史规律。唯物史观认为，生产力决定生产关系，生产关系反作用于生产力。当生产关系适合生产力状况时，对生产力的发展起促进作用，社会发展处于量变阶段，矛盾不具有对抗性；当生产关系不适合生产力发展而变成它的桎梏时，新的生产力与旧的生产关系发生尖锐冲突。冲突的结果必然要求生产关系发生根本变化，这时社会发展就由量变转化为质变，社会革命的时代就到来了。社会革命是生产力和生产关系的矛盾引起的，通过社会革命，社会形态发生根本性质的变化。在当代，资本主义生产关系在一定范围内仍然能够促进生产力的发展，因而不会马上消亡。正如马克思指出："无论哪一个社会形态，在它们所能容纳的全部生产力发挥出来以前，是决不会灭亡的；而新的更高的生产关系，在它存在的物质条件的旧社会的胎胞里成熟以前，是决不会出现的。所以人类始终只提出自己能够解决的任务，因为只要仔细考察就可以发现，任务本身，只有在解决它的物质条件已经存在或至少是在形成过程中的时候，才会产生。"[31]:98

但是，"资产阶级的生产关系是社会生产过程的最后一个对抗形式"，这是资本主义生产方式内在矛盾——社会化大生产和资本主义私人占有制的矛盾决定的。社会化大生产的生产力要求生产资料的占有制也必须社会化的。无产阶级反对资产阶级的斗争，就是这种生产力和生产关系矛盾的表现。社会基本矛盾运动的必然结果就是资本主义注定要被社会主义所代替。当然，这种转变的过程是复杂的，时间是长期的，但这是社会发展的客观规律，是不以人的主观意志为转移的。同时我们也应该看到，即使当代西方英美一些发达资本主义国家确实显现出一些优越性，但与整个资本主义世界相比，这毕竟是少数国家。与社会主义国家相比，众多的资本主义国家仍然是比较落后的。而且，资本主义生产力的发展，不仅没有改变生产资料资本主义私人占有制的本质，而且为共产主义制度的产生准备了社会化大生产这一物质基础，决定了资本主义向共产主义过渡的客观必然性。同时也为资本主义制度的灭亡准备的掘墓人——革命的无产阶级。因此，马克思满怀信心地说：人类社会的史前时期将以资本主义的灭亡而告终。社会主义运动在在当代所遇到挫折只是暂时的，社会主义和共产主义最终会战胜资本主义！

总之，唯物史观为我们观察当代世界、当代社会主义和当代资本主义提供了科学的理论依据和方法，这是它具有当代价值的最主要表现。[30]:100 最后，我们引用马克思、恩格斯在《共产党宣言》1872 年版德文版序言中的一句话来结束本文：不管过去 160 多年的情况发生了多大的变化，唯物史观的一般原理整个来说直到现在还是完全正确的；在当代，唯物史观的基本原理、基本方法仍然具有强有力的批判力、解释力与说服力，仍然是不可超越的！

参考文献

[1] 马克思，恩格斯．马克思恩格斯选集．第 1 卷．中共中央马克思恩格斯列宁斯大林著作编译局编译．北京：人民出版社，1995

[2] 马克思．1844 年经济学哲学手稿．中共中央马克思恩格斯列宁斯大林著作编译局译．北京：人民出版社，2000

[3] 库利．人类本性与社会秩序．包凡一，王源译．北京：华夏出版社，1989

[4] 马克思，恩格斯．马克思恩格斯选集．第 2 卷．中共中央马克思恩格斯列宁斯大林著作编译局编译．北京：人民出版社，1995

[5] 马克思，恩格斯．马克思恩格斯全集．第 42 卷．中共中央马克思恩格斯列宁斯大林著作编译局译．北京：人民出版社，1979

[6] 马克思，恩格斯．马克思恩格斯全集．第 3 卷．中共中央马克思恩格斯列宁斯大林著作编译局译．北京：人民出版社，1960

[7] 马克思，恩格斯．马克思恩格斯全集．第 4 卷．中共中央马克思恩格斯列宁斯大林著作编译局译．北京：人民出版社，1965

[8] 马克思．资本论．第 1 卷．中共中央马克思恩格斯列宁斯大林著作编译局译．北京：人民出版社，1975

[9] 马克思，恩格斯．马克思恩格斯全集．第 46 卷（上）．中共中央马克思恩格斯列宁斯大林著作编译局译．北京：人民出版社，1979

[10] 马克思，恩格斯．马克思恩格斯选集．第4卷．中共中央马克思恩格斯列宁斯大林著作编译局编译．北京：人民出版社，1995

[11] 马克思，恩格斯．马克思恩格斯全集．第1集．中共中央马克思恩格斯列宁斯大林著作编译局译．北京：人民出版社，1956

[12] 马克思，恩格斯．马克思恩格斯选集．第3卷．中共中央马克思恩格斯列宁斯大林著作编译局编译．北京：人民出版社，1995

[13] 马克思，恩格斯．马克思恩格斯全集．第2卷．中共中央马克思恩格斯列宁斯大林著作编译局译．北京：人民出版社，1957

[14] 马克思，恩格斯．马克思恩格斯全集．第19卷．中共中央马克思恩格斯列宁斯大林著作编译局译．北京：人民出版社，1972

[15] 列宁．列宁全集．第32卷．中共中央马克思恩格斯列宁斯大林著作编译局译．北京：人民出版社，1972

[16] 列宁．列宁选集．第3卷．中共中央马克思恩格斯列宁斯大林著作编译局编译．北京：人民出版社，1995

[17] 鲍宗豪等．权利论．上海：上海三联书店，1993

[18] 马克思，恩格斯．马克思恩格斯全集．第23卷．中共中央马克思恩格斯列宁斯大林著作编译局译．北京：人民出版社，1972

[19] 马克思，恩格斯．马克思恩格斯全集．第21卷．中共中央马克思恩格斯列宁斯大林著作编译局译．北京：人民出版社，1973

[20] 马克思，恩格斯．马克思恩格斯全集．第20卷．中共中央马克思恩格斯列宁斯大林著作编译局译．北京：人民出版社，1971

[21] 列宁．列宁全集．第3卷．中共中央马克思恩格斯列宁斯大林著作编译局译．北京：人民出版社，1995

[22] 列宁．列宁选集．第3卷．中共中央马克思恩格斯列宁斯大林著作编译局编译．北京：人民出版社，1972

[23] 列宁．列宁选集．第4卷．中共中央马克思恩格斯列宁斯大林著作编译局编译．北京：人民出版社，1972

[24] 马克思，恩格斯．马克思恩格斯全集．第1卷．中共中央马克思恩格斯列宁斯大林著作编译局译．北京：人民出版社，1972

[25] 迪韦尔热．政治社会学．杨祖功，王大东译．北京：华夏出版社，1987

[26] 阿拉斯戴尔·麦金太尔．追寻美德．宋继杰译．南京：译林出版社，2003

[27] 马克思，恩格斯．马克思恩格斯全集．第6卷．中共中央马克思恩格斯列宁斯大林

著作编译局译．北京：人民出版社，1961

[28] 马克思，恩格斯．马克思恩格斯全集．第25卷．中共中央马克思恩格斯列宁斯大林著作编译局译．北京：人民出版社，1976

[29] 马克思，恩格斯．马克思恩格斯全集．第39卷．中共中央马克思恩格斯列宁斯大林著作编译局译．北京：人民出版社，1971

[30] 陈先达．处在夹缝中的哲学——走向21世纪的马克思主义哲学．北京：北京师范大学出版社，2004

[31] 中共中央马克思恩格斯列宁斯大林著作编译局马列部，教育部社会科学研究与思想政治工作司编．马克思主义经典著作选读．北京：人民出版社，1999

后　记

笔者接触政治哲学思潮开始于硕士研究生阶段，在硕士毕业论文选题的过程中我阅读到了一些有关西方政治哲学的相关文章和书籍，在这一过程中，我萌发了要对这些政治哲学思潮（新自由主义、女权主义、后马克思主义、社群主义等）进行初步研究的想法。但囿于自己的学识、能力和时间，想要对整个西方政治哲学思潮的演进、发展做一番研究在当时几乎是天方夜谭，后来就把自己的注意力主要集中到社群主义这一思潮上来。因为在当时（2002年），国内对这一思潮研究的学者相对较少，而且很少有人从马克思主义唯物史观的视角来对之进行批判性分析。这样，我结合我所学的马克思主义哲学专业对社群主义思潮进行了尝试性研究。当然，由于自己的学识、能力和研究水平有限，当时的研究可以说是华山论剑，点到为止罢了。在硕士论文评审和答辩的过程中，得到了评审专家和答辩委员的一致肯定，我算是侥幸过关，顺利拿到了硕士研究生毕业证和学位证。

硕士研究生毕业以后，本打算工作，因为农家子弟，家境不是太好，读了这么多年，应该自立了。但后来很幸运，考上了我心目中的中国人民大学哲学学院的博士研究生。在三年的求学过程中，我比较感兴趣的政治哲学思潮依然还是社群主义。我想在硕士论文的基础上继续做较为深入的研究，当然要想深入研究还是比较困难的。因为不仅社群主义思想家本身（阿拉斯戴尔·麦金太尔、迈克尔·桑德尔、查尔斯·泰勒和迈克尔·沃尔泽）的著作比较多且思想丰富，而且国内外学者对他们进行研究的资料也非常多，要想一一阅读，消化、吸收真可谓困难重重。但既然选择了，就继续做吧。后来在导师郝立新教授的悉心指导下及中国人民大学哲学学院诸位教授的帮助下，我顺利完成了博士论文（个人与社群——社群主义对新自由主义批判的马克思主义审视）的写作与答辩。至此，十年（1996～2006）的大学生活画上了一个比较圆满的句号。

2006年7月到云南师范大学社会发展学院工作，至今已有六个年头。回顾人生的前三十多年，在此我想表达我的感恩、感激和感谢之情。

首先，我要感谢我的父母。作为一个农家子弟，求学历程一般都是充满艰辛的，是他们给了我生命，并给了我继续深造的力量和勇气，是他们一直在默默地倾其所有，艰难地维持着我的生活和学业。他们无疑是我前进道路中最强大的精神动力和生活支柱。没有他们的鼎力帮助，我是不可能完成我的学业的！参加工作以后，多次想着要报答父母，尽一份做子女的孝心，但迫于生存与生活的压力，总是“心有余而力不足”，至今仍是心存愧疚，看来报答的心愿只有慢慢实现了。

其次，我要感谢我的爱人以及我的女儿。书稿的成型离不开我的爱人在背后对我的生活、工作无微不至的关心，而女儿的出生又给我的生活增添无穷的快乐和希望。

再次，回想十年的大学生活尤其是研究生的六年，我要特别感谢的是我的博士生导师郝立新教授和硕士生导师林剑教授。两位恩师展示在我面前的是他们的渊博学识、严谨的治学、体贴入微的关怀以及高尚的品格……这一切都深深地感染着我、教育着我。他们不仅引导我在知识的海洋里遨游，还悉心照料我的生活，更重要的是培养我踏实的学风、务实的作风、儒雅的为人处世态度身体力行地告诉我做人的道理，引导我树立远大的理想。从硕士论文到博士论文一直到国家社科基金课题的申报无不凝聚了恩师的心血，他们悉心的指点、细致的批阅仍历历在目，让我终生难忘。工作与生活上来自恩师的真切关心与无私帮助更是俯首皆是、不胜枚举，深感能有此两位良师，是我一生的幸事。

在本书的研究写作过程中，还得到了中国人民大学、北京大学、中国社会科学院、清华大学、华中师范大学及云南师范大学等院校的诸位专家和老师们的热情指导和真诚帮助，在此也向他们表示衷心的谢意：他们是陈先达教授、吴倬教授、马俊峰教授、安启念教授、刘敬鲁教授、曾枝盛教授、王东教授、丰子义教授、赵剑英研究员、高新民教授、王展飞教授、陈路教授、张建国教授、张云钢教授、黄小军教授、罗文教授、李红专博士、奚亚芳老师、常凤英老师、胡萍老师、周四海老师等。

马克思说，“人的本质在其现实性上是一切社会各关系的总和”，人生在世，总离不开身边朋友的帮助，正是有了这些“社会关系”的支持和帮助，本书才得以成型出版。在此我要对帮助过我和正在给予我帮助的新老朋友表示感谢：

他们是黄昌洪、王文兵、李金齐、梁孝、任洁、童萍、王雪冬、沈学君、张伟、王为民、韩冬梅、杨倩、卢衍昌、李美辉、田传锋、贺江斌、王叶红、黄辉祥、常健、刘明海、汤玉权、邬农、张旭、吴承越、闫缨、李明、周朗生、刘学文和王周炎等。

在本书的写作过程中，我参考了国内外学者在相关领域大量的最新研究成果，在此也对他们表示衷心的谢意！对于书中引用之处，我尽可能地注明了出处，对于引用不全或有误的地方及写作中的诸多不足，责任全部在于我个人。

最后，本书的出版得到了国家社科基金项目、云南省出版基金、云南师范大学社会发展学院出版基金的资助，在此我要对各位专家和评委表示诚挚的谢意！

在此，我向所有关心和支持我的人一并表示衷心的感谢！

刘化军

2012 年 2 月